SOUVENIRS

DE

MADAME RÉCAMIER

PARIS. — IMPRIMERIE DE J. CLAYE
RUE SAINT-BENOIT, 7.

SOUVENIRS

ET CORRESPONDANCE

TIRÉS DES PAPIERS

DE

MADAME RÉCAMIER

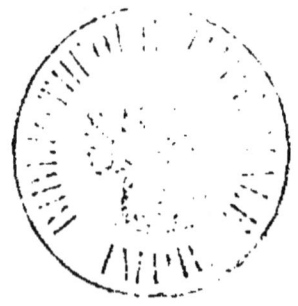

> Je regarde comme une chose bonne
> en soi que vous soyez aimée et appréciée
> lorsque vous ne serez plus.
> (Lettre de BALLANCHE, t. I, p. 312.)

TOME PREMIER

PARIS

MICHEL LÉVY FRÈRES, LIBRAIRES-ÉDITEURS

RUE VIVIENNE, 2 BIS

—

1859

Tous droits réservés

AVANT-PROPOS

La célébrité a ses dangers et ses épines : elle offre mille inconvénients pendant la vie des personnes qui en jouissent, et quand elles ne sont plus, il n'est pas toujours facile de mettre leur mémoire à l'abri de l'erreur et des fausses interprétations. Celle de Mme Récamier est restée environnée d'une douce et brillante auréole : c'est peut-être la seule femme qui, n'ayant rien écrit et n'étant jamais sortie des limites de la vie privée, ait mérité que sa ville natale proposât son éloge public. Il semble que, plus qu'une autre, elle aurait dû échapper à la loi commune, et pourtant l'ignorance des conditions toutes particulières dans lesquelles elle a vécu, le peu de rapports qu'on trouve entre la modestie de son existence et la grandeur de sa renommée, la livrent sans défense, en quelque sorte, à toute la profanation des conjectures. Les intentions les plus sincères ont quelquefois conduit ses panégyristes eux-mêmes à des suppositions et à des jugements qui offusquent la pureté de son souvenir.

Elle avait senti ce péril, et surmontant la répugnance qu'elle avait à s'occuper d'elle-même, ses soins s'étaient attachés à recueillir les renseignements au moyen desquels on pourrait faire un jour comme un miroir de sa vie. L'ouvrage qu'on publie est l'accomplissement imparfait, mais fidèle de cette intention : il répond dans une mesure affaiblie, mais exacte, aux désirs qu'elle a exprimés, aux instructions qu'elle a laissées.

Elle aurait pu elle-même écrire des *Mémoires*; sa famille et ses amis l'en ont toujours pressée, et cédant à leurs instances, elle avait à plusieurs reprises commencé ce travail. Diverses causes l'ont empêchée de l'accomplir : avant tout, une singulière défiance de ses propres forces, défiance certaine, quoiqu'inexplicable dans une femme habituée aux plus éclatants succès personnels. C'était un des traits saillants de son caractère : courageuse dans toutes les circonstances graves, assurée, par mille preuves, de son empire sur les cœurs et les esprits, elle avait posé elle-même, avec une exagération évidente, les limites de sa puissance. Ce découragement mal justifié, mais permanent, s'étendait jusqu'à sa beauté elle-même, le plus éclatant de ses attributs. Sous l'influence de quelques-unes des idées qui dominaient dans sa jeunesse, elle se croyait en dehors de la régularité grecque; elle considérait ses traits comme impropres à la sculpture, et cette conviction fut la vraie cause du chagrin qu'elle fit éprouver à Canova, lorsqu'elle se montra peu satisfaite de ce que cet artiste avait modelé son buste de souvenir.

Dans l'ordre des choses de l'esprit, elle se

subordonnait encore davantage. Heureuse de réfléchir les nobles pensées, et se sentant capable d'inspirer un beau langage, elle se refusait pour elle-même à rien produire. Il lui répugnait d'écrire, même des lettres; et l'on voit sans cesse ses plus fidèles amis s'efforcer en vain de dissiper la crainte qui l'empêchait de développer sa correspondance; à plus forte raison, refusait-elle de se croire appelée à composer un ouvrage de longue haleine. Sans aucun des préjugés qu'on a quelquefois contre les femmes auteurs, se sentant au contraire animée du goût le plus vif pour les personnes de son sexe que la culture des lettres a honorées et qui ont elles-mêmes honoré les lettres, elle se retranchait, toutes les fois qu'on la pressait d'écrire, dans la plus sincère déclaration d'incapacité.

L'expérience toutefois avait fini par la rendre moins craintive; mais l'affaiblissement de sa vue, suivie, dans ses dernières années, d'une cécité presque absolue, vint mettre un obstacle invincible au travail qu'elle avait commencé. Elle n'avait pris aucune habitude de dicter, et l'extrême ténuité de son écriture lui faisait depuis longtemps un obstacle à se relire elle-même. Nous ne présumons donc pas qu'elle fût allée bien loin dans son travail; mais, en tout cas, personne ne sait et ne saura jamais jusqu'où elle l'avait conduit. Une disposition dernière, dictée uniquement par un retour du sentiment de défiance dont nous venons de parler, imposait l'obligation de détruire ce qu'elle avait écrit de ses *Mémoires*. Le paquet qu'elle avait désigné expressément a donc été brûlé; mais, dans le reste de ses papiers, on a heureusement retrouvé quelques fragments, notamment ceux dont M. de Chateaubriand s'était servi, jusqu'à en copier des pages, pour la rédaction de ses propres *Mémoires*. Ils ont été insérés à leur date dans l'ouvrage que nous publions.

Ces récits, ainsi que les lettres en petit nombre que nous avons pu recueillir et que nous avons jugées dignes d'être imprimées, ne manqueront pas, nous en sommes convaincu, d'exciter des regrets. Nous ne croyons même pas nous faire illusion en pensant qu'ils produiront l'effet de ces débris de poésie ou de sculpture échappés au naufrage de l'antiquité, et qui nous charment d'autant plus que notre curiosité reste au fond moins satisfaite.

Quoi qu'il en soit, ce que nous savons, à n'en pouvoir douter, c'est que dans l'ouvrage tel que Mme Récamier l'avait conçu, elle se serait montrée le moins possible. De même qu'elle réduisait son propre rôle dans la vie à celui d'un lien affectueux et intelligent entre des âmes d'élite et des esprits supérieurs, de même elle ne se croyait appelée dans les Mémoires de sa vie qu'à témoigner, par les preuves qu'elle avait rassemblées, en faveur de ses meilleurs amis. A défaut des précieuses paroles dont elle avait été si souvent et si constamment dépositaire, elle voulait faire un choix dans les lettres qu'on lui avait écrites, et opposer ainsi, moins encore pour elle que pour les autres, un bouclier sûr aux erreurs de l'avenir.

Sous ce dernier rapport, sa conviction était aussi arrêtée qu'elle était indécise quant au mérite de ce qu'elle aurait écrit. Elle avait la passion de la gloire de ses amis : tant qu'ils avaient vécu, tant qu'elle avait pu agir sur eux, elle s'était attachée avec une vigilance infatigable à leur offrir les soins, j'oserais dire, les ardeurs de son amitié, comme un préservatif contre les fautes dans lesquelles l'orgueil et l'ambition ne cessent d'entraîner les hommes. Après les avoir perdus, elle faisait du culte de leur mémoire l'objet principal de son existence. Habituée, par son discernement personnel et par certains grands bonheurs de sa vie qu'il faut considérer comme des faveurs signalées de la Providence, à mesurer son affection sur son estime, elle voulait que le souvenir de ceux qu'elle avait aimés se défendît par lui-même; et c'est pourquoi elle n'avait jamais reçu un de ces mots où la beauté de l'âme se peint dans le moment des grandes épreuves, qu'elle ne le réservât comme une perle de son trésor. L'enchâssement de ces joyaux formait toute son ambition. En les léguant à sa fille adoptive, elle lui imposait la tâche dont celle-ci s'acquitte aujourd'hui, dans une espérance qui ne sera pas trompée, si la tendresse du cœur et le sentiment du devoir accompli peuvent tenir lieu de puissance et de talent.

Cette tendresse, dans laquelle elle croit avoir quelque droit de se confier, ne doit pas, chez les indifférents, exciter la défiance. L'existence de Mme Récamier n'a pas besoin d'être arrangée pour le public. On a dit très-injustement qu'il n'y a pas un homme qui soit grand pour son valet de chambre; les caractères vraiment beaux au contraire sont ceux qui gagnent à être connus jusque dans leurs plus intimes replis: Personne n'a mieux mérité que Mme Récamier d'être rangée dans ce nombre. Indépendamment de ses proches, de ceux qui honorent sa mémoire d'un culte filial, il subsiste encore assez de ses meilleurs amis, de ceux qui l'ont connue, en quelque sorte, jusqu'au fond de l'âme, pour rendre témoignage en faveur de sa supériorité morale.

Une illustre étrangère, la dernière duchesse de Devonshire, disait d'elle : « D'abord elle est bonne, ensuite elle est spirituelle, après cela elle est très-belle [1]. » Que l'on retourne la proposition, et l'on comprendra quel chemin ont infailliblement suivi les personnes qui se sont de plus en plus rapprochées d'elle.

Tant qu'elle fut jeune — et sa jeunesse fut beaucoup plus longue que celle de la plupart des femmes — elle exerça, par ses agréments, par un charme indéfinissable, une séduction que l'on prétend avoir été irrésistible. Cependant, sous cet épanouissement du premier jour, se cachait l'attrait modeste d'une violette. Elle avait l'esprit aussi attirant que les traits; peu à peu, la fine douceur de sa conversation faisait oublier jusqu'à sa beauté. Pourtant le fond du caractère se cachait encore : on pouvait attribuer ce philtre tout-puissant au seul désir de plaire. Mais si elle vous avait jugé digne de faire un pas de plus dans sa con-

---

[1]. Article *Devonshire*, par M. Artaud de Montor, dans la *Biographie universelle*. M. Artaud, premier secrétaire de l'ambassade de France à Rome, avait longtemps vécu dans l'intimité de la duchesse.

fiance, on entrevoyait alors toutes les prérogatives d'une âme forte et vraie : on la trouvait dévouée, sympathique, indulgente et fière. C'était à la fois la consolation et la force, le baume dans les peines, le guide dans les grandes résolutions de la vie.

Si elle n'eût inspiré ce que nous pourrions appeler la céleste amitié qu'à ceux qui avaient d'abord subi l'attrait de sa beauté, on pourrait les soupçonner d'une illusion d'enthousiasme. Mais elle s'est montrée aussi étonnamment attractive jusqu'au seuil même de la vieillesse. Non-seulement elle a banni la jalousie du cœur des femmes, mais les femmes qui l'ont aimée ne se sont pas distinguées de ses amis de l'autre sexe par un attachement moins vif et moins profond. Enfin, elle a rencontré des hommes, plus jeunes qu'elle de plus de trente ans, qu'un autre sentiment préservait de la séduction extérieure qu'elle était encore capable d'exercer, et qui, la voyant sans illusion préalable, n'ayant pour ainsi dire affaire qu'à son âme, ont subi si complétement son légitime ascendant, qu'ils éprouvent encore aujourd'hui un froissement douloureux, si l'ignorance ou la légèreté profèrent en leur présence un doute sur l'objet de leur respect.

Le livre qu'on publie renferme les pièces justificatives de cet empire exercé pendant tant d'années sur tant d'âmes. Il serait indigne de celle auquel on le dédie, s'il n'était entièrement sincère. Pour ce qui concerne Mme Récamier elle-même, on n'a rien dissimulé, rien affaibli. Pour ce qui regarde ses amis, il en est de deux sortes : les uns se sont trouvés mêlés aux orages de la vie, les autres en ont traversé les épreuves avec une pureté constante. On s'est conformé aux intentions de Mme Récamier, en faisant valoir chez les premiers tout ce qui les recommande, tout ce qui les fait aimer; on n'avait, pour les seconds, qu'à ouvrir les secrets de leur âme.

La malignité ne trouvera peut-être pas son compte à cette ligne de conduite; mais ce que la malignité recherche offre plus de chances d'erreur encore que l'apologie. Le vice peut chercher l'ombre; la vie dans laquelle les honnêtes gens aiment à se cacher dérobe aussi aux regards des trésors de vertus pratiques et de bons sentiments qu'on n'a pas assez souvent l'occasion de mettre en lumière. En soulevant le voile, nous suivrons l'exemple que M*me* Récamier nous a donné. Elle aimait, disait-elle souvent, *à faire les tracasseries en bien* : c'est-à-dire qu'elle ne manquait jamais de faire connaître tout ce qu'elle savait de bon et d'honorable sur les uns et sur les autres. Quels que soient les périls et les faiblesses de la société, il n'est pas inutile de savoir ce qu'on gagne à vivre avec les gens de bien.

Ce serait tout à fait méconnaître M*me* Récamier que de la ranger parmi les exceptions volontaires. En quelque situation que le sort l'eût placée, elle y eût porté une grande rectitude et le sentiment de tous les devoirs. Les circonstances seules lui ont fait une destinée particulière. Aussi n'est-il pas nécessaire d'avertir qu'on s'égarerait en cherchant à l'imiter. Il faudrait, avec les mêmes qualités et le même charme, une situation aussi rare, des temps aussi extraordinaires par les contrastes, pour produire de nouveau une existence telle que la sienne.

Souvent des femmes, faites pour une affection légitime et un bonheur mérité, se trouvent rejetées loin de leur voie naturelle par un mariage mal assorti; d'autres, après avoir accepté sans répugnance la disproportion des âges, se rajeunissent en quelque sorte dans de seconds liens, en recommençant une nouvelle vie, une vie de rapports égaux et d'affection réciproque. Mme Récamier, qui n'éprouva jamais les amertumes d'une situation faussée, vit cependant s'écouler ses meilleures années sans qu'il lui fût possible de faire cesser l'extrême isolement auquel elle avait été condamnée. Cette situation sans exemple, où elle avait accepté un protecteur légitime sans apprendre ce qu'est un maître, lui fut une sauvegarde contre des périls auxquels d'autres antécédents l'auraient fait certainement succomber.

Elle en convenait elle-même : en voyant

autour d'elle de jeunes époux, des enfants, une famille qui s'élevait suivant les conditions communes, elle avouait, non sans regret, qu'un mariage selon son âge et son cœur lui aurait fait accepter avec joie toute l'obscurité du vrai bonheur. Elle ne craignait pas d'ajouter qu'une déception marquée dans un rapport ordinaire l'eût rendue vulnérable à des attaques contre lesquelles continuait de la protéger le premier silence de son cœur. C'est ainsi que, pour ce qui fait la destinée normale d'une femme mariée, elle a traversé en quelque sorte le monde sans le connaître.

Enfermée ainsi dans la solitude qui s'était faite autour de sa jeunesse, elle était exposée à se méprendre sur les effets du besoin de plaire, et à rendre malheureux ceux qui s'en faisaient une idée moins innocente et plus sérieuse : elle fit plusieurs blessures de ce genre, et elle se les reprochait. Mais pour de pareils malentendus, quelque cruels qu'ils fussent, quel heureux empire, quelle douce influence n'exerça-t-elle pas? Après une courte expérience de son caractère et de ses résolutions, il fallait de l'obstination et presque de l'aveuglement pour ne pas s'apercevoir de ce que son amitié avait de préférable à toutes les chances de la passion. C'est le propre des dévouements de la vie religieuse, de transformer en un bienfait qui s'étend à toutes les souffrances la tendresse concentrée d'ordinaire dans le cercle étroit des devoirs de famille. Mme Récamier fait comprendre, mieux que personne, la possibilité qu'un ministère aussi compatissant soit départi, parmi les frivoles délicatesses du monde, à des personnes qui ont perdu le droit de faire un abandon exclusif de leur affection.

Et encore, avec les classifications ordinaires de la société, comment admettre une influence aussi étendue? comment, à moins d'un trône ou d'un théâtre, conquérir la notoriété nécessaire à une action de ce genre? Dans les conditions où nos pères ont vécu ou dans celles qui existent aujourd'hui, la reine ou l'idole d'un cercle ne pourra que demeurer inconnue à tous les autres. Il en fut autrement pour Mme Récamier.

La date de son mariage correspond à l'époque la plus terrible de notre histoire : elle vit s'épanouir sa jeunesse au moment où la France commençait à respirer ; et lorsque les représentants de la classe proscrite rentrèrent dans leur pays, ils n'y trouvèrent à leur convenance d'autre maison ouverte que la sienne. Les plus distingués de ses nouveaux amis, MM. Mathieu et Adrien de Montmorency, n'oublièrent jamais ce qu'ils lui avaient dû de reconnaissance à cette époque de transition, et quand l'ancienne société reprit ses prétentions avec son rang, Mme Récamier, malgré ses malheurs de fortune, se trouva, par la solidité de ses relations, à l'abri des distinctions dédaigneuses, sans qu'on lui fît une loi de se déclasser, sans qu'elle eût besoin d'abjurer les rapports que sa naissance lui avait faits.

La réputation de sa beauté, établie dans un moment où tous les regards pouvaient se concentrer sur un seul point, lui offrait en perspective plus de dangers encore que de triomphes. Si l'on reconnaît que, sans cet avantage, elle ne se serait point fait une position aussi particulière dans le monde, on comprend aussi qu'elle n'a pu la conserver et l'étendre qu'avec des qualités bien autrement durables et sérieuses. Après des épreuves amenées par la fierté de son caractère et la fidélité de ses affections, la Restauration la trouva toute préparée pour entreprendre entre les partis l'œuvre de conciliation qui était dès lors le plus grand besoin de la France. Elle offrait à toutes les opinions un terrain neutre et indépendant; les âmes les plus droites et les plus distinguées y furent attirées par les meilleurs instincts de leur nature.

Toutefois Mme Récamier n'était qu'à demi faite pour un rôle public : si elle se plaisait à exercer un charme extérieur, des sentiments plus jaloux dominaient le meilleur de son âme, et le combat de ces sentiments entraînait ses plus importantes résolutions. C'est ce qu'on verra très-clairement, nous l'espérons du moins, dans l'ouvrage que nous donnons au public. On notera sans peine ce qui suspendit, ce qui limita l'action indirecte qu'elle pouvait exercer sur les affaires publiques; et tout en admirant la dignité de sa conduite, on regrettera, nous n'en doutons pas, qu'elle se soit vue dans l'obligation de s'éloigner, au moment même où éclatait la crise qui devait décider du sort de la monarchie restaurée.

Ainsi se trouvèrent déçues les espérances que les esprits modérés pouvaient fonder sur elle. Mais ce nouvel exemple d'une belle occasion manquée, comme on en rencontre tant dans notre histoire, a-t-il été complétement inutile, et ne pouvons-nous pas encore aujourd'hui tirer quelque profit de ces tentatives infructueuses? Le passé, nous l'espérons du moins, n'est jamais perdu sans retour : en apprenant à mieux connaître tout ce que valaient les hommes de la Restauration dont Mme Récamier fut le centre et le lien, on doit enfin comprendre ce que la France depuis soixante-dix ans a perdu à tant de discordes et de défiances; on peut, avec une conviction plus forte, se diriger soi-même, et diriger l'esprit des autres dans le sens du rétablissement d'une harmonie durable entre toutes les classes de la nation française. Plus qu'aucune autre, Mme Récamier aurait mérité d'être le symbole d'une telle réconciliation.

En entreprenant l'ouvrage que nous offrons au public, notre premier devoir était de reproduire d'une manière scrupuleusement fidèle l'esprit dans lequel Mme Récamier elle-même l'aurait conçu. Nous ne craignons pas d'affirmer qu'on trouvera ici, quant à l'appréciation des événements et des hommes, beaucoup moins notre jugement personnel que le sien. A la voir si impartiale, on aurait pu la croire indifférente; mais elle avait la passion du bien, et avec un sentiment pareil, on ne court le risque de tomber ni dans le doute, ni dans l'égoïsme.

Entre ses deux existences, celle de ses affections étroites, et celle de ses relations plus générales, notre choix ne pouvait non plus être douteux. Il nous eût été facile de dérouler le tableau tout à fait extraordinaire de ses rapports extérieurs. Le nombre des personnes qui l'ont approchée, et auxquelles elle a eu le secret, par son intervention, par ses démarches, par ses paroles, je dirais presque par son sourire, de faire du bien, est vraiment incalculable : nous avons tant de preuves de ce rayonnement universel que nous aurions pu en remplir des volumes. Mais ce foyer auquel avaient recours toutes les souffrances de l'âme et toutes les inquiétudes de l'esprit aurait-il pu exister, si la chaleur communicative ne s'en fût alimentée à des sources plus secrètes? Beaucoup des personnes mêmes qui, à cause de la reconnaissance qu'elles gardent à la mémoire de Mme Récamier, s'étonneront de ne pas rencontrer leur nom dans ces volumes, en apprenant à connaître ce qu'était la vie, pour ainsi dire, profonde de celle dont elles bénissent le souvenir, nous pardonneront d'avoir insisté sur le côté le plus essentiel et le moins connu de cette nature privilégiée.

A vrai dire, trois noms seulement dominent cette histoire d'une femme, Mathieu de Montmorency, Ballanche, Chateaubriand.

Au moment le plus périlleux de sa jeunesse, Dieu lui envoie, dans la personne du premier, un ami sûr et vigilant, un guide qui suffit pour expliquer qu'elle ait traversé pure tant de séductions et d'embûches; et elle ne le perd qu'à l'époque où elle n'avait plus de victoires à remporter sur elle-même.

Quelques années après la formation de ce lien, elle distingue à la première vue, sous les dehors les plus simples et sous une enveloppe étrange, un cœur d'or, un rare esprit, un talent à part, dans le naïf imprimeur de Lyon, et cette affection, qui se donne sans condition et sans réserve, achève de compléter sa sauvegarde : elle comprend que, pour assurer une récompense proportionnée à un dévouement de cette nature, elle n'aura qu'à se montrer digne d'elle-même.

D'ailleurs, ce qui fait la sécurité de son âme produit aussi l'équilibre de sa vie. Entre deux amis si dissemblables par l'origine, mais traités avec une égalité d'affection et de respect, le public devait reconnaitre dans Mme Récamier une image éclatante de cette unité de la société française qui a fait son charme et sa force depuis deux siècles, et il ne s'y est pas mépris.

Avec ces deux amitiés parfaites, et qui avaient quelque droit de se croire suffisantes, l'existence de Mme Récamier aurait pu s'écouler paisible, sûre, et presque heureuse. Mais ce triple rapport n'offrait que des dévouements à accepter : il n'y en avait pas à répandre. Mme Récamier avait une première fois donné son cœur à Mme de Staël : il était dans sa nature d'aimer passionnément ce qu'elle admirait le plus; la mort prématurée de l'auteur de *Corinne* laissa chez elle un vide immense que M. de Chateaubriand, par les mêmes causes, vint bientôt remplir. Cette fois, ce n'était pas seulement un grand génie à adopter, c'était un malade à guérir. L'illustre écrivain fut assez longtemps à comprendre la nature du sentiment qui l'attirait vers Mme Récamier, et à subordonner à ce lien d'un genre nouveau pour lui son caractère en partie gâté par trop d'adulations et de succès. Il y eut un moment cruel de malentendu et de crise; mais cette douloureuse épreuve tourna au profit de l'amitié. Le vieil homme était vaincu; sa défaite avait dégagé, des éléments contraires, les qualités nobles et généreuses qui dominaient dans une nature trop riche pour son propre bonheur. Une influence de paix et de sérénité descendit sur le découragement de l'âge et les tristesses de l'isolement.

C'est sur ces trois personnes, Mathieu de Montmorency, Ballanche et Chateaubriand, que roulent les huit livres de ces *Souvenirs*. Mme de Staël se rattache à Mathieu de Montmorency, son ami; le duc de Laval, léger, mais chevaleresque et fidèle, continue la figure de son cousin, après que celui-ci a disparu du monde; le prince Auguste de Prusse, avec sa passion respectueuse et son attachement loyal, a pour mission d'attester, auprès de celle qui refusa sa main, la grandeur du sacrifice et l'austérité du devoir.

Ce qui vient ensuite, la famille qu'elle avait groupée autour d'elle, le jeune ami, M. Ampère, auquel elle s'était plu à montrer la route des sentiments généreux et de l'emploi relevé du talent, l'ami des derniers jours, M. le duc de Noailles, ce contemporain de Louis XIV, chargé en quelque sorte d'apporter l'hommage du XVIIe siècle à l'héritière des meilleures traditions de la société française, toutes les figures enfin que l'on verra se produire d'une manière plus ou moins saillante dans ces *Souvenirs*, placées, ou tout près de son cœur, ou à des degrés divers au-dessus du cortége de sa renommée, forment la transition entre les relations essentielles que nous nous sommes plu à peindre, et le mouvement extérieur du monde dont il nous a paru superflu de développer les détails.

Cependant, tout en restant fidèle au plan que nous nous étions tracé, nous aurions pu donner beaucoup plus de développement à cet ouvrage. Mais quel que soit l'intérêt qu'un sujet présente, il faut se donner de garde de l'épuiser. On a trop abusé, surtout à notre époque, de la curiosité publique. Nous avons préféré, pour notre compte, laisser deviner, au risque d'exciter des regrets, tout ce que les correspondances recueillies par Mᵐᵉ Récamier renferment encore de richesses pour l'esprit et pour le cœur.

A la nouvelle de l'entreprise que nous venons d'achever, une femme, qui a bien connu Mᵐᵉ Récamier, et qui, par ses qualités supérieures, était digne de l'apprécier, nous écrivait : « Vous remplissez un vœu bien ardent
« chez moi en faisant connaître cette incom-
« parable personne. Elle était, en effet, in-
« comparable de toute manière, par ses char-
« mantes qualités d'abord, et parce que ces
« qualités avaient quelque chose de si parti-
« culier, que je ne crois pas que jamais une
« autre puisse les rappeler parfaitement. On
« ne trouvera plus que quelques traits épars
« de cette grâce suprême. » Ce serait notre

faute si, après les témoignages que nous avons produits, on avait désormais, sur la femme qui nous fut si chère, un autre avis que l'amie dont les paroles nous ont servi d'avance d'encouragement et de justification.

ERRATA

TOME PREMIER

Page 131, ligne 18. *Au lieu de :* légère *mesure* de dédain ; *lisez :* légère nuance.

— 151, ligne 5. *Au lieu de :* fut renvoyé en 1813 ; *lisez :* 1815.

TOME DEUXIÈME

Page 50, ligne 10. *Au lieu de :* elle conservait des *traces* d'une régularité ; *lisez :* elle conservait des traits.

— 83, ligne 20 et page 87, ligne 13. *Au lieu de :* Arenemberg ; *lisez :* Arenenberg.

— 231, à la note, ligne 22. *Au lieu de :* 1838 ; *lisez :* 1828.

— 453, ligne 13. *Au lieu de :* Incidents. — Jardins ; *lisez :* Incidences.

SOUVENIRS ET CORRESPONDANCE

TIRÉS DES PAPIERS DE

MADAME RÉCAMIER

LIVRE PREMIER

Jeanne-Françoise-Julie Adélaïde Bernard naquit à Lyon, le 4 décembre 1777. Son père, Jean Bernard, était notaire dans la même ville; c'était un homme d'un esprit peu étendu, d'un caractère doux et faible, et d'une figure extrêmement belle, régulière et noble. Il mourut en 1828, âgé de quatre-vingts ans, et conservait encore dans cet âge avancé toute la beauté de ses traits.

Mme Bernard (Julie Matton) fut singulièrement jolie. Blonde, sa fraîcheur était éclatante, sa physionomie fort animée. Elle était faite à ravir, et attachait le plus haut prix aux agréments extérieurs, tant pour elle-même que pour sa fille. Elle mourut jeune encore, et toujours charmante, en 1807, d'une douloureuse et longue maladie; elle s'occupait encore des soins et des recherches de sa toilette sur la chaise longue où ses souffrances la condamnaient à rester étendue. Mme Bernard avait l'esprit vif, et elle entendait bien les affaires : un sens droit, un jugement prompt lui faisaient discerner nettement les chances de succès d'une entreprise; aussi gouvernat-elle très-heureusement et accrut-elle sa fortune. Elle voulut par ses dispositions testamentaires assurer l'indépendance de la situation de sa fille unique; mais quoique mariée, séparée de biens et sous le régime dotal, Mme Récamier s'associa avec une généreuse et inutile imprudence aux revers de son mari, et compromit sa propre fortune sans le sauver de sa ruine.

J'ignore la circonstance qui mit Mme Bernard en relation avec M. de Calonne; mais ce fut sous son ministère, en 1784, que M. Bernard, notaire à Lyon, fut nommé receveur des finances à Paris, où il vint s'établir, laissant sa fille Juliette à Villefranche, aux soins d'une sœur de sa femme, Mme Blachette, mariée dans cette petite ville.

Le souvenir de Mme Récamier se reportait quelquefois, et toujours avec un grand charme, sur les premières années de son enfance. C'est à cette époque que prit naissance dans son cœur une affection, qu'aucune circonstance ne put altérer, pour la jeune cousine avec laquelle on l'élevait. Mlle Blachette, qui devint plus tard la baronne de Dalmassy, et qui fut une très-jolie et spirituelle personne, n'était alors qu'une enfant comme Juliette. Mme Récamier racontait quelquefois ses promenades autour de Villefranche avec sa cousine et les autres enfants de la ville, filles et garçons, les priviléges dont elle jouissait dans la maison de son oncle où régnait une stricte économie, et la passion très-vive qu'avait pris pour elle, petite fille de six ans, un garçon à peu près du même âge, Renaud Humblot. Les riantes et gracieuses impressions de l'enfance embellissaient pour elle et avaient gravé dans sa mémoire, d'une manière tout à fait aimable, ce premier de ses innombrables adorateurs.

Après quelques mois de séjour à Villefranche, Juliette fut mise en pension au couvent de la Déserte, à Lyon. Elle y trouvait une autre sœur de sa mère qui s'était faite religieuse dans cette communauté. Le temps qu'elle passa à la Déserte laissa dans le cœur de Juliette une trace ineffaçable; elle aimait à en évoquer le souvenir. M. de Chateaubriand, dans ses *Mémoires d'Outre-Tombe*, après avoir décrit la belle situation de l'abbaye, cite quelques lignes écrites par Mme Récamier sur cette époque chère à sa pensée. J'ai moi-même retrouvé dans ses papiers, parmi quelques débris des souvenirs qu'elle avait écrits, et qui par son ordre ont été brûlés à sa mort, ce même fragment sur le couvent de la Déserte, et je l'insère ici tel que je l'ai recueilli, M. de

Chateaubriand ne l'ayant pas donné tout entier :

« La veille du jour où ma tante devait venir me chercher, je fus conduite dans la chambre de Mᵐᵉ l'abbesse pour recevoir sa bénédiction. Le lendemain, baignée de larmes, je venais de franchir la porte que je me souvenais à peine d'avoir vue s'ouvrir pour me laisser entrer, je me trouvai dans une voiture avec ma tante, et nous partîmes pour Paris. — Je quitte à regret une époque si calme et si pure pour entrer dans celle des agitations ; elle me revient quelquefois comme dans un vague et doux rêve, avec ses nuages d'encens, ses cérémonies infinies, ses processions dans les jardins, ses chants et ses fleurs.

« Si j'ai parlé de ces premières années, malgré mon intention d'abréger tout ce qui m'est personnel, c'est à cause de l'influence qu'elles ont souvent à un si haut degré sur l'existence entière : elles la contiennent plus ou moins. C'est sans doute à ces vives impressions de foi reçues dans l'enfance que je dois d'avoir conservé des croyances religieuses au milieu de tant d'opinions que j'ai traversées. J'ai pu les écouter, les comprendre, les admettre jusqu'où elles étaient admissibles, mais je n'ai point laissé le doute entrer dans mon cœur. »

Avec M. et Mᵐᵉ Bernard était venu s'établir à Paris un ami, un camarade d'enfance de M. Bernard, veuf dès lors et qui, à dater de cette époque, ne sépara plus son existence de celle du père de Juliette : ils eurent, pendant plus de trente ans, même maison, même société, mêmes amis. M. Simonard formait d'ailleurs un contraste à peu près complet avec M. Bernard. Il avait autant de vivacité que son ami avait de lenteur et d'apathie, beaucoup d'esprit, de culture intellectuelle, une âme dévouée : mais autant ses affections étaient vives et fidèles, autant ses antipathies étaient fortes, et il ne prenait nul souci de les dissimuler. Épicurien très-aimable et disciple de cette philosophie sensualiste qui avait si fort corrompu le XVIIIe siècle, Voltaire était son idole, et les ouvrages de cet écrivain, sa lecture favorite. D'ailleurs, aristocrate et royaliste ardent, homme plein de délicatesse et d'honneur. Dans l'association avec le père de Juliette, M. Simonard était à la fois l'intelligence et le despote; M. Bernard, de temps en temps, se révoltait contre la domination du tyran dont l'amitié et la société étaient devenues indispensables à son existence; puis, après quelques jours de bouderie, il reprenait le joug, et son ami, l'empire, à la grande satisfaction de tous deux. M. Simonard mourut un peu avant son ami, et, comme lui, dans un âge fort avancé. Il conserva jusqu'au bout de sa carrière ses goûts d'homme du monde, de gourmand aimable et de généreux ami.

Atteint par la maladie dans la plénitude de son intelligence, il demanda un prêtre, reçut avec respect et recueillement les derniers sacrements de la religion et fit une mort édifiante dont nous fûmes consolés sans en être surpris : en effet, les doctrines de Voltaire n'avaient faussé que son esprit ; son cœur était resté bon et charitable.

A l'époque où Juliette arriva à Paris pour ne plus quitter sa mère, rien n'était déjà plus charmant et plus beau que son visage, rien de plus gai que son humeur, rien de plus aimable que son caractère. Le fils de M. Simonard, qui était du même âge qu'elle, devint l'ami et le camarade de ses jeux. Voici une petite anecdote de leur enfance que j'ai entendu conter à Mme Récamier :

L'hôtel que M. Bernard habitait rue des Saints-Pères, 13, avait un jardin dont le mur, mitoyen avec la maison voisine, séparait les deux propriétés. Ce mur avait à son sommet une ligne de dalles plates qui formaient une sorte d'étroite terrasse sur laquelle il était facile de marcher. Simonard grimpait sur ce mur, y faisait grimper sa petite compagne et la roulait en courant sur le haut du mur dans une brouette. Ce dangereux plaisir les divertissait infiniment l'un et l'autre. Le jardin du voisin possédait de très-beaux raisins en espalier le long de la muraille ; les deux enfants les convoitèrent longtemps, et Simonard se hasarda à en dérober des grappes : Juliette faisait le guet. Ce manége se renouvela si souvent que le voisin s'aperçut de la disparition de ses raisins. Il ne lui fut pas difficile de conjecturer d'où pouvaient venir les picoreurs de sa vigne. Furieux, il se met en embuscade, et quand les deux enfants sont bien occupés à prendre le raisin, il leur crie d'une voix tonnante : « Ah ! je prends donc enfin mes voleurs! » D'un saut le petit garçon disparut dans son jardin. La pauvre Juliette, restée au sommet du mur, pâle et tremblante, ne savait que devenir. Sa ravissante figure eut bien vite désarmé le féroce propriétaire, qui ne s'était pas attendu à avoir affaire à une si belle créature en découvrant les maraudeurs de son raisin. Il se mit en devoir de rassurer et de consoler la jolie enfant, promit de ne rien dire aux parents et tint parole : cette aventure fit cesser toute promenade sur le mur.

Juliette était extrêmement bien douée pour la musique ; on lui donna des leçons de piano. Le penchant qu'elle avait montré dans son enfance devint chez elle avec les années un goût très-vif, et, jeune femme, Mme Récamier fit de la musique avec les plus habiles artistes de son temps. Elle jouait non-seulement du piano, mais de la harpe, et prit de Boïeldieu des leçons de chant. Sa voix était peu étendue, expressive, harmonieusement timbrée. Elle cessa de chanter de très-bonne heure; elle abandonna la harpe, mais elle trouva, jusqu'à la fin de sa vie, dans le piano, de vraies et vives jouissances. Juliette avait eu de tout temps une mémoire musicale étendue : elle aimait à jouer de mémoire, pour elle-même, seule, à la chute du jour. Je l'ai entendue souvent exécuter ainsi dans l'obscurité tout un répertoire de morceaux des grands maîtres, d'un caractère mélancolique, et en éprouver une impression telle, que les larmes inondaient son visage. Cette habitude contractée de bonne heure, cet heureux don de retenir les morceaux qui la frappaient, permirent à Mme Récamier dans un âge avancé, alors que la cécité avait voilé ses yeux, de jouer encore et d'endormir de tristes souvenirs à l'aide de la musique.

L'éducation de Juliette se faisait chez sa mère qui la surveillait avec grand soin. Mme Bernard aimait passionnément sa fille, elle était orgueilleuse de la beauté qu'elle annonçait : ayant le goût de la parure pour son propre compte, elle n'y attachait pas moins d'importance pour sa fille et la parait avec une extrême complaisance. La pauvre Juliette se désespérait des longues heures qu'on lui faisait employer à sa toilette, chaque fois que sa mère l'emmenait au spectacle ou dans le monde, occasions que Mme Bernard, dans sa vanité maternelle, multipliait autant qu'elle le pouvait. Ce fut ainsi qu'elles allèrent à Versailles pour assister à l'un des derniers grands couverts où parurent le roi Louis XVI, la reine Marie-Antoinette et toute la famille royale, avec le cérémonial de l'ancienne monarchie.

Dans ces occasions, le public était admis à circuler autour de la table royale. Les yeux des spectateurs venus pour admirer les magnificences de Versailles et l'attention même de la famille royale furent, ce jour-là, attirés par la beauté de l'enfant qui se trouvait au premier rang des curieux. La reine remarqua qu'elle paraissait à peu près de l'âge de Madame Royale, et envoya une de ses dames demander à la mère de cette charmante enfant de la laisser venir dans les appartements où la famille royale se retirait. Là, Juliette fut mesurée avec Madame Royale et trouvée un peu plus grande. Elles étaient en effet précisément de la même année, et elles avaient alors onze ou douze ans. Madame Royale était fort belle à cette époque; elle parut médiocrement satisfaite de se voir ainsi mesurée et comparée avec une enfant prise dans la foule.

Ce fut à l'église Saint-Pierre-de-Chaillot, en 1791, que Juliette fit sa première communion. A l'époque où M. Bernard avait rappelé sa fille auprès de lui, sa femme était jeune encore, remarquablement agréable, spirituelle et gracieuse. Leur existence était aisée, élégante; tous deux aimaient à recevoir, et leur maison, ouverte à tous les gens d'esprit, devait l'être surtout aux Lyonnais. Mme Bernard recherchait et attirait les gens de lettres; elle avait une loge au Théâtre-Français, et donnait à souper plusieurs fois par semaine.

Ce fut chez sa mère que Juliette connut M. de Laharpe. Lemontey, venu à Paris, qu'il ne quitta plus, comme député à l'Assemblée législative, était fort assidu chez Mme Bernard; Barrère y était reçu, et rendit plus d'un service à la famille dans les mauvais jours de la révolution. Entre les Lyonnais qui fréquentaient le plus habituellement cette maison se trouvait M. Jacques Récamier, qui occupait déjà une situation importante parmi les banquiers de Paris. J'entre dans quelques détails à son sujet.

Jacques-Rose Récamier était né à Lyon en 1751; il était le second fils d'une nombreuse famille dans laquelle s'étaient conservées les traditions de la piété, des bonnes mœurs et du travail. Son père, François Récamier, doué d'une grande intelligence commerciale, avait fondé à Lyon une très-considérable maison de chapellerie, dont les relations les plus importantes étaient avec l'Espagne. En s'établissant à Lyon, il n'avait point pour cela renoncé au Bugey, son pays natal, et tous ses enfants furent comme lui fidèlement attachés à ce village et à ce domaine de Cressin qu'ils appelaient le berceau des Récamier.

Jacques avait été de très-bonne heure le voyageur de la maison de son père; les intérêts de leur commerce le conduisirent souvent en Espagne : aussi parlait-il et écrivait-il l'espagnol comme sa propre langue. Il savait bien le latin : quand je l'ai connu, il aimait encore à citer des vers d'Horace ou de Virgile, et le faisait à propos. Sa correspondance commerciale passait pour un modèle ; il avait été beau, ses traits étaient accentués et réguliers, ses yeux bleus ; il était blond, grand et vigoureusement constitué. Il serait difficile d'imaginer un cœur plus généreux que le sien, plus facile à émouvoir et en même temps plus léger. Qu'un ami réclamât son temps, son argent, ses conseils, M. Récamier se mettait avec empressement à sa disposition ; que ce même ami lui fût enlevé par la mort, à peine lui donnait-il deux jours de regrets. « Encore un tiroir fermé, » disait-il, et là s'arrêtait sa sensibilité. Toujours prêt à donner, serviable au dernier point, bon compagnon, d'humeur bienveillante et gaie, optimiste à l'excès, il était toujours content de tout et de tous ; il avait de l'esprit naturel et beaucoup d'imprévu et de pittoresque dans le langage ; il contait bien.

Confiant jusqu'à l'imprudence, il poussait la longanimité et l'indulgence jusqu'à discerner à peine la valeur morale des individus avec lesquels il était en rapport. Il avait cette parfaite politesse, habituelle parmi les hommes de sa génération ; elle était chez lui le résultat d'un grand usage du monde et d'un désir sincère d'être agréable aux autres. Placé par sa fortune à la tête des hommes de finance, à Paris, il n'eut jamais la moindre sottise, recevant les plus grands seigneurs sans embarras et les pauvres gens sans hauteur. M. Récamier avait malheureusement des mœurs légères, et il préférait souvent une société facile et subalterne à celle de ses égaux. Généreux pour tous, il était la providence de sa famille et en était adoré. Lorsqu'au sortir de la Terreur, il fut en pleine possession de sa grande existence financière, une armée de neveux, logés chez lui, employés et appointés par lui, trouvaient dans son hospitalière et opulente maison tous les agréments de la vie.

Lorsqu'il demanda, en 1793, la main de Juliette Bernard dont il voyait depuis deux ou trois ans se développer la merveilleuse beauté, il avait lui-même quarante-deux ans, et elle n'en avait que quinze. Ce fut pourtant très-volontairement, sans effroi ni répugnance, qu'elle agréa sa recherche. Mᵐᵉ Bernard crut devoir faire à sa fille toutes les objections que dictaient assez la différence des âges et celle des goûts et des habitudes qui devait en résulter; mais Juliette voyait venir M. Récamier depuis plusieurs années chez ses parents, il avait toujours été prévenant et gracieux pour son enfance, elle avait reçu de lui ses plus belles poupées, elle ne douta pas qu'il ne dût être un mari plein de complaisance; elle accepta sans la moindre inquiétude l'avenir qui lui était offert. Ce lien ne fut, d'ailleurs, jamais qu'apparent; Mme Récamier ne reçut de son mari que son nom. Ceci peut étonner, mais je ne suis pas chargée d'expliquer le fait; je me borne à l'attester, comme auraient pu l'attester tous ceux qui, ayant connu M. et Mme Récamier, pénétrèrent dans leur intimité. M. Récamier n'eut jamais que des rapports paternels avec sa femme; il ne traita jamais la jeune et innocente enfant qui portait son nom que comme une fille dont la beauté charmait ses yeux et dont la célébrité flattait sa vanité. Ils se marièrent à Paris le 24 avril 1793.

Le mariage de Mlle Bernard avait donc lieu en pleine Terreur, à l'époque la plus sinistre de la révolution, l'année même du meurtre du roi et de la reine. A ce moment toutes les habitudes de la société étaient rompues, toutes les relations anéanties; l'unique souci de chacun consistait à se faire oublier pour échapper, s'il le pouvait, à la mort qui frappait incessamment parmi ses amis et ses proches. La vie s'écoulait dans une sorte de stupeur, qui seule peut expliquer l'absence de toute tentative de résistance à ce régime de bourreaux. Je tiens de M. Récamier qu'il allait presque tous les jours assister aux exécutions. Il avait été ainsi témoin du supplice du roi, il avait vu périr la reine, il avait vu guillotiner les fermiers généraux, M. de Laborde.

banquier de la cour, tous les hommes avec lesquels il était en relations d'affaires ou de société : et quand je lui exprimais ma surprise qu'il se condamnât à un aussi horrible spectacle, il me répondait que c'était pour se familiariser avec le sort qui vraisemblablement l'attendait, et qu'il s'y préparait en voyant mourir.

M. Récamier échappa néanmoins, ainsi que la famille de sa femme, au couteau révolutionnaire et on attribua ce bonheur, en grande partie, à la protection de Barrère. Quatre années s'écoulèrent de la sorte sans que j'aie à enregistrer aucun événement important dans la vie de Mme Récamier. Cependant le règne de la Terreur avait cessé, l'ordre s'essayait à renaître, les existences se reconstituaient, les émigrés commençaient à rentrer, et la société française, incorrigible dans sa frivolité, se jetait à corps perdu, au sortir des prisons, de l'exil, de la ruine et des échafauds, dans le tourbillon des plaisirs.

Mme Récamier resta tout à fait étrangère au monde du Directoire et n'eut de relation avec aucune des femmes qui en furent les héroïnes : Mme Tallien, et quelques autres. Plus jeune que ces dames de plusieurs années, et protégée par l'auréole de pureté qui l'a toujours environnée, pas une de ces femmes ne vint chez elle et elle n'alla chez aucune d'elles.

Sa beauté avait en ce peu d'années achevé de s'épanouir, et elle avait en quelque sorte passé de l'enfance à la splendeur de la jeunesse. Une taille souple et élégante, des épaules, un cou de la plus admirable forme et proportion, une bouche petite et vermeille, des dents de perle, des bras charmants quoique un peu minces, des cheveux châtains naturellement bouclés, le nez délicat et régulier, mais bien français, un éclat de teint incomparable qui éclipsait tout, une physionomie pleine de candeur et parfois de malice, et que l'expression de la bonté rendait irrésistiblement attrayante, quelque chose d'indolent et de fier, la tête la mieux attachée. C'était bien d'elle qu'on eût eu le droit de dire ce que Saint-Simon a dit de la duchesse de Bourgogne : que sa démarche était celle d'une déesse sur les nuées. Telle était Mme Récamier à dix-huit ans.

A ce moment, au sortir de cette tempête de la révolution, qui semblait avoir tout englouti et qui laissait dans le sein de chaque famille, à quelque rang qu'elle appartînt, une marque sanglante de son passage, la société parut saisie d'une sorte de fièvre de distractions et de fêtes. Les salons n'existaient plus, tout se passait en plein air; les succès d'une femme n'avaient plus pour théâtre les cercles d'un monde disparu, mais les lieux publics. C'était aux spectales qui venaient de se rouvrir, dans les jardins, dans les bals par souscription, que l'on se rencontrait au milieu de la foule. La beauté de Juliette causait dans toutes ces réunions un frémissement d'admiration, de curiosité, d'enthousiasme, d'autant plus vif qu'il avait toute la spontanéité des impressions de la multitude. Sa présence était partout un événement. Je crois qu'il n'est point inutile de rappeler aussi que cette époque était celle d'une renaissance très-prononcée du goût et d'une passion pour les arts que l'influence de David et de son école avait répandue dans tous les rangs, et qui affectait des formes toutes païennes dans son idolâtrie de la beauté. Toutes ces circonstances peuvent servir à faire comprendre la promptitude avec laquelle la beauté de Mme Récamier devint non-seulement célèbre, mais populaire. En voici deux exemples entre bien d'autres que je pourrais citer.

Lorsque le culte se rétablit et que les églises se rouvrirent aux cérémonies religieuses, on demanda à Mme Récamier de quêter à Saint-Roch pour je ne sais quelle bonne œuvre ; elle y consentit. Au moment de la quête, la nef de l'église se trouva trop petite pour la foule qui l'obstruait. On montait sur les chaises, sur les piliers, sur les autels des chapelles latérales, et ce fut à grand'peine si l'objet de cet empressement, protégé par deux hommes de la société (Emmanuel Dupaty et Christian de Lamoignon), put fendre le flot des curieux et faire circuler la bourse des pauvres. La quête produisit vingt mille francs.

L'autre circonstance se produisit à la promenade de Longchamps.

La vogue extrême de cette promenade tend à disparaître, et d'ici à quelques années nos neveux ne sauront plus ce que c'était. Dans mon enfance, Longchamps avait encore sa signification et son importance : on renouvelait ses équipages, ses chevaux, ses livrées, les modes de printemps s'arboraient à Longchamps. Les femmes, dans leurs plus fraîches et plus élégantes toilettes du matin, rivalisaient trois jours, le mercredi, le jeudi et le vendredi saints de chaque année, de beauté et de bon goût dans leurs ajustements.

C'était depuis la place de la Concorde jusqu'à l'arc de l'Étoile, et au delà, un brillant encombrement de voitures à deux ou à quatre chevaux, d'hommes à cheval, de piétons circulant dans les contre-allées, ou de badauds assis sur le bord de la grande avenue des Champs-Élysées, saluant, admirant ou critiquant les riches et les élégants du siècle emportés dans de somptueux équipages au milieu d'un tourbillon de poussière et de soleil. Dans la semaine sainte de 1801, par une belle matinée de printemps, Mme Récamier se rendit avec d'autres femmes de sa famille à Longchamps dans une calèche découverte à deux chevaux. La voiture, forcée d'aller au pas, permettait à la foule de voir et d'admirer sa figure, que la splendeur du jour et la vivacité de la lumière du plein midi ne faisaient que mieux ressortir; son nom ne tarda pas à circuler dans cette masse compacte qui allait grossissant, et qui, d'une commune voix, la comparant aux beautés contemporaines et présentes, la salua *la plus belle à l'unanimité.*

On a tant parlé de la *danse* de Mme Récamier qu'il convient peut-être d'en dire un mot. Belle et faite à peindre, elle excella en effet dans cet art. Elle aima la danse avec passion pendant quelques années, et, à son début dans le monde, elle se faisait un point d'honneur d'arriver au bal la première et de le quitter la dernière : mais cela ne dura guère. Je ne sais de qui elle avait appris *cette danse du châle*, qui fournit à Mme de Staël le modèle de la danse qu'elle prête à *Corinne*. C'était une pantomime et des attitudes plutôt que de la danse. Elle ne consentit à l'exécuter que pendant les premières années de sa jeunesse. Pendant le triste hiver de 1812 à 1813 que Mme Récamier, exilée, passa à Lyon, un jour que l'isolement lui pesait plus cruellement que de coutume, pour tromper son ennui et sans doute aussi se rappeler d'autres temps, elle voulut me donner une idée de la danse du châle : une longue écharpe à la main, elle exécuta en effet toutes les attitudes dans lesquelles ce tissu léger devenait tour à tour une ceinture, un voile, une draperie. Rien n'était plus gracieux, plus décent et plus pittoresque que cette succession de mouvements cadences dont on eût désiré fixer par le crayon toutes les attitudes.

Comme témoignage de l'effet produit par M#me# Récamier, je cite une conversation textuelle de M#me# Regnault de Saint-Jean-d'Angély. Elles étaient contemporaines, et M#me# Regnault, que distinguaient la parfaite délicatesse et régularité de ses traits, prisait très-haut sa propre beauté. Un jour donc, M#me# Regnault, qui n'était plus jeune, parlait de sa figure et de celles des femmes de son temps, comme on parle d'un passé éloigné. Elle nomma M#me# Récamier; d'autres, assurait-elle, avaient été plus *vraiment* belles, mais aucune ne produisait autant d'effet. « J'étais dans un salon, ajoutait-elle, j'y charmais et captivais tous les regards; M#me# Récamier arrivait : l'éclat de ses yeux, qui n'étaient pas pourtant très-grands, l'inconcevable blancheur de ses épaules, écrasaient tout, éclipsaient tout; elle resplendissait. Au bout d'un moment, il est vrai, poursuivait M#me# Regnault, les vrais amateurs me revenaient. »

M#me# Récamier n'eut que deux fois en sa vie l'occasion de rencontrer Bonaparte. La première, ce fut en 1797, dans des circonstances qui lui avaient laissé une impression vive que je lui ai entendu rappeler. Je dirai plus tard sa seconde rencontre avec Napoléon.

Le 10 décembre 1797, le Directoire donna une

fête triomphale en l'honneur et pour la réception du vainqueur de l'Italie. Cette solennité eut lieu dans la grande cour du palais du Luxembourg. Au fond de cette cour, un autel et une statue de la Liberté ; au pied de ce symbole, les cinq directeurs revêtus de costumes romains; les ministres, les ambassadeurs, les fonctionnaires de toute espèce rangés sur des siéges en amphithéâtre; derrière eux, des banquettes réservées aux personnes invitées. Les fenêtres de toute la façade de l'édifice étaient garnies de monde; la foule remplissait la cour, le jardin et toutes les rues aboutissant au Luxembourg. Mme Récamier prit place avec sa mère sur les banquettes réservées. Elle n'avait jamais vu le général Bonaparte, mais elle partageait alors l'enthousiasme universel, et elle se sentait vivement émue par le prestige de cette jeune renommée. Il parut : il était encore fort maigre à cette époque, et sa tête avait un caractère de grandeur et de fermeté extrêmement saisissant. Il était entouré de généraux et d'aides de camp. A un discours de M. de Talleyrand, ministre des affaires étrangères, il répondit quelques brèves, simples et nerveuses paroles qui furent accueillies par de vives acclamations. De la place où elle était assise, Mme Récamier ne pouvait distinguer les traits de Bonaparte : une curiosité bien naturelle lui faisait désirer de les voir; profitant d'un moment où Barras répondait longuement au général, elle se leva pour le regarder.

A ce mouvement qui mettait en évidence toute sa personne, les yeux de la foule se tournèrent vers elle, et un long murmure d'admiration la salua. Cette rumeur n'échappa point à Bonaparte; il tourna brusquement la tête vers le point où se portait l'attention publique, pour savoir quel objet pouvait distraire de sa présence cette foule dont il était le héros : il aperçut une jeune femme vêtue de blanc et lui lança un regard dont elle ne put soutenir la dureté : elle se rassit au plus vite.

J'ai déjà dit que Mme Récamier n'avait point fait partie de la société du Directoire : cependant au printemps de 1799, elle fut invitée à une soirée donnée par Barras dans les salons du Luxembourg. M. Récamier trouvait utile à ses relations d'affaires que sa jeune femme acceptât cette fois l'invitation qui lui était adressée, et elle se prêta d'autant plus volontiers à ce désir, qu'elle avait à solliciter de Barras l'élargissement d'un prisonnier.

Lorsque M. et Mme Récamier arrivèrent au Luxembourg, la musique, car c'était un concert, était commencée, et on exécutait l'ouverture du *Jeune Henri*. L'apparition d'une personne déjà célèbre par ses agréments dans une société qui n'était pas la sienne, fit une assez vive sensation. Barras s'était avancé pour offrir son bras à Mme Récamier, et l'avait placée au fond du salon à quelques pas d'une femme qui, bien qu'elle eût passé la première jeunesse, en conservait encore toute la grâce et l'élégance : c'était Mme Bonaparte. Plus près d'elle, et presque enseveli dans les coussins du fauteuil où il était assis, se trouvait un petit homme contrefait, dont l'extérieur étrange et la figure remarquable attirèrent son attention ; on le lui présenta en nommant La Réveillère-Lépeaux, l'un des directeurs. Mme Récamier fut aussi vivement frappée dans cette soirée du contraste que présentaient, avec la société fort mêlée qui remplissait les salons, la figure jeune encore de M. de Talleyrand, ses manières élégantes et aristocratiques, et sa physionomie hautaine.

Mme Récamier rencontra fréquemment M. de Talleyrand dans le monde ; il ne vint jamais chez elle, où j'ai vu plusieurs fois son frère, Archambauld de Périgord.

A minuit on servit un splendide souper. Barras plaça Mme Bonaparte à sa droite, et pria Mme Récamier, que La Réveillère-Lépeaux avait conduite dans la salle à manger, de se mettre à sa gauche. Elle eut ainsi pendant le souper une occasion naturelle de parler à Barras du vieillard dont elle voulait obtenir la mise en liberté. Il faut se rappeler la grande jeunesse de Juliette, l'expression pure et presque enfantine de sa physionomie, pour imaginer l'impression que devait produire, dans ce monde facile, cette virginale apparition. Barras écouta avec un respectueux intérêt l'histoire du pauvre prêtre, emprisonné pour être rentré en France avant sa radiation de la liste des émigrés, et depuis ce moment détenu au Temple ; il promit de s'occuper du protégé de Mme Récamier et tint parole.

Les gazettes du temps rendirent compte de cette fête et publièrent un quatrain improvisé au souper par le poëte Despaze et adressé à Mme Récamier.

Ce fut à la fin de 1798 que M. Récamier, qui jusque-là avait occupé une maison rue du Mail, 12, la trouvant trop petite, résolut d'acheter un hôtel plus approprié à l'accroissement de ses affaires, à l'importance de sa fortune et à ses goûts hospitaliers. M. Necker venait d'être rayé de la liste des émigrés. Mme de Staël était à Paris, et cherchait à vendre pour son père un hôtel qui lui appartenait, rue du Mont-Blanc, à présent rue de la Chaussée-d'Antin, 7. M. Récamier était depuis longtemps en relation d'affaires avec M. Necker, il était son banquier ainsi que celui de sa fille ; il acheta l'hôtel. L'acte de vente porte la date du 25 vendémiaire an VII. La négociation de cette affaire devint l'origine de la liaison qui s'établit entre Mme de Staël et Mme Récamier.

Je rencontre dans les rares fragments de souvenirs de Mme Récamier, que j'ai eu le bonheur de retrouver après la destruction de son manuscrit, un récit de sa première entrevue avec la femme célèbre qui devint sa plus intime amie ; je m'empresse de l'insérer ici.

« Un jour, et ce jour fait époque dans ma vie,
« M. Récamier arriva à Clichy avec une dame qu'il
« ne me nomma pas et qu'il laissa seule avec moi
« dans le salon, pour aller rejoindre quelques per-
« sonnes qui étaient dans le parc. Cette dame venait
« pour parler de la vente et de l'achat d'une maison ;
« sa toilette était étrange ; elle portait une robe du
« matin et un petit chapeau paré, orné de fleurs : je
« la pris pour une étrangère. Je fus frappé de la
« beauté de ses yeux et de son regard ; je ne pouvais
« me rendre compte de ce que j'éprouvais, mais il
« est certain que je songeais plus à la reconnaître
« et, pour ainsi dire, à la deviner, qu'à lui faire les
« premières phrases d'usage, lorsqu'elle me dit avec
« une grâce vive et pénétrante, qu'elle était vrai-
« ment ravie de me connaître, que M. Necker, son
« père. . . . . . . A ces mots, je reconnus
« Mme de Staël ! je n'entendis pas le reste de sa
« phrase, je rougis, mon trouble fut extrême. Je
« venais de lire ses *Lettres sur Rousseau*, je m'étais
« passionnée pour cette lecture. J'exprimai ce que
« j'éprouvais plus encore par mes regards que par
« mes paroles : elle m'intimidait et m'attirait à la
« fois. On sentait tout de suite en elle une personne
« parfaitement naturelle dans une nature supé-

« rieure. De son côté, elle fixait sur moi ses grands
« yeux, mais avec une curiosité pleine de bien-
« veillance, et m'adressa sur ma figure des compli-
« ments qui eussent paru exagérés et trop directs,
« s'ils n'avaient pas semblé lui échapper, ce qui
« donnait à ses louanges une séduction irrésistible.
« Mon trouble ne me nuisit point ; elle le comprit et
« m'exprima le désir de me voir beaucoup à son
« retour à Paris, car elle partait pour Coppet. Ce
« ne fut alors qu'une apparition dans ma vie, mais
« l'impression fut vive. Je ne pensai plus qu'à
« Mme de Staël, tant j'avais ressenti l'action de cette
« nature si ardente et si forte. »

L'hôtel de la rue du Mont-Blanc une fois acquis de M. Necker fut confié à l'architecte Berthaut pour être restauré et meublé, et on lui donna carte blanche pour la dépense. Il s'acquitta de sa tâche avec un goût infini et se fit aider dans son entreprise par M. Percier. Les bâtiments furent réparés, augmentés. Chacune des pièces de l'ameublement, bronzes, bibliothèques, candélabres, jusqu'au moindre fauteuil, fut dessiné et modelé tout exprès. Jacob, ébéniste du premier ordre, exécuta les modèles fournis ; il en résulta un ameublement qui porte l'empreinte de l'époque, mais qui restera le meilleur échantillon du goût de ce temps et dont l'ensemble offrait une harmonie trop rare. Il n'y eut qu'un cri sur ce goût et ce luxe, dont on avait perdu l'habitude, et les récits en exagérèrent beaucoup la richesse.

Dans l'été de 1796, M. Récamier avait loué d'une madame de Lévy le château de Clichy, tout meublé, et y avait établi sa jeune femme et sa belle-mère : lui-même venait y dîner tous les jours; il n'y couchait presque jamais, ses goûts, ses habitudes et ses affaires s'accordant pour le rappeler à Paris. La très-courte distance qui sépare le village de Clichy de la capitale rendait cette combinaison facile; aussi subsista-t-elle pendant plusieurs années. Mme Récamier s'installait à Clichy dès le commencement du printemps, et lorsque les théâtres rouverts se peuplèrent du monde élégant, elle se rendait après dîner à l'Opéra ou au Théâtre-Français, où elle avait une loge à l'année, et revenait à la campagne après les représentations.

M. Récamier tenait à Clichy table ouverte : le château était vaste; le parc, admirablement planté, s'étendait jusqu'au bord de la Seine. Mme Récamier, qui avait un goût très-vif pour les fleurs et les parfums, y faisait entretenir avec soin des fleurs en grand nombre. Ce luxe charmant, devenu très-commun de nos jours, avait alors tout le prestige de la nouveauté.

Au printemps de 1799, Mme Récamier, déjà établie à Clichy, accepta l'invitation qui avait été adressée à son mari et à elle pour un dîner à Bagatelle chez M. Sapey. Parmi les invités de ce dîner se trouva Lucien Bonaparte. Dès le premier moment qu'il vit Mme Récamier, il ne dissimula point la vive impression que lui causait sa beauté ; présenté à elle, il l'accompagna après le dîner dans une promenade à travers les jardins de Bagatelle, et le soir au moment où elle allait se retirer, il sollicita et il obtint la permission de la voir chez elle à Clichy : il y accourut dès le lendemain.

Lucien Bonaparte avait alors vingt-quatre ans ; ses traits, moins caractérisés que ceux de Napoléon auquel il ressemblait, avaient pourtant de la régularité. Il était plus grand que son frère ; son regard était agréable, bien qu'il eût la vue basse, et son sourire était gracieux. L'orgueil d'une grandeur naissante perçait dans toutes ses manières, tout en lui visait à l'effet : il y avait de la recherche et point de goût dans sa mise, de l'emphase dans son langage et de l'importance dans toute sa personne.

La passion que Lucien Bonaparte avait conçue pour Mme Récamier se développa rapidement, et il ne tarda pas à chercher un moyen de la lui exprimer. Il y a dans l'extrême jeunesse et l'innocence, lorsqu'elle est réelle, quelque chose qui impose aux plus hardis. Mme Récamier non-seulement n'avait jamais aimé, mais c'était la première fois qu'elle se voyait l'objet d'un sentiment passionné. En recevant une première lettre d'amour, elle fut d'abord un peu troublée, mais presque aussitôt l'instinct de sa dignité de femme et la complète indifférence qu'elle éprouvait lui révélèrent la ligne de conduite à suivre.

Lucien avait donné à sa déclaration d'amour le voile d'une composition littéraire. Juliette résolut de ne point paraître comprendre l'intention de la lettre de Roméo : elle la rendit le lendemain en présence de beaucoup de monde, en louant le talent de l'auteur, mais en l'engageant à se réserver pour des destinées plus hautes et à ne pas perdre à des œuvres d'imagination un temps qu'il pouvait plus utilement consacrer à la politique. Lucien ne fut pas découragé par l'insuccès de sa fiction romanesque; il renonça seulement à se servir d'un nom d'emprunt, et il adressa à Mme Récamier des lettres dans lesquelles il peignit directement son ardente passion. Elle crut alors ne pouvoir faire autre chose que de montrer ces lettres à son mari en réclamant pour sa jeunesse les conseils et l'appui de l'homme dont elle portait le nom; elle voulait fermer sa porte à Lucien Bonaparte, et elle en fit la proposition à M. Récamier. Celui-ci loua la vertu de sa jeune femme, la remercia de la confiance qu'elle lui témoignait, l'engagea à continuer d'agir avec la prudence et la sagesse dont elle venait de faire preuve; mais il lui représenta que fermer sa porte au frère du général Bonaparte, rompre ouvertement avec un homme si haut placé, ce serait gravement compromettre et peut-être ruiner sa maison de banque ; il conclut qu'il fallait ne point le désespérer et ne lui rien accorder.

Lucien ne plaisait point à Mme Récamier, mais elle était bonne et ne pouvait voir sans quelque pitié les angoisses qu'elle lui faisait éprouver ; elle était rieuse d'ailleurs, et, quoique les femmes soient disposées à l'indulgence pour les ridicules des gens vraiment amoureux d'elles, l'emphase de Lucien excitait parfois chez elle des accès de gaieté qui le démontaient ; d'autres fois ses violences lui faisaient peur. Ce rapport très-orageux dura plus d'une année. Las enfin d'une rigueur impossible à fléchir, et s'apercevant, à mesure que la certitude de ne rien obtenir éteignait sa passion, du rôle ridicule qu'il jouait, Lucien se retira. Le monde n'avait pas manqué de s'occuper de la passion très-affichée de Lucien ; il eut bien souhaité qu'on le crût l'amant favorisé de la plus célèbre beauté de l'Europe, et ses courtisans (car il en avait) s'étaient efforcés de le faire croire, heureusement sans parvenir à donner le change à l'opinion.

Mme Récamier n'ignora pas ces honteuses menées, et, bien que sa réputation sortît intacte de cette aventure, elle en éprouva une vive douleur ; ce fut son premier chagrin, et la première fois que cette âme pure sentit le contact de la méchanceté et de la bassesse : sa timidité s'en accrut, mais sa raison se fortifia à cette épreuve.

La correspondance de Lucien, il faut bien en convenir, est absolument dépourvue de goût et de naturel, et le dernier écolier de nos colléges tournerait une lettre d'amour beaucoup mieux que ce tribun de vingt-cinq ans, dont la résolution et le sang-froid eurent au 18 brumaire une si considérable influence sur le sort de la France et du monde. De l'emphase, des redites, des lieux communs, au milieu desquels on sent pourtant une passion sincère et la crainte du ridicule auquel il ne sait pas échapper, tel est le caractère de ces lettres. On pourrait en multiplier les citations, mais un échantillon sera plus que suffisant pour les faire apprécier.

LETTRES DE ROMÉO A JULIETTE

PAR L'AUTEUR DE LA TRIBU INDIENNE

Sans l'amour, la vie n'est qu'un long sommeil.

Encore des lettres d'amour!!! depuis celles de Saint-Preux et d'Héloïse, combien en a-t-il paru!... combien de peintres ont voulu copier ce chef-d'œuvre inimitable!... c'est la Vénus de Médicis que mille artistes ont essayé vainement d'égaler.

Ces lettres ne sont point le fruit d'un long travail, et je ne les dédie point à l'immortalité. Ce n'est point à l'éloquence et au génie qu'elles doivent le jour, mais à la passion la plus vraie; ce n'est point pour le public qu'elles sont écrites, mais pour une femme chérie... Elles décèlent mon cœur : c'est une glace fidèle où j'aime à me revoir sans cesse ; j'écris comme je sens, et je suis heureux en écrivant. Puissent ces lettres intéresser celle pour qui j'écris!!! puisse-t-elle m'entendre!!! puisse-t-elle se reconnaître avec plaisir dans le portrait de Juliette et penser à Roméo avec ce trouble délicieux qui annonce l'aurore de la sensibilité!!!

PREMIÈRE LETTRE DE ROMÉO A JULIETTE.

« Venise, 27 juillet.

« Roméo vous écrit, Juliette ; si vous refusiez de le lire, vous seriez plus cruelle que nos parents dont les longues querelles viennent de s'apaiser : sans doute ces affreuses querelles ne renaîtront plus.

« Il y a peu de jours, je ne vous connaissais encore que par la renommée ; je vous avais aperçue quelquefois dans les temples et dans les fêtes ; je savais que vous étiez la plus belle : mille bouches me répétaient vos éloges, mais ces éloges, et vos attraits m'avaient frappé sans m'éblouir... Pourquoi la paix m'a-t-elle livré à votre empire! La paix!... elle est aujourd'hui dans nos familles, mais le trouble est dans mon cœur. . . . .

. . . .

« Je vous ai revue depuis. L'amour a semblé me sourire... assis sur un banc circulaire, seul avec vous j'ai parlé, j'ai cru entendre un soupir s'exhaler de votre sein! Vaine illusion! Revenu de mon erreur, j'ai vu l'indifférence au front tranquille assise entre nous deux... La passion qui me maîtrise s'exprimait dans mes discours, et les vôtres portaient l'aimable et cruelle empreinte de la plaisanterie.

« O Juliette! la vie sans l'amour n'est qu'un long sommeil : la plus belle des femmes doit être sensible : heureux le mortel qui deviendra l'ami de votre cœur!... »

Après ce premier aveu de sa passion sous le voile fort transparent d'une composition littéraire, Lucien écrit en son propre nom et sans renoncer absolument à l'heureuse fiction qui voudrait faire de lui le Roméo de cette nouvelle Juliette.

Il s'exprime ainsi :

A JULIETTE.

« Juliette, ce n'est plus Roméo, c'est moi qui vous écris.

« Depuis deux jours retiré à la campagne, votre idée m'y a occupé sans cesse : ces deux jours ont suffi pour m'éclairer sur ma position, et je me suis jugé.

« Je vous envoie le résultat de mes tristes réflexions, et je vous prie de les lire... c'est la dernière lettre que vous recevrez de moi.

« L. B.

« Un ridicule est plus dangereux qu'un crime,
« lorsque surtout il se rapporte à un homme public
« sur qui la critique exerce avec tant de plaisir sa
« maligne influence.

« Fuis Juliette, — évite le ridicule, — adoucis
« ton malheur par la philosophie. »

« Amour-propre, raison protectrice, j'entends votre oracle : je m'y soumets avec douleur, mais celui qui ne sait pas se vaincre soi-même ne mérite point l'estime de ses concitoyens... oui, je vous entends. — Je fuirai Juliette, mais je l'aimerai toujours. — Je lui écrirai tout ce que je sens pour elle... Si elle est inébranlable, elle oubliera ma lettre et mon image, et j'éviterai sa présence. — Mais si elle répondait à mes plaintes par un sourire enchanteur, oh ! je ne puis plus répondre de moi-même. Je préférerais mes fers à la liberté que vous m'offrez aujourd'hui.

« Juliette ! oubliez mes vœux s'ils vous offensent... rappelez-moi si vous me plaignez, — mais voyez toujours dans celui qui vous écrit un homme qui mettra dans toutes les occasions sa félicité à contribuer à la vôtre.

« L. B. »

Quelques mois après qu'il eut cessé de venir chez Mme Récamier, Lucien lui fit redemander ses lettres. M. Sapey se chargea de cette mission dont le but était de faire disparaître les témoignages d'un amour toujours rebuté et d'une rigueur humiliante pour l'amour-propre.

N'ayant pu les obtenir une première fois, M. Sapey revint à la charge et n'épargna pas même les menaces. Mme Récamier persista à ne pas se dessaisir de ces lettres, et à mon tour je les garde comme l'irrécusable témoignage de sa vertu.

L'hiver qui suivit le 18 brumaire, de 1799 à 1800, fut très-brillant à Paris. Lucien occupait le poste de ministre de l'intérieur, et son amour pour Mme Récamier était dans toute sa ferveur. J'ai dit les raisons pour lesquelles M. Récamier exigeait qu'elle ne le rebutât pas absolument ; elle dut par les mêmes motifs accompagner son mari à l'une des fêtes données par Lucien : il s'agissait d'un dîner et d'un concert offerts au premier consul. Cette soirée fut pour Mme Récamier la seconde occasion de voir

Napoléon, et la première et seule fois où elle échangea quelques paroles avec lui.

Mme Récamier avait une prédilection marquée pour le blanc : tous les gens qui l'ont connue savent qu'elle portait habituellement et en toute saison des robes blanches; elle en variait l'étoffe, la forme, les ornements, mais prenait bien rarement d'autres couleurs. Jamais, dans le temps de sa grande fortune, elle ne porta de diamants; elle possédait de très-belles perles fines et s'en parait de préférence à tout autre bijou. On eût pu croire qu'elle trouvait une certaine satisfaction féminine à s'entourer de toutes les choses dont on vante l'éblouissante blancheur, afin de les effacer par l'éclat de son teint.

A la fête donnée par Lucien, elle était donc vêtue d'une robe de satin blanc, et portait un collier et des bracelets de perles.

Mme Lucien Bonaparte, souffrante ce jour-là, ne faisait point les honneurs du salon; Mme Bacciocchi la remplaçait : c'était avec Caroline, depuis Mme Murat, la femme de la famille Bonaparte avec laquelle Mme Récamier avait les rapports les plus fréquents.

Arrivée depuis quelques moments et assise à l'angle de la cheminée du salon, Mme Récamier aperçut debout devant cette même cheminée un homme dont les traits se trouvaient un peu dans la demi-teinte, et qu'elle prit pour Joseph Bonaparte qu'elle rencontrait assez fréquemment chez Mme de Staël; elle lui fit un signe de tête amical. Le salut fut rendu avec un extrême empressement, mais avec une nuance de surprise : à l'instant même Juliette eut conscience de sa méprise et reconnut le premier consul. L'impression qu'elle éprouva en le revoyant ce jour-là fut tout autre que celle qu'elle avait ressentie à la séance du Luxembourg, et elle s'étonnait de lui trouver un air de douceur fort différent de l'expression qu'elle lui avait vue alors. Dans le même moment, Napoléon adressait quelques mots à Fouché qui était auprès de lui, et comme son regard restait attaché sur Mme Récamier, il était clair qu'il parlait d'elle. Un peu après, Fouché vint se placer derrière le fauteuil qu'elle occupait, et lui dit à demi-voix : « Le premier consul vous trouve charmante. »

L'attention à la fois respectueuse et toute pleine d'admiration que lui témoigna dans cette soirée l'homme dont la gloire commençait à remplir le monde la disposait elle-même à le juger favorablement; la simplicité de ses manières en contraste avec les façons toujours théâtrales de Lucien la frappa. Il tenait par la main une fille de Lucien, de quatre ans au plus, et tout en causant avec les personnes qui l'entouraient, il avait fini par ne plus penser à l'enfant, dont il ne lâchait point la main; l'enfant, ennuyé de sa captivité, se mit à pleurer : « Ah! pauvre petite, dit le premier consul avec un vif accent de regret, je t'avais oubliée. » Plus d'une fois dans les années qui suivirent, Mme Récamier se rappela cet accès d'apparente bonhomie, et le contraste qu'il offrait avec la dureté des procédés dont elle fut témoin ou victime.

Lucien s'étant approché de Mme Récamier, Napoléon, qui était au courant des assiduités de son frère, dit assez haut et avec bonne grâce : « Et moi aussi, j'aimerais bien aller à Clichy. »

On annonça que le dîner était servi. Napoléon se leva et passa *seul* et le *premier,* sans offrir son bras à aucune femme ; on se plaça à table à peu près au hasard ; Bonaparte était au milieu de la table, sa mère Mme Lætitia se mit à sa droite : de l'autre côté, à sa gauche, une place restait vide que personne n'osait prendre. Mme Récamier, à laquelle Mme Bacciocchi avait adressé en passant dans la salle à manger quelques mots qu'elle n'avait point entendus, s'était placée du même côté de la table que le premier consul, mais à plusieurs places de distance. Alors Napoléon se tourna avec humeur vers les personnes encore debout, et dit brusquement à Garat en lui montrant la place vide auprès de lui : « Eh bien, Garat, mettez-vous là. »

Dans le même instant, Cambacérès, le second consul, s'asseyait auprès de Mme Récamier ; Napoléon dit alors assez haut pour être entendu de tous : « Ah! ah! citoyen consul, auprès de la plus belle! »

Le dîner fut très-court : Bonaparte mangeait peu et très-vite; au bout d'une demi-heure, Napoléon se leva de table et quitta la salle; la plupart des convives le suivirent. Dans ce mouvement, il s'approcha de Mme Récamier, et lui demanda si elle n'avait point eu froid pendant le dîner; puis il ajouta : « Pourquoi ne vous êtes-vous pas placée auprès de moi? — Je n'aurais pas osé, répondit-elle. — C'était votre place. — Mais c'était ce que je vous disais avant le dîner, » ajouta Mme Bacciocchi. On passa dans le salon de musique. Les femmes y formèrent un cercle en face des artistes, les hommes se groupèrent derrière elles : Bonaparte s'assit *seul* à côté du piano. Garat chanta avec un admirable talent un morceau de Gluck. Après lui d'autres artistes se firent entendre. Le premier consul ennuyé de la musique instrumentale, à la fin d'un morceau joué par Jadin, se mit à frapper le piano en criant : « Garat! Garat! »

Cet appel ne pouvait qu'être obéi. Garat chanta la scène d'*Orphée*, et il se surpassa.

Mme Récamier, dont les impressions musicales étaient très-vives, captivée tout entière par ces merveilleux accents, ne pensait guère au public qui remplissait les salons. Cependant de temps à autre en levant les yeux, elle retrouvait le regard de Bonaparte attaché sur elle avec une persistance et une fixité qui finirent par lui faire éprouver un certain malaise. Le concert achevé, il vint à elle et lui dit : « Vous aimez bien la musique, Madame? » Il se disposait à continuer la conversation ainsi entamée, mais Lucien survint, Napoléon s'éloigna et M*me* Récamier rentra chez elle. On verra plus tard que ces relations fugitives avaient pourtant laissé une impression et un souvenir à Napoléon, et qu'il essaya de fixer à sa cour la beauté qui l'avait ému.

Pour donner une idée vraie de l'existence de M*me* Récamier et pour faire comprendre le rôle qu'elle a occupé dans la société de son temps, il faudrait peindre cette belle et si jeune personne groupant autour d'elle par le sentiment de l'admiration qu'elle inspirait les éléments dispersés de l'ancienne aristocratie et les hommes nouveaux que le talent, l'énergie du caractère ou la gloire militaire avaient mis au premier rang dans cette société qui se reconstituait. On voyait en effet tout à la fois chez elle et les émigrés à mesure que leur radiation des listes permettait leur rentrée en France : le duc de Guignes, Adrien et Mathieu de Montmorency, Christian de Lamoignon, M. de Narbonne; M*me* de Staël, Camille Jordan et bien d'autres dont les noms ne me reviennent pas en ce moment; Barrère, Lucien Bonaparte, Eugène Beauharnais, Fouché, Bernadotte, Masséna, Moreau, les généraux de la révolution, les membres des assemblées ou du tribunat; M. de La Harpe, Lemontey, Legouvé, Emmanuel Dupaty, et en outre tous les étrangers de distinction.

Sans doute la position personnelle de M. Récamier, ses relations d'affaires étendues dans le monde entier, son caractère inoffensif et parfaitement indépendant, contribuaient à faire de sa maison une sorte de terrain neutre, sans couleur de parti, sans souvenir d'ancien régime (quoique les opinions de la famille fussent royalistes), sans hostilité ni rancune contre la révolution. A une époque où les centres de réunion manquaient absolument, on trouvait chez M. Récamier un accueil cordial et bienveillant, une politesse exacte et égale. Sa brillante et jeune compagne ajoutait au luxe d'une grande fortune une élégance de mœurs, de langage, un parfum de vertu, de modestie et de bonne compagnie dont la tradition s'était interrompue et qu'on ressaisissait avec empressement.

Ce fut pendant cette même année de 1799 à 1800 que Mme Récamier connut Adrien et Mathieu de Montmorency. Les liens de goût et de profonde estime qui se formèrent entre ces trois personnes tinrent dans la vie de chacune d'elles une trop grande place pour que je ne croie pas devoir entrer dans quelques détails à leur sujet.

Messieurs de Montmorency rentraient l'un et l'autre de l'émigration; ils étaient cousins germains, peu différents d'âge, et eurent, dès l'enfance, l'un pour l'autre la plus intime et la plus inaltérable amitié;

rien n'était pourtant moins semblable que leurs caractères.

Adrien de Montmorency[1], prince, puis duc de Laval, fut celui des deux cousins que Mme Récamier connut le premier. Il avait alors trente ans; il était grand, blond, svelte, et avait à la fois dans la tournure de l'élégance et de la gaucherie; sa vue était très-basse, et une sorte de bégaiement ou d'hésitation dans la parole nuisait auprès de bien des gens à sa réputation d'esprit. Il en avait pourtant; il aimait la lecture, et jouissait vivement du plaisir d'une conversation animée, dans laquelle il apportait un contingent plein de finesse et de bonne grâce. Il y avait chez lui plus d'imagination que de sensibilité. Généreux et chevaleresque, sincèrement chrétien, mais de nature un peu mobile, d'une droiture extrême et d'une loyauté parfaite, lorsqu'il eut à remplir sous la Restauration un rôle public d'ambassadeur et de pair de France, il porta dans la chambre

---

1. Anne-Adrien de Montmorency, duc de Laval, chevalier des Ordres du roi et de la Toison d'or, grand d'Espagne de première classe, né à Paris le 19 octobre 1767. Marié à Charlotte de Luxembourg, dont il eut trois enfants, deux filles et un fils, Henri de Montmorency. Ce fils lui fut enlevé à l'âge de vingt-trois ans, au mois de juin 1819.

Adrien de Montmorency fut successivement ambassadeur de France en Espagne en 1814, à Rome en 1821, à Vienne en 1828. Il fut nommé ministre des affaires étrangères en 1829, et refusa ce poste éminent. Le 4 septembre de la même année, il passa de l'ambassade de Vienne à celle de Londres.

Il mourut le 16 juin 1837.

haute des opinions modérées, et à l'étranger un sentiment vrai des intérêts et de la dignité de la France. Il était extrêmement fier de son nom de Montmorency, et lorsque les arrêts de la Providence lui ravirent le fils héritier de ce grand nom, il souffrit dans son orgueil de race autant que dans sa tendresse de père. Adrien de Montmorency n'avait point eu de rôle politique lorsqu'il émigra; il servit quelque temps dans l'armée de Condé; après quoi il passa en Angleterre.

Mathieu-Jean-Félicité, vicomte, puis duc Mathieu de Montmorency, était né à Paris le 10 juillet 1760. Il avait fait ses premières armes en Amérique dans le régiment d'Auvergne, dont son père était colonel. Marié très-jeune à une personne sans beauté, Mlle de Luynes, il en eut une fille, et se lança, avec toute la fougue de son âge et de son caractère, dans les plaisirs du grand monde, très-facile à cette époque, et dans les enivrements d'une passion partagée. Il appartenait à ce petit groupe de la haute aristocratie, dans lequel l'enthousiasme des idées de progrès, de réformes et de révolution sociale était le plus vif. Il voyait dès lors très-habituellement Mme de Staël.

On sait que ce fut sur une motion de Mathieu de Montmorency, député aux États généraux, que l'Assemblée constituante décréta, dans la nuit du 4 août, l'abolition des privilèges de la noblesse. Il émigra en 1792, et apprit en Suisse, où il avait cherché un asile, la mort de son frère l'abbé de Laval, qu'il aimait avec la dernière tendresse, et dont la tête venait de tomber sous la hache révolutionnaire. Cette horrible nouvelle fut pour Mathieu un coup de foudre; peu s'en fallut que le désespoir n'altérât sa raison. Dans sa douleur, il s'accusait de la mort de ce frère victime de la révolution, dont lui, Mathieu de Montmorency, avait embrassé les doctrines. Les remords eurent chez lui l'intensité que tous les sentiments prenaient dans cette nature passionnée.

L'amitié de Mme de Staël, sa sympathie délicate, son ingénieuse bonté, s'employèrent à calmer les angoisses de ce cœur déchiré; elle parvint à les adoucir : mais ce fut la religion qui seule y fit entrer la paix. A partir de ce jour, cet impétueux, ce séduisant, ce frivole jeune homme devint un austère et fervent chrétien.

Quand Mathieu de Montmorency fut amené chez Mme Récamier, il avait trente-sept à trente-huit ans; sa belle et noble figure portait encore la trace des chagrins et des luttes intérieures : je me représente aisément, parce que je l'ai connu douze ou quinze ans plus tard, ce qu'il devait être à cet âge. M. de Montmorency était grand, moins élancé que son cousin, blond comme lui, et quand il devint chauve, ce qui lui arriva d'assez bonne heure, sa soyeuse chevelure forma une couronne et comme une auréole à cette tête mâle et régulière. Il avait les plus nobles et les plus élégantes manières, sa politesse était parfaite, et tenait, avec une bienveillance un peu hautaine, les gens fort à distance. Naturellement emporté, on sentait que le calme et la sérénité, devenus habituels chez lui, n'y étaient qu'un effort de vertu. Sa charité était sans bornes. Des passions qu'il avait domptées, il restait à cette âme très-tendre une vivacité dans l'amitié, qui rendait son commerce singulièrement attachant. Catholique profondément convaincu, il eut pour Mme de Staël, malgré la différence des communions auxquelles ils appartenaient, une affection profonde, intime, et une compassion tendre pour des faiblesses qu'il n'ignorait pas et dont il espérait toujours l'aider à triompher.

Je ne sais si on pouvait dire de Mathieu de Montmorency qu'il était ce qu'on est convenu d'appeler un homme d'esprit : il avait assurément l'âme plus haute et plus grande que son esprit n'était étendu; mais il y avait dans ses jugements, dans ses sentiments, dans son langage, une délicatesse et une distinction rares. Le souvenir des entraînements de sa jeunesse tempérait sa sévérité, et l'austérité de la vie qu'il s'était imposée depuis sa conversion ajoutait par le respect à l'autorité qu'il prenait facilement sur tout ce qui l'approchait. La plus complète sympathie ne pouvait manquer de s'établir entre

Mathieu de Montmorency et sa nouvelle amie. Il aima en elle ces dons heureux que la Providence accorde rarement au degré où elle les possédait, la pureté de l'âme, une bonté pour ainsi dire céleste et un cœur à la fois fier, haut et tendre.

L'amitié de Mathieu pour Mᵐᵉ Récamier fut d'autant plus vive qu'elle ne fut jamais exempte d'inquiétudes. Il vivait dans la préoccupation constante des périls que faisaient courir à cette âme si précieuse un désir de plaire dont il ne pouvait la guérir et tant d'hommages frivoles mais enivrants, intéressés à sa perte. Il l'aimait en père et veillait avec une sollicitude jalouse sur les sentiments qu'elle pouvait éprouver. Ses consolations, ses conseils, ses pieux encouragements l'associèrent à toutes les circonstances tristes ou dangereuses de la vie de Mᵐᵉ Récamier : il eut souvent à ranimer son énergie dans des moments de découragement et de dégoût, très-fréquents dans une existence à la fois vide et brillante. M. de Montmorency sentait bien que ce besoin d'être admirée et cette absence des affections intimes du foyer domestique étaient des écueils redoutables pour la vertu de sa charmante amie; aussi se montre-t-il dans toute sa correspondance préoccupé de lui en faire comprendre le danger. J'aurai plus d'une occasion de citer à leur date quelques-unes des lettres de Mathieu de Montmorency, monument unique d'une affection dont la pureté et la délicatesse égalent la vivacité et la profondeur. Les premiers billets de M. de Montmorency à Mme Récamier ont pour objet, ou de solliciter les dons de sa charité vraiment inépuisable, ou de la remercier des aumônes qu'elle a données. Entre beaucoup d'autres, je copie celui-ci :

1802.

« Vous êtes trop bonne et trop généreuse, si on peut l'être trop. Vous acquittez avec une ponctualité bien aimable les dettes mêmes des jours d'opéra et de grande parure. Vous me pardonnerez un sermon de plus contre la parure, quand elle prive de l'avantage de vous voir.

« Je ne donnerai pas tous les trésors que vous m'envoyez aux mêmes personnes dont je vous parlais hier ; mais je réserve cette petite caisse pour les charités les plus intéressantes. Heureux d'être l'intermédiaire de vos bonnes actions, d'y être associé avec vous, et pensant de toute mon âme qu'on ne peut jamais causer quelques instants avec vous sans trouver une nouvelle raison de vous aimer et de vous estimer davantage. Jugez ce que ce sera quand toutes nos belles espérances seront réalisées ! Je vous remercie encore, Madame, pour moi et pour les pauvres. Agréez mes tendres et respectueux hommages. »

Puis, la relation devenant plus intime, Mathieu

comprend la valeur de l'âme exposée à tant d'hommages et d'encens, et on le voit commencer son rôle d'ami très-tendre et un peu grondeur, d'autant plus sévère qu'il aime profondément et veut le salut éternel de ceux qu'il aime.

M. DE MONTMORENCY A Mme RÉCAMIER.

1803.

« Quelles charmantes choses vous savez dire et sentir ! quel baume vous savez mettre sur le mal que vous faites d'un autre côté à un ami sincère ! Ah ! Madame, vous me voyez, vous me jugez avec les préventions du sentiment le plus aimable et le plus indulgent, qui réellement embellit et ne juge pas. Mais je voudrais vous apparaître mille fois plus encore ce que je ne suis pas, je voudrais réunir tous les droits d'un père, d'un frère, d'un ami, obtenir votre amitié, votre confiance entière pour une seule chose au monde, pour vous persuader votre propre bonheur et vous voir entrer dans la seule voie qui peut vous y conduire, la seule digne de votre cœur, de votre esprit, de la sublime mission à laquelle vous êtes appelée ! en un seul mot, pour vous faire *prendre une résolution forte*. Car tout est là. Faut-il vous l'avouer ? j'en cherche en vain avec avidité quelques indices dans tout ce que vous faites, dans tous ces petits détails involontaires dont aucun ne m'échappe. Rien, rien qui me rassure, rien qui me satisfasse. Ah! je ne saurais vous le dissimuler : j'emporte un profond sentiment de tristesse. Je frémis de tout ce que vous êtes menacée de perdre en vrai bonheur, et moi en amitié. Dieu et vous me défendez de me décourager tout à fait : j'obéirai. Je le prierai sans cesse ; lui seul peut dessiller vos yeux et vous faire sentir qu'un cœur qui l'aime véritablement n'est pas si vide que vous semblez le penser. Lui seul peut aussi vous inspirer un véritable attrait, non de quelques instants, mais constant et soutenu pour des œuvres et des occupations qui seraient en effet bien appropriées à la bonté de votre cœur, et qui rempliraient d'une manière douce et utile beaucoup de vos moments. Ce n'est point en plaisantant que je vous ai parlé de m'aider dans mon travail sur les sœurs de charité. Rien ne me serait plus agréable et plus précieux. Cela répandrait sur mon travail un charme particulier qui vaincrait ma paresse, et m'y donnerait un nouvel intérêt.

« Faites tout ce qu'il y a de bon, d'aimable ; ce qui ne brise pas le cœur, ce qui ne laisse jamais aucun regret. Mais, au nom de Dieu, au nom de l'amitié, renoncez à ce qui est indigne de vous, à ce qui, quoi que vous fassiez, ne vous rendrait pas heureuse. »

AUTRE LETTRE.

« Soyez sûre qu'il est impossible de mesurer d'avance les infinies miséricordes de celui à qui vous voulez vous adresser sincèrement, et les changements merveilleux et tout à fait imprévus qu'il opère dans une âme régénérée par une piété vraie. Je compte les jours qui vous séparent encore de cette régénération tant désirée par vos plus vrais amis. Je compte aussi tout bonnement les jours qui se passeront sans vous voir, et j'accepte le rendez-vous de mardi.

« Permettez-moi de vous rappeler jusque-là les livres que j'ai eu le bonheur de vous prêter. Ne négligez pas d'en lire quelques pages chaque matin. Il me semble que je vous parlai aussi des *Réflexions sur la miséricorde de Dieu,* par Mme de La Vallière, qui auraient pour vous le double intérêt des sentiments et de l'auteur. Votre cœur touché s'adresse souvent à Dieu, vous me l'avez dit : conservez et multipliez cette excellente habitude. J'espère que nos pensées se rencontrent déjà et se rencontreront souvent dans ce chemin. Mon dernier vœu, que vous me pardonnerez, c'est que vous ayez toujours un peu d'ennui de vos soirées, et de bien des personnes qu'on appelle aimables. N'est-ce pas là un souhait bien méchant? Cependant je vous proteste que l'intention ne l'est pas.

« Je ne suis pas sans crainte sur les effets journaliers de cet entourage de futilités qui ne vaut rien pour vous et vaut bien moins que vous. Quand vous n'avez rien lu de sérieux dans votre journée, que vous avez trouvé à peine quelques moments pour réfléchir, et que vous passez le soir trois ou quatre heures dans une certaine atmosphère, contagieuse de sa nature, vous vous persuadez alors que vos idées ne sont pas arrêtées, qu'il faudrait recommencer un examen, qui doit avoir été fait une fois et être ensuite posé comme une base fixe qu'il n'est plus question d'ébranler; vous vous découragez, vous vous effrayez vous-même. Ah! je vous supplie, au nom du profond intérêt dont vous ne doutez pas, au nom de ma triste et trop personnelle expérience, de ne pas vous laisser aller à cette mauvaise disposition. Gardez-vous de reculer, vous en seriez un jour inconsolable. Cela ne suffit même pas : n'avancez pas bien vite, si vous ne vous en sentez pas la force, mais au moins quelques pas en avant. Croyez aux vœux les plus tendres et en même temps aux conseils les plus sages. J'espère que vous n'avez pas oublié la promesse d'une demi-heure par jour de lecture suivie et sérieuse. Ces deux conditions sont indispensables, et celle aussi de quelques moments de prière et de recueillement.

Est-ce trop demander pour le plus grand intérêt de la vie, or, pourrait dire l'unique?

AUTRE LETTRE.

1810.

« J'ai tardé, aimable amie, à répondre à votre dernière lettre. Le sentiment profond de tristesse qui y régnait m'allait trop au cœur pour que mon silence pût être de l'indifférence. Mais je sentais trop l'insuffisance de ces vaines paroles d'une lettre pour porter quelque consolation, quelque nouvelle force dans un cœur tel que le vôtre. Vous me laissez entrevoir quelques-unes des causes de votre disposition mélancolique. Vous commencez quelques aveux que je crains et désire voir achever. Car je vous préviens que je serai sévère pour ces misérables distractions qui vraiment ne méritent pas le nom de consolations, qui sont des espèces de jeux où l'on ne conçoit pas bien le sérieux ni d'un côté ni de l'autre. Mais ce que je redoute avant tout, ce que je vous supplie d'écarter par tout ce que le raisonnement a de force et le cœur d'énergie, c'est le découragement, ennemi de tout bien et de toute résolution généreuse. Le divin Maître que nous servons ne nous permet pas de désespérer quand nous avons un vrai désir de marcher sous ses étendards. Il ne nous abandonnera pas, il nous fera vaincre tous les obstacles, si nous nous adressons sans cesse à lui; ne négligez donc pas cette unique ressource.

« Je suis persuadé qu'il y en a quelque autre secondaire que vous avez négligée; votre correspondance avec un homme[1] dont toutes les lettres vous font du bien, certaines lectures du matin, certains moments de recueillement que vous aviez assez bien ordonnés, tout cela semble de petites choses, mais quand on les anime, quand on les vivifie par un sentiment intime, on ne saurait croire combien elles peuvent être puissantes. Croyez surtout, aimable amie, à un désir sincère, constant, perpétuel de votre bonheur. Mais permettez-moi à ce titre d'être inexorable pour ce qui ne vous rendra jamais heureuse. »

J'arrête ici les citations que je pourrais multiplier en prenant au hasard dans la correspondance de Mathieu de Montmorency avec Mme Récamier; j'y reviendrai plus tard, quand ces lettres me serviront à éclaircir des faits ou lorsqu'elles pourront m'aider à peindre des sentiments dont la délicatesse et la pureté ne sauraient être mieux exprimées que par ceux même qui les ont éprouvés. J'ai voulu seulement faire comprendre quelle était la nature de cette

---

[1]. L'abbé Legris-Duval, avec lequel il avait mis Mme Récamier en relation.

sainte amitié et quel rôle l'affection chrétienne et inaltérable de Mathieu de Montmorency a tenu dans la vie de Juliette.

J'ai dit que Mme Récamier enfant avait connu M. de La Harpe chez sa mère : les grâces de son âge et les agréments de sa figure lui valurent dès lors, de la part du spirituel critique, une bienveillance et un intérêt dont il n'était pas prodigue ; mais il semble qu'il fût dans la destinée de Mme Récamier d'attirer invinciblement et de grouper autour d'elle les artistes et les hommes de lettres. Deux raisons y contribuèrent : elle avait pour les productions littéraires un goût vif, naturel et juste, et elle en recevait une impression aussi spontanée que son jugement était sain. Le plaisir vrai que lui faisaient éprouver les beautés de l'art ou de la poésie, l'admiration naïve qu'elle exprimait dans un langage délicat, étaient une sorte d'encens qu'artistes, poëtes ou littérateurs aimaient fort à respirer.

De plus, cette personne, si dépourvue de prétention et de vanité, avait pour les souffrances de l'amour-propre une pitié et une sympathie qu'on ne leur accorde guère. Nul n'a su, comme Mme Récamier, panser ces blessures qu'on n'avoue pas, calmer et endormir l'amertume des rivalités ou des haines littéraires. Il est certain, et tous ceux qui l'ont approchée l'ont plus ou moins éprouvé, que, pour toutes les peines morales, pour toutes ces douleurs de l'imagination qui prennent dans de certaines âmes une si cruelle intensité, elle était la sœur de charité par excellence. Outre tous les dons charmants que le ciel lui avait faits et qui expliquent de reste l'attrait qu'elle inspirait, elle avait deux qualités bien rares : elle savait écouter et s'occuper des autres.

L'attachement de Mme Récamier pour M. de La Harpe était sincère et datait de l'enfance : elle admirait son talent, elle appréciait son esprit, et eut toujours pour lui les plus gracieuses attentions. Il passait de longues semaines à Clichy et venait à Paris dîner très-habituellement chez M. Récamier. Lorsqu'il rouvrit à l'Athénée ses cours interrompus, la belle Juliette assistait fidèlement à toutes ses leçons dans une place que M. de La Harpe faisait garder tout auprès de sa chaire ; l'intérêt avec lequel il était écouté par cette personne si intelligente et si fort à la mode le flattait au dernier point ; il était d'ailleurs bien sûr que l'espérance toujours réalisée de la voir attirerait à son cours un public d'autant plus nombreux.

Tant de jeunesse et d'attentive bonté avait inspiré à M. de La Harpe un sentiment de reconnaissance qui véritablement le transformait. Malgré la sincérité de sa conversion, il était resté irascible, facilement impertinent et toujours un peu dédaigneux. Il fut constamment doux et aimable avec Juliette. M. Récamier et les nombreux neveux qui habitaient chez lui étaient loin d'être aussi bien traités; aussi n'avaient-ils point pour M. de La Harpe, et surtout les jeunes gens, la même bienveillance que Juliette; ils se moquaient de sa gourmandise, et, le trouvant souvent dépourvu d'indulgence, croyaient peu à la bonne foi de sa dévotion. M. Sainte-Beuve a conté d'une façon charmante une aventure qu'il tenait de Mme Récamier, et qui s'était passée au château de Clichy : je lui emprunte ce joli récit de la plaisanterie, un peu risquée d'ailleurs, que quelques étourdis s'étaient permise et qui tourna toute à l'honneur de M. de Laharpe.

« C'était au château de Clichy où Mme Récamier
« passait l'été : La Harpe y était venu pour quelques
« jours. On se demandait (ce que tout le monde se
« demandait alors) si sa conversion était aussi sin-
« cère qu'il le faisait paraître, et on résolut de l'é-
« prouver. C'était le temps des mystifications, et on
« en imagina une qui parut de bonne guerre à cette
« vive et légère jeunesse. On savait que La Harpe
« avait beaucoup aimé les dames, et c'avait été
« un de ses grands faibles. Un neveu de M. Réca-
« mier, neveu des plus jeunes et apparemment des
« plus jolis, dut s'habiller en femme, en belle
« dame, et, dans cet accoutrement, il alla s'in-
« staller chez M. de La Harpe, c'est-à-dire dans sa

« chambre à coucher même. Toute une histoire
« avait été préparée pour motiver une intrusion
« aussi imprévue. On arrivait de Paris, on avait
« un service pressant à demander, on n'avait pu se
« décider à attendre au lendemain. Bref M. de La
« Harpe, le soir, se retire du salon et monte dans
« son appartement. De curieux et mystérieux audi-
« teurs étaient déjà à l'affût derrière les paravents
« pour jouir de la scène. Mais quel fut l'étonne-
« ment, le regret, un peu le remords de cette
« folâtre jeunesse, y compris la soi-disant dame,
« assise au coin de la cheminée[1], de voir M. de La
« Harpe, en entrant, ne regarder à rien et se mettre
« simplement à genoux pour faire sa prière, une
« prière qui se prolongea longtemps!

« Lorsqu'il se releva, et qu'approchant du lit, il
« avisa la dame, il recula de surprise : mais celle-
« ci essaya en vain de balbutier quelques mots de
« son rôle; M. de La Harpe y coupa court, lui re-
« présentant que ce n'était ni le lieu ni l'heure de
« l'entendre, et il la remit au lendemain en la re-
« conduisant poliment. Le lendemain, il ne parla de
« cette visite à personne dans le château, et per-
« sonne aussi ne lui en parla. »

L'optimisme de M. Récamier le poussait volontiers
à se mêler de mariages : il y avait la main malheu-

---

1. Elle était dans l'alcôve.

reuse, mais cela ne le guérissait point de son humeur mariante. Il connaissait de vieille date une M™ de Longuerue, veuve, sans fortune, chargée de deux enfants : un fils et une fille fort belle, âgée de vingt-trois ans. La demoiselle était difficile à établir attendu la pauvreté de sa famille; M. Récamier eut l'idée de la faire épouser à M. de La Harpe. Ce malencontreux mariage se fit, malgré la répugnance que ressentait à l'accepter une fille jeune, qu'un nom célèbre ne pouvait consoler de lier son sort à un homme d'un âge si différent du sien. Mais la mère cacha avec soin cette disposition à M. de La Harpe, et entraîna sa fille. Cette union, conclue le 9 août 1797, ne dura point et ne pouvait durer.

Au bout de trois semaines, Mlle de Longuerue déclarait que sa répugnance était invincible et demandait le divorce. Le pauvre M. de La Harpe, vivement blessé dans son amour-propre et dans sa conscience, se conduisit en galant homme et en chrétien : il ne pouvait se prêter au divorce interdit par la loi religieuse, mais il le laissa s'accomplir, et il pardonna à la jeune fille l'éclat et le scandale de cette rupture. J'ai toujours entendu dire à Mme Récamier que les procédés, le langage, les sentiments qu'il fit entendre et voir dans cette pénible affaire avaient été pleins de modération, de droiture et de sincère humilité. Cependant, et comme pour rendre l'aventure plus dure, la demande en divorce de

Mlle de Longuerue coïncidait avec la mesure qui frappa M. de La Harpe, ainsi que les plus honorables gens de lettres, le 18 fructidor (4 septembre) de la même année. Il trouva un asile à Corbeil où Juliette l'alla voir une fois.

J'insère ici les quelques lettres de M. de La Harpe à Mme Récamier que j'ai trouvées dans ses papiers.

M. DE LA HARPE A MADAME RÉCAMIER.

« De ma retraite de Corbeil, le samedi 28 septembre 1797.

« Quoi! Madame, vous portez la bonté jusqu'à vouloir honorer d'une visite un pauvre proscrit comme moi! c'est pour cette fois que je pourrai dire comme les anciens patriarches, à qui je ressemble si peu, « qu'un ange est venu dans ma demeure. » Je sais bien que vous aimez à faire des *œuvres de miséricorde*, mais, par le temps qui court, tout *bien* est difficile, et celui-là comme les autres. Je dois vous prévenir, à mon grand regret, que venir seule est d'abord impossible pour bien des raisons : entre autres, qu'avec votre jeunesse et votre figure dont l'éclat vous suit partout, vous ne sauriez voyager sans une femme de chambre à qui la prudence défend de confier le secret de ma retraite, qui n'est pas à moi seul. Vous n'auriez donc qu'un moyen d'exécuter votre généreuse résolution, ce serait de vous consulter avec Mᵐᵉ de Clermont qui vous amènerait un jour dans son petit castel champêtre, et de là il vous serait très-aisé de venir avec elle. Vous êtes faites toutes deux pour vous apprécier et pour vous aimer l'une et l'autre. Si j'étais encore susceptible des vanités de ce monde, je serais tout glorieux de recevoir une semblable marque de bonté de celle que tant d'hommages environnent. Mais sans doute vous ne trouverez pas mauvais que mon cœur ne soit sensible qu'aux bontés du vôtre. Quoique vos avantages soient rares, vous en avez un qui l'est plus, c'est de les apprécier et de savoir dans votre jeunesse, ce que je n'ai jamais su que bien tard, qu'il ne faut se fier à rien de ce qui passe.

« Je fais dans ce moment-ci beaucoup de vers ; en les faisant, je songe souvent que je pourrai les lire un jour à cette belle et charmante Juliette, dont l'esprit est aussi fin que le regard, et le goût aussi pur que son âme. Je vous enverrais bien aussi le morceau d'*Adonis* que vous aimez, mais je voudrais la promesse qu'il ne sortira pas de vos mains, quoique vous puissiez le lire aux personnes que vous jugerez dignes de vous entendre lire des vers.

« Adieu, Madame, agréez l'hommage le plus sincère et le plus respectueux de l'attachement que je vous dois à tant de titres, et que je vous ai voué pour la vie. »

LE MÊME[1].

19 mai 1798.

« Tout considéré, Madame, je vous avouerai que je répugne extrêmement à des explications par écrit qui ne sauraient que m'être trop pénibles et qui ne sont bonnes à rien. Vous savez mieux que personne combien dans cette malheureuse affaire mes intentions étaient pures, quoique ma conduite n'ait pas été prudente.

« Ma confiance a été aveugle et on en a indignement abusé. J'ai été trompé de toutes manières par celle à qui je ne voulais faire que du bien, et Dieu s'est servi d'elle pour me punir du mal que j'avais fait à d'autres. Que sa volonté soit faite, et qu'il daigne lui pardonner comme à moi, et comme je lui pardonne de tout mon cœur! Plus on a eu de torts envers moi et moins je veux me permettre les reproches, et c'est ce que toute explication entraînerait nécessairement. Le mal est fait, et il est de nature à ce que Dieu seul puisse le réparer, puisqu'il peut tout. Les moyens qu'on veut employer aujourd'hui, uniquement dictés par les intérêts humains

---

1. Le divorce civil était prononcé. Mlle de Longuerue ne s'en contentait pas et voulait faire casser ou plutôt annuler son mariage devant l'autorité religieuse.

ne me paraissent pas faits pour réussir, quoiqu'il me soit permis, ce me semble, de le désirer, au moins pour la satisfaction personnelle d'une personne que sa jeunesse expose plus que toute autre et qui doit toujours m'être chère à cause du lien qui nous unit devant Dieu.

« Je vous supplie donc de lui dire, soit de vive voix, soit même en lui communiquant cette lettre, que la sienne ne contient rien qui ne m'ait paru fort honnête, et que si je n'y réponds pas directement, c'est par égard pour elle et pour moi ; que je trouve tout naturel, humainement parlant, le désir qu'elle a de rompre légalement une union qui n'a eu que des suites fâcheuses, mais qui n'aurait jamais eu lieu, si elle eût eu avec moi autant de bonne foi que j'en avais avec elle; que je l'excuse bien volontiers, mais que je ne crois pas qu'aucune autorité ecclésiastique l'excuse d'avoir donné, à vingt-trois ans, un consentement parfaitement libre et dont elle devait savoir toutes les conséquences, à une union que son cœur n'approuvait pas ; que sa mère est sans doute beaucoup plus condamnable qu'elle de l'avoir engagée à n'écouter que des vues d'intérêt qui n'étaient point dans son âme, et que la Providence a bientôt rendues illusoires pour notre punition commune et légitime; mais, qu'en fait de sacrements, les lois de l'Église n'admettent pour excuse ni la dissimulation ni l'intérêt; que sa demande pourrait avoir lieu, si elle s'était éloignée de moi sur-le-champ, en réclamant contre une espèce de contrainte ou de tromperie quelconque, mais qu'ayant habité avec moi, librement et publiquement, pendant trois semaines comme ma femme, elle ne sera pas probablement admise à donner comme moyen de nullité ce qu'elle a pu montrer de répugnance à remplir le vœu du mariage: moyen que tant de raisons péremptoires ne permettent de valider dans aucun tribunal, surtout dans un tribunal ecclésiastique, le seul qu'elle puisse invoquer, puisqu'elle est déjà divorcée dans les tribunaux civils, où elle ne peut prétendre davantage; qu'au reste, je ne mettrai pas plus d'opposition aux démarches qu'elle peut faire pour annuler le mariage devant l'Église, que je n'en ai mis au divorce devant les juges civils; qu'il me suffit de rester étranger à l'un et à l'autre, parce que l'un et l'autre sont contraires à la loi de Dieu; que si j'étais dans le cas d'être appelé, ce que je ne crois pas, je dirais la vérité et rien que la vérité, comme je la dois dans tous les cas.

« Voilà ce que je puis dire en mon âme et conscience, et je désire qu'elle en soit satisfaite.

« J'ai oublié, tant vous m'aviez préoccupé, de vous remercier du charmant présent que vous avez bien voulu me faire.

« Vous savez que j'en attends un autre dont je fais bien plus de cas encore, et que ma tendre admiration pour vous me rendra toujours bien cher.

« L. H. »

LE MÊME.

« Il y a bien longtemps, Madame, que n'ai eu le plaisir de causer avec vous, et si vous êtes sûre, comme vous devez l'être, que c'est une de mes privations, vous ne m'en ferez pas de reproches.

« Mes devoirs ne me permettaient pas de répondre à toutes vos bontés, comme il m'eût été trop doux d'y répondre. Vous avez lu dans mon âme; vous avez vu que j'y portais le deuil des malheurs publics et celui de mes propres fautes, et j'ai dû sentir que cette triste disposition formait un contraste trop fort avec tout l'éclat qui environne votre âge et vos charmes. Je crains même qu'elle ne se soit fait apercevoir quelquefois dans le peu de moments qu'il m'a été permis de passer avec vous, et je réclame là-dessus votre indulgence.

« Mais à présent, Madame, que la Providence semble nous montrer de bien près un meilleur avenir, à qui pouvais-je confier mieux qu'à vous la joie que me donnent des espérances si douces et que je crois prochaines? Qui tiendra une plus grande place que vous dans les jouissances particulières qui se mêleront à la joie publique? Je serai alors plus susceptible et moins indigne des douceurs de votre charmante société, et combien je m'estimerai heureux de pouvoir y être encore quelque chose !

« Si vous daignez mettre le même prix au fruit de mon travail, vous serez toujours la première à qui je m'empresserai d'en faire hommage. Alors, plus de conditions, plus d'obstacles, vous me trouverez toujours à vos ordres, et personne, je l'espère, ne pourra me blâmer de cette préférence. Je dirai : voilà celle qui, dans l'âge des illusions et avec tous les avantages brillants qui peuvent les causer, a connu toute la noblesse et toute la délicatesse de la plus pure amitié, et au milieu de tous les hommages s'est souvenu d'un proscrit. Je dirai : voilà celle dont j'ai vu croître la jeunesse et les grâces au milieu de la corruption générale qui n'a jamais pu les atteindre, celle dont la raison de seize ans a souvent fait honte à la mienne, et je suis sûr que personne ne sera tenté de me contredire.

« Telles sont, Madame, les pensées qui m'occupent souvent, puisque je pense souvent à vous, et que réveille en moi cette heureuse révolution que j'attends depuis longtemps de la bonté divine, et que tout paraît enfin annoncer. Il se peut que bien des gens n'aient pas cette même confiance en celui qui conduit tout. Aussi, n'est-ce qu'à votre cœur que je me plais à ouvrir ainsi le mien, et la connais-

sance que j'ai de vos sentiments m'y autorise assez.
Vous-même avez bien voulu me prescrire de ne pas
vous laisser ignorer ce qui pourrait intéresser ma destinée, et comme elle est liée à la chose publique,
je n'ai pu vous en rendre un compte plus fidèle, en
vous donnant une nouvelle preuve de l'attachement
aussi sincère que respectueux que je vous ai voué
pour toujours.

« L. H. »

DU MÊME.

« Si vous souffrez, belle et charmante Juliette,
c'est le seul tort que vous puissiez avoir ; mais vous
vous trompez sur notre séance de Zaïre[1] qui est pour
demain. Je ne renonce pas encore à vous y voir. Il ne
me semble pas naturel que vous souffriez deux jours
de suite, c'est déjà trop d'un.

« Je suis à vos ordres jeudi, et tous les jours ;
vous le savez bien et n'en usez guère, tant vous
êtes loin d'abuser. Il n'est pas très-méritoire d'aller
jusqu'à Clichy pour vous voir, mais autrefois j'aurais trouvé un peu dangereux de vous voir n'importe où. Adieu, Madame, ne souffrez plus, je vous
en conjure, et venez demain : vous serez parfaite.
Ne devez-vous pas l'être? Je vous aime comme

---

1. A l'Athénée.

on aime un ange, et j'espère qu'il n'y a pas de danger.

« L. H. »

DU MÊME.

Samedi.

« Je suis à vos ordres, Madame, pour la semaine prochaine, c'est-à-dire mardi matin, parce que j'ai lundi un engagement que je ne saurais rompre. Je vous appartiens jusqu'à samedi au soir, c'est-à-dire que d'autres devoirs me rappelleront, car vous savez d'ailleurs que j'appartiens de cœur à la charmante Juliette, en tous temps et en tous lieux. On m'a dit que vous aviez donné une très-jolie fête à Clichy. Vous en étiez sûrement le plus bel ornement.

« Agréez l'hommage bien sincère de la plus tendre amitié.

« L. H. »

DU MÊME.

« Que faites-vous donc à Clichy, Madame, par le temps qu'il fait? Il me semble que Paris vaut mieux, surtout pour vous. Au reste, tout vous est égal. parce que tout le monde va vous chercher. Quant à moi, vous savez que je suis forcément sédentaire, mais vous savez aussi que vous avez le pouvoir de m'appeler à vous quand vous voulez, comme les enchanteresses évoquent les ombres.

« L. H. »

M. Bernard avait été nommé administrateur des postes en 1800. Il remplissait ces fonctions en 1802, lorsqu'une circonstance grave et compromettante le fit destituer. Ayant le bonheur de retrouver, parmi les rares fragments de Mémoires de Mme Récamier qui me restent, le récit de cet événement, je la laisse parler et copie fidèlement.

« Mes relations avec Bernadotte se rattachent à
« une circonstance trop importante et trop doulou-
« reuse de ma vie, pour être jamais oubliée. Le
« service qu'il me rendit à cette époque est à jamais
« gravé dans ma mémoire.
« Au mois d'août 1802, mon père occupait la
« place d'administrateur des postes. A cette épo-
« que une correspondance royaliste très-active in-
« quiétait le gouvernement; divers pamphlets ou
« brochures écrits dans le même esprit circulaient
« dans le Midi, sans qu'on pût découvrir par quelle
« voie ils pouvaient y pénétrer. On fut longtemps à
« soupçonner que c'était par l'entremise d'un fonc-

« tionnaire public, du chef même de l'administra-
« tion, car c'était en effet sous le couvert de mon
« père que passaient tous ces écrits clandestins. Il
« n'avait mis, du reste, aucun des siens dans sa con-
« fidence et nous étions, ma mère et moi, dans la
« plus parfaite sécurité [1].

« Un jour Mme Bacciocchi, sœur du premier consul,
« désirant connaître M. de Laharpe, me demanda
« de lui donner à dîner avec lui. J'y consentis, bien
« que le degré de notre intimité n'autorisât nulle-
« ment le sans façon de cette demande; mais les
« personnes de la famille du premier consul com-
« mençaient dès lors à prendre des allures princières
« et semblaient croire déjà qu'elles honoraient ceux
« qui les recevaient chez eux. Il n'y avait de
« femmes à ce dîner, que Mme Bacciocchi, Mme de
« Staël et ma mère, et en hommes, M. de La Harpe,
« MM. de Narbonne et Mathieu de Montmorency.
« Le dîner fut agréable, comme on peut le présu-
« mer de la présence de M. de La Harpe, de Mme de
« Staël et du goût que Mme Bacciocchi affectait alors
« pour les lettres. Au moment où nous allions sor-
« tir de table pour passer dans le salon, on remit à
« ma mère un billet : inquiète de ce qu'il pouvait
« contenir, elle y jeta les yeux à la dérobée, et lais-

---

[1]. C'était, je crois, l'abbé Guillon qui était l'agent de ces distri-
butions.

« sant échapper une douloureuse exclamation, elle
« perdit connaissance.

« Je cours à elle, les secours qui lui sont prodi-
« gués la raniment, je l'interroge avec anxiété; elle
« me tend le billet qu'elle venait de recevoir : il
« contenait la nouvelle de l'arrestation de mon père
« qui venait d'être conduit dans la prison du Tem-
« ple. Ce fut un coup de foudre pour tout ce qui
« était présent. Anéantie par ce cruel événement
« dont je n'osais envisager les conséquences, je
« sentis cependant la nécessité de surmonter ma
« douleur, et, rassemblant toutes mes forces, je
« m'avançai vers Mme Bacciocchi, dont le maintien
« exprimait plus de malaise que d'attendrissement.
« — Madame, lui dis-je d'une voix entrecoupée par
« l'émotion, la Providence qui vous rend témoin du
« malheur qui nous frappe, veut sans doute faire
« de vous mon sauveur. Il faut que je voie le pre-
« mier consul aujourd'hui même; il le faut abso-
« lument, et je compte sur vous, Madame, pour
« obtenir cette entrevue. — Mais, dit Mme Baccioc-
« chi avec embarras, il me semble que vous feriez
« bien d'aller d'abord trouver Fouché pour savoir
« au juste l'état des choses. Alors, s'il est nécessaire
« que vous voyiez mon frère, vous viendrez me le
« dire, et nous verrons ce qu'il sera possible de faire.
« — Où pourrai-je vous retrouver, Madame? re-
« pris-je sans me laisser décourager par la froideur

« de ces paroles. — Au Théâtre-Français, dans ma
« loge où je vais rejoindre ma sœur qui m'attend. »

« Un pareil rendez-vous, dans un pareil moment,
« me fit tressaillir : toutefois ce n'était pas le temps
« de manifester mes sentiments. Je demandai ma
« voiture et je courus chez Fouché. Il me reçut en
« homme qui savait bien ce qui m'amenait chez lui.
« Il m'écouta en silence et répondit laconiquement
« à mes questions. — « L'affaire de monsieur votre
« père est grave, très-grave, mais je n'y puis rien :
« voyez le premier consul ce soir même; obtenez
« que la mise en accusation n'ait pas lieu, demain
« il ne sera plus temps; c'est tout ce que j'ai à
« vous dire. » Je le quittai dans un état d'angoisse
« impossible à rendre. Mon seul espoir était alors
« Mme Bacciocchi : je me décidai, quoi qu'il m'en
« coûtât, à l'aller chercher au rendez-vous qu'elle
« m'avait indiqué. En arrivant au Théâtre-Fran-
« çais, je pouvais à peine me soutenir. Le bruit, la
« foule, les lumières me causaient une sensation
« étrange et douloureuse. Je m'enveloppai de mon
« châle et me fis conduire à la loge de Mme Baccioc-
« chi, qu'on m'ouvrit pendant un entr'acte.

« Elle y était avec Mme Leclerc ; en me reconnais-
« sant, elle ne put réprimer l'expression d'une vive
« contrariété, mais j'étais soutenue par un senti-
« ment trop fort pour en tenir aucun compte. — «Je
« viens, Madame, lui dis-je, réclamer l'exécution de

« votre promesse. Il faut que je parle ce soir même
« au premier consul, ou mon père est perdu. —
« Eh bien, me dit Mme Bacciocchi froidement, lais-
« sez achever la tragédie; dès qu'elle sera finie, je
« suis à vous. »

« Il fallait bien me résigner à attendre; je m'as-
« sis, ou plutôt je me laissai tomber dans le coin
« le plus reculé de la loge. Heureusement pour moi,
« c'était une loge d'avant-scène, très-profonde et
« assez obscure, où je pouvais du moins me livrer
« sans contrainte à toutes mes désolantes pensées.
« Je remarquai alors, pour la première fois, dans le
« coin opposé au mien, un homme dont les grands
« yeux noirs attachés sur moi exprimaient un si ardent
« et si profond intérêt que je m'en sentis touchée.
« Après avoir essuyé tant de froideur, j'éprouvais
« quelque soulagement à rencontrer un peu de
« bienveillance et de compassion. En ce moment
« Mme Leclerc, se tournant tout à coup de mon côté,
« me demanda si j'avais déjà vu Lafont dans le rôle
« d'Achille. Et sans attendre ma réponse : — « Il
« y est bien beau, ajouta-t-elle; mais aujourd'hui il
« a un casque qui le coiffe horriblement. » A cette
« question oiseuse qui montrait tant d'indifférence
« pour la situation où j'étais, à ces paroles à la fois
« cruelles et frivoles, l'inconnu laissa échapper un
« mouvement d'impatience, et décidé sans doute à
« abréger mon supplice, il se pencha vers Mme Bac-

« ciocchi. — « Madame Récamier paraît souffrante,
« lui dit-il à demi-voix ; si elle voulait m'en accor-
« der la permission, je la reconduirais chez elle et
« je me chargerais de parler au premier consul.
« — Oui sans doute, répondit avec empressement
« Mme Bacciocchi, enchantée d'être déchargée de
« cette corvée. Rien ne peut être plus heureux pour
« vous, ajouta-t-elle en se tournant vers moi. Con-
« fiez-vous au général Bernadotte, personne n'est
« plus en situation de vous servir. »

« J'étais si pressée de sortir de cette loge, d'é-
« chapper au poids d'un service qu'on me faisait si
« chèrement acheter, que je me hâtai d'accepter les
« offres du général Bernadotte ; je pris son bras et
« je sortis avec lui. Il me conduisit à ma voiture où
« il se plaça près de moi, après avoir donné ordre à
« la sienne de le suivre. Pendant tout le chemin, il
« s'efforça de me rassurer sur le sort de mon père,
« et me répéta tant de fois qu'il était sûr d'obtenir
« de Bonaparte que le procès ne fût point entamé,
« que j'arrivai chez moi un peu consolée. Il me
« quitta pour se rendre aux Tuileries, promettant
« de me rapporter le soir même une réponse quelle
« qu'elle fût.

« L'arrestation de mon père était la nouvelle du
« jour ; l'intérêt, la curiosité, la malignité même
« avaient attiré chez moi ce soir-là une foule im-
« mense, tout Paris était dans mon salon. Je ne me

« sentis pas le courage d'y paraître, et je me retirai
« dans ma chambre pour y attendre Bernadotte : je
« comptai les minutes jusqu'à son retour. Il arriva
« enfin heureux et triomphant ; à force d'instances,
« il avait obtenu du premier consul que mon père
« ne serait pas mis en accusation, et il espérait,
« disait-il, que sa liberté ne se ferait pas longtemps
« attendre. Je manquais de paroles pour le remer-
« cier.

« Cependant, toute rassurée que j'étais sur l'issue
« de l'événement, cette nuit ne fut par pour moi
« une nuit de repos ; je la passai tout entière à cher-
« cher les moyens d'arriver jusqu'à mon père et de
« le tranquilliser sur sa propre situation. La chose
« n'était pas facile : il était au secret, je le savais,
« mais j'étais résolue à tout tenter pour le voir.
« J'avais eu à plusieurs reprises des permissions pour
« visiter, au Temple où on l'avait enfermé, des
« prisonniers qui m'intéressaient, et j'avais conservé
« quelques intelligences dans la prison. Je m'y ren-
« dis donc le lendemain de grand matin, sous pré-
« texte d'une de ces visites habituelles, et je trouvai
« moyen de décider un gardien, nommé Coulom-
« mier, qui m'était dévoué, à me procurer un mo-
« ment d'entretien avec mon père, quoiqu'il fût au
« secret. Il me conduisit avec les plus grandes pré-
« cautions à sa cellule où il me laissa.

« A peine avions-nous eu le temps, mon père de

« m'exprimer sa joie et sa surprise de me voir, moi
« de lui dire en peu de mots ce que j'avais fait,
« que Coulommier accourut tout pâle et hors de lui.
« Sans proférer un seul mot, il me saisit par le bras,
« ouvre une porte, me jette dans une sorte de ca-
« chot, m'y enferme et me laisse dans la plus pro-
« fonde obscurité. Tout ceci s'était passé si rapi-
« dement que je n'avais pas eu le temps de me
« reconnaître. Je m'appuyai machinalement contre
« la porte de ma prison, j'entendis un bruit de pas
« et de voix confuses, puis il s'apaisa. On parut
« parlementer quelque temps; le ton solennel de
« paroles entrecoupées de silence m'apprit qu'il se
« passait quelque chose d'officiel, mais je ne pou-
« vais distinguer ce qui se disait. Bientôt le bruit
« des pas recommença, les portes s'ouvrirent et se
« fermèrent, puis tout rentra dans le silence. Je crus
« alors qu'on allait venir me délivrer, mais j'attendis
« en vain, je n'entendis rien que les battements
« précipités de mon cœur. La peur commença à
« s'emparer de moi; sans moyen de mesurer le
« temps qui s'écoulait, les minutes me semblaient
« des siècles. Mes pensées se succédaient avec une
« effrayante rapidité. Avait-on changé mon père
« de prison? lui avait-on donné un autre gardien?
« Coulommier était-il soupçonné à cause de moi,
« et n'osait-il me faire sortir? combien de temps
« durerait ma captivité? A cette question, un frisson

« glacial me saisit. A travers mes inquiétudes per-
« sonnelles m'apparaissaient toutes les souffrances
« dont ces sombres murs avaient été témoins. Ici
« la famille royale avait passé les derniers jours de
« son épreuve terrestre. Je croyais voir ces nobles
« ombres errer autour de moi. Peu à peu je cessai
« de penser et je tombai dans une sorte d'abatte-
« ment stupide. Je me sentais prête à perdre con-
« naissance quand un bruit de clefs et de serrures
« me rendit subitement mes forces. En effet, c'était
« bien la porte de la prison qu'on ouvrait, et bientôt
« après la mienne. Je m'élançai au grand jour
« avec un transport de joie. — « J'ai eu une belle
« peur! me dit Coulommier : suivez-moi bien vite
« et ne me demandez plus rien de pareil. » J'ap-
« pris alors qu'on était venu chercher mon père
« pour le conduire à la préfecture de police où il
« devait subir un interrogatoire, et que mon séjour
« dans ce petit réduit noir avait duré plus de deux
« heures.

« Bernadotte cependant n'abandonna point la
« tâche qu'il avait entreprise. Un matin il arriva
« chez moi, tenant à la main l'ordre de mise en
« liberté de mon père, qu'il me remit avec cette
« grâce chevaleresque qui le distinguait. Il me de-
« manda, comme seule récompense, la faveur de
« m'accompagner au Temple pour délivrer le pri-
« sonnier. Ce fut un beau jour. Mon père fut des-

« titué ; je devais m'y attendre, le gouvernement
« était dans son droit.

« L'empereur à Sainte-Hélène s'est souvenu de
« cette circonstance. Selon lui, à peine premier con-
« sul, il se trouva aux prises avec la célèbre Mme Ré-
« camier ; son père était administrateur des postes.
« Napoléon, en entrant au gouvernement, avait été
« obligé de signer de confiance une foule de listes ;
« mais il eut bientôt établi une grande surveillance
« dans toutes les parties. Il trouva qu'une correspon-
« dance avec les chouans se faisait sous le couvert de
« M. Bernard, père de Mme Récamier. Celui-ci fut
« aussitôt destitué, et courait risque d'être jugé et
« mis à mort. Sa fille accourut auprès du premier
« consul, et, sur ses sollicitations, le premier consul
« voulut bien faire grâce du procès, mais il fut iné-
« branlable sur le reste. Mme Récamier, habituée à
« tout obtenir, ne prétendait rien moins qu'à la ré-
« intégration de son père. Telles étaient les mœurs
« du temps : cette sévérité de la part du premier
« consul fit jeter les hauts cris, on n'y était pas ac-
« coutumé ; Mme Récamier et ses partisans qui étaient
« fort nombreux, ne lui pardonnèrent jamais. »

(*Mémorial de Sainte-Hélène*, t. I, p. 355, éd. de 1842.)

« Je ne jetai point les hauts cris, comme le dit
« le *Mémorial*. Je n'accourus point auprès du pre-
« mier consul et ne lui adressai aucune sollicitation.

« puisque Bernadotte se chargea seul de toutes les
« démarches. Je regardai la destitution de mon
« père comme un malheur inévitable, et ne m'en
« plaignis point. »

Ici, j'interromps la citation pour intercaler une
lettre que je trouve dans les papiers de Mme Récamier, et qui confirme son récit :

18 ventôse.

« J'ai attendu, dans la matinée, le Mémoire que
« Mme Récamier devait me faire passer; le ministre
« de la police exige cette pièce; elle doit déterminer
« l'élargissement de M. Bernard. Les esprits parais-
« sent avantageusement disposés, le moment est
« favorable, ne pas le saisir est une faute. Mme Réca-
« mier sentira qu'il n'y a point de temps à perdre.

« Si M. Récamier, dans la conversation qu'il a
« dû avoir avec le général Bonaparte, a obtenu la
« sortie de son beau-père, toute démarche devient
« superflue, et alors je prie Mme Récamier de me
« faire prévenir. La part bien sincère que je prends
« à tout ce qui l'intéresse l'assure de l'effet que
« produira sur moi cette bonne nouvelle. Si, au
« contraire, les choses sont toujours au même point,
« il est convenable d'agir de suite.

« Des affaires inattendues m'obligeant d'aller

« demain à la campagne, je serai charmé d'être
« instruit, ce soir avant sept heures, de l'état de
« l'affaire. Cet éclaircissement m'est nécessaire, il
« réglera mes instances auprès du ministre, même
« du général s'il est besoin.

« Le désir qu'inspire Mme Récamier de lui être
« agréable, l'assure qu'elle peut disposer de moi et
« que je suis plus à elle qu'à

« BERNADOTTE. »

M. Récamier n'avait pas vu le général Bonaparte, et le succès fut uniquement dû aux actives démarches de Bernadotte.

Mme Récamier continue ainsi :

« L'année suivante (1803), Mme de Staël fut exilée
« par le premier consul; je la reçus à Saint-Brice[1].
« Je fus témoin de son désespoir. Elle écrivit à Bo-
« naparte : « Quelle cruelle illustration vous me
« donnez ! j'aurai une ligne dans votre histoire. »
« J'avais pour Mme de Staël une admiration pas-
« sionnée. L'acte arbitraire et cruel qui nous sépa-
« rait me montra le despotisme sous son aspect le
« plus odieux. L'homme qui bannissait une femme

1. J'ignore quelles furent les raisons qui firent, pour cette année, abandonner à Mme Récamier le château de Clichy pour celui de Saint-Brice, qu'elle habita en location cet été-là. L'année suivante elle était de nouveau établie à Clichy.

« et une telle femme, qui lui causait des sentiments
« si douloureux, ne pouvait être dans ma pensée
« qu'un despote impitoyable; dès lors mes vœux
« furent contre lui, contre son avénement à l'empire,
« contre l'établissement d'un pouvoir sans limite.

« Bernadotte, que je voyais toujours beaucoup,
« me maintenait dans ces sentiments. Il me confiait
« ses craintes, ses espérances : il était temps, di-
« sait-il, de mettre un frein à l'ambition de Bona-
« parte, qui, non content de s'emparer du pouvoir,
« voulait le rendre héréditaire dans sa famille.

« Son projet, à lui Bernadotte, eût été une dépu-
« tation imposante par le nombre et par les noms,
« qui eût fait entendre à Bonaparte que la liberté
« avait coûté assez cher à la France pour qu'elle dût
« la garder, sans faire servir tant de sacrifices à
« l'élévation d'un seul. Je ne voyais rien là que de
« juste et de généreux; il me communiqua une liste
« des généraux républicains sur lesquels il croyait
« pouvoir compter; mais le nom de Moreau manquait
« à cette liste, et c'était le seul qu'on pût opposer à
« celui de Bonaparte. J'étais liée avec Moreau, les
« deux généraux se virent secrètement chez moi; ils
« eurent ensemble de longs entretiens en ma pré-
« sence; mais il fut impossible de décider Moreau
« à prendre aucune initiative. Il partit pour sa terre
« de Grosbois ; Bernadotte alla l'y voir et il en revint
« presque découragé. L'hiver de 1803 à 1804 fut

« très brillant par l'affluence des étrangers à Paris ;
« je les recevais tous. Mme Moreau donna un bal :
« toute l'Europe y était, excepté la France officielle ;
« il n'y avait de Français que l'opposition républi-
« caine. Mme Moreau, jeune et charmante, fit avec
« une grâce parfaite les honneurs du bal. Malgré la
« foule qui s'y pressait, les salons me paraissaient
« vides ; l'absence de tout ce qui tenait au gouver-
« nement me frappa. Cette absence, qui plaçait
« Moreau dans une sorte d'isolement menaçant, me
« fit l'effet d'un triste présage. Je remarquai com-
« bien Bernadotte et ses amis paraissaient préoccu-
« pés, et combien Moreau lui-même avait l'air
« étranger à la fête.

« Mon esprit était bien loin du bal : je me repo-
« sais souvent ; pendant une contredanse que je
« n'avais pas voulu danser, Bernadotte m'offrit son
« bras pour aller chercher un peu d'air ; c'étaient ses
« pensées qui voulaient de l'espace. Nous parvînmes
« dans un petit salon. Le bruit seul de la musique
« nous y suivit et nous rappelait où nous étions : je
« lui confiai mes craintes. Il n'avait pas encore déses-
« péré de Moreau, dont il trouvait la position si heu-
« reuse pour déterminer et modérer un mouvement ;
« mais il était irrité de la pensée que tant d'avanta-
« ges pouvaient être perdus. — « A sa place, disait-il,
« je voudrais être ce soir aux Tuileries pour dicter à
« Bonaparte les conditions auxquelles il peut gou-

« verner. Moreau vint à passer, Bernadotte l'appela
« et lui répéta toutes les raisons, tous les arguments
« dont il s'était jamais servi pour l'entraîner : —
« Avec un nom populaire, vous êtes le seul parmi
« nous qui puisse se présenter appuyé de tout un peu-
« ple ; voyez ce que vous pouvez, ce que nous pou-
« vons, guidés par vous : déterminez-vous enfin. »

« Moreau répéta ce qu'il avait dit souvent, « qu'il
« sentait le danger dont la liberté était menacée, qu'il
« fallait surveiller Bonaparte, mais qu'il craignait
« la guerre civile. » Il se tenait prêt ; ses amis pou-
« vaient agir ; et, quand le moment serait venu, il
« serait à leur disposition ; on pouvait compter sur lui
« au premier mouvement qui aurait lieu ; mais pour
« l'instant, il ne croyait pas nécessaire de le provo-
« quer. Il se défendit même de l'importance qu'on
« voulait lui attribuer. La conversation se prolon-
« geait et s'échauffait ; Bernadotte s'emporta et dit au
« général Moreau : — « Ah ! vous n'osez pas prendre
« la cause de la liberté ! et Bonaparte, dites-vous,
« n'oserait l'attaquer ! Eh bien ! Bonaparte se jouera
« de la liberté et de vous. Elle périra malgré nos ef-
« forts, et vous serez enveloppé dans sa ruine sans
« avoir combattu. »

« J'étais toute tremblante. Mais on nous cher-
« chait. Des groupes entrèrent, et l'on nous ramena
« dans le salon du bal. J'ai gardé de cet entretien
« un vif souvenir, et, plus tard, lorsque Moreau se

« trouva impliqué, avec tant d'autres, dans le procès
« de Georges Cadoudal et de Pichegru, je demeu-
« rai persuadée qu'il était aussi innocent de tout
« complot avec eux qu'avec Bernadotte. »

Pour ne point interrompre le récit de Mme Récamier, j'ai laissé en arrière diverses circonstances que je ne crois pas inutile de rappeler et qui se placent avant ou vers l'époque de l'arrestation de M. Bernard.

Le premier bal masqué donné après la Révolution avait eu lieu à l'Opéra le 25 février 1800. Ces bals, auxquels les femmes comme il faut ne vont plus, furent pendant quelques années la passion de la bonne compagnie. On n'y dansait point, au moins le beau monde; les femmes y allaient en dominos et masquées, les hommes en frac et sans masques. Le plaisir pour les femmes était d'intriguer à la faveur du masque les hommes de leur connaissance, qui à leur tour devaient deviner, à certains accents qui trahissaient la voix naturelle, à la conversation, à la taille, aux yeux dont le masque augmentait l'éclat, au plus ou moins d'élégance des pieds et des mains, à quelle personne ils avaient affaire. La génération qui nous a précédés trouvait un vif plaisir dans ce genre de réunions. Mme Récamier, si timide à visage découvert, prenait sous le masque un aplomb imperturbable, et l'agrément de son esprit s'y déployait en liberté. Mme de Staël, au contraire, y perdait beaucoup de l'entraînement et de l'éloquence qui faisaient de sa conversation quelque chose d'incomparable. Il est d'usage aux bals masqués de tutoyer les masques et que les masques vous tutoient : Mme Récamier ne s'y soumit jamais ; il était donc par là assez facile de la reconnaître, de plus elle ne contrefaisait jamais sa voix.

C'était ordinairement sous la conduite et la protection de son beau-frère, M. Laurent Récamier, que Juliette se rendait aux bals de l'Opéra ; plus âgé que son frère de neuf années, M. Laurent éprouvait pour sa jeune belle-sœur la tendresse, et on pourrait dire la faiblesse d'un père. Les bals de l'Opéra n'avaient à lui offrir aucun plaisir qui le dédommageât de la fatigue d'une nuit d'insomnie ; mais il n'eût point trouvé convenable qu'une aussi jeune personne allât à ces réunions sans y être accompagnée par un guide que l'âge et la parenté rendaient respectable, et il se dévouait à l'amusement de celle qu'il traitait en enfant gâté.

Elle eut aux bals de l'Opéra plusieurs piquantes aventures, entre autres avec le prince de Wurtemberg : il était reçu chez elle et l'avait reconnue ; enhardi par le masque qu'elle portait et qui lui permettait de sembler ignorer quelle était la femme qui lui avait demandé son bras, il lui prit la main et osa s'emparer d'une bague. Le pauvre prince s'attira, à ce qu'il semble, une sévère leçon, et je trouve dans les papiers de Mme Récamier un petit billet dans lequel il implore le pardon de sa témérité. Il est caractéristique pour la femme à laquelle nul n'osa jamais manquer de respect.

DU PRINCE, DEPUIS ROI DE WURTEMBERG,
A Mme RÉCAMIER.

« C'est à la plus belle, à la plus aimable, mais toujours à la plus fière des femmes que j'adresse ces lignes, en lui renvoyant une bague qu'elle a bien voulu me confier au dernier bal masqué. Si mon étourderie était inconcevable, j'aime à l'avouer, ma punition hier a été bien sévère, et j'assure que cette leçon me corrigera pour toute ma vie. »

Une autre intrigue de bal masqué dura tout un hiver avec M. de Metternich : c'était sous l'Empire et avant 1810. Napoléon voyait avec un extrême dépit les hommes les plus considérables parmi ses ministres et ses lieutenants aller assidûment chez Mme Récamier; il s'en plaignit quelquefois, et un jour que le hasard avait réuni dans le même moment chez elle trois ministres en exercice, l'empereur le sut et leur demanda depuis quand le conseil se tenait chez Mme Récamier. Il n'avait pas moins d'impatience à y voir aller les étrangers et les membres du corps diplomatique, et cependant il n'en était aucun qui ne sollicitât d'être présenté chez elle. M. de Metternich, alors premier secrétaire de l'ambassade d'Autriche, eut plus de scrupules; les relations de son gouvernement avec Napoléon étaient si délicates, qu'il craignit d'ajouter un petit grief personnel aux grandes difficultés : il fit donc exprimer à M°™ Récamier le regret qu'il éprouvait et les motifs qui le forçaient à s'abstenir de fréquenter sa maison. Comme il était fort aimable et en avait la réputation, elle eut la curiosité de le connaître, et pendant toute une saison le rencontra au bal de l'Opéra. A la fin de l'hiver, et lorsque le carême eut fait cesser les bals masqués, M. de Metternich ne voulut point renoncer à une société dont il avait apprécié le charme. Il alla alors chez M°™ Récamier, mais le matin seulement et à des heures où il y rencontrait peu de monde, afin de ne pas effaroucher les susceptibilités de la police impériale.

Le grand-duc héréditaire de Mecklembourg-Strelitz, frère de la reine de Prusse, vint à Paris dans l'hiver de 1807 à 1808. Ce fut aussi à un bal de l'Opéra qu'il rencontra pour la première fois M°™ Récamier qu'il avait une vive curiosité de connaître : après avoir causé avec elle toute une soirée, il lui demanda la permission de la voir chez elle; mais avertie de la défaveur que valait la fréquentation de son salon aux étrangers, princes souverains ou autres, venus à Paris pour faire leur cour au vainqueur de l'Europe, elle lui répondit que, profondément honorée du désir qu'il voulait bien lui exprimer, elle croyait devoir s'y refuser, et elle lui donna les motifs de ce refus; il insista et écrivit pour obtenir la faveur d'être admis. Touchée et flattée de cette insistance, Mme Récamier lui indiqua un rendez-vous un soir où sa porte n'était ouverte qu'à ses plus intimes amis. Le prince arrive à l'heure indiquée, laisse sa voiture dans la rue à quelque distance de la maison, et voyant la porte de l'avenue ouverte, s'y glisse sans rien dire au concierge et avec l'espérance de n'en être pas aperçu. Mais le portier avait vu un homme s'introduire dans l'avenue et marcher rapidement vers la maison : « Hé! Monsieur, lui crie-t-il, Monsieur, où allez-vous? qui demandez-vous? que cherchez-vous? » Le grand-duc, au lieu de répondre, hâte sa course et entend les pas du portier qui le poursuit se rapprocher de lui; il se met à courir et confirme ainsi le concierge dans la pensée qu'il a affaire à un malfaiteur. Le prince et le vigilant gardien arrivent en même temps dans l'antichambre qui précédait le salon au rez-de-chaussée habité par Mme Récamier; elle entend un bruit de voix et des menaces, elle veut savoir la cause de ce trouble et trouve le grand-duc de Mecklembourg pris au collet par ce serviteur trop fidèle aux mains duquel il se débattait. Elle renvoya le portier à sa loge, et reçut le prince avec beaucoup de reconnaissance et de gaieté.

Au bout de quelques instants, la température étant douce et le clair de lune superbe, elle lui proposa de faire quelques pas dans le jardin devant les fenêtres ouvertes du salon; comme ils causaient là de la situation de l'Europe, de l'état de l'Allemagne, de la position particulière du prince et de sa sœur la belle reine de Prusse, on introduisit quelqu'un dans le salon, et à travers les fenêtres éclairées parut la silhouette d'une figure d'homme. Mme Récamier, ne sachant qui ce pouvait être, laissa le grand-duc dans le jardin, et s'avança dans le salon pour recevoir et congédier ce visiteur inattendu : c'était Mathieu de Montmorency. « Est-ce que vous êtes seule, Madame? dit-il à sa belle amie, et ses regards restaient fixés sur le chapeau du prince oublié sur la table. — Mais oui, » répondit-elle : puis éclatant de rire, elle lui conta l'aventure du grand-duc et la frayeur qu'elle avait eue, en voyant arriver une visite, que la maladresse de ses gens n'eût laissé pénétrer quelqu'un dont l'indiscrétion ne trahît la visite du prince. M. de Montmorency alla chercher le grand-duc de Mecklembourg, et la soirée s'acheva très-agréablement et très-paisiblement.

Le prince revit plusieurs fois ainsi Mme Récamier incognito, et lui écrivit souvent. Voici un des billets par lesquels il lui demandait de lui assigner un jour et une heure.

LE PRINCE DE MECKLEMBOURG-STRELITZ
A Mme RÉCAMIER.

« Oserai-je? serez-vous assez bonne, assez généreuse? oserai-je encore venir demain à la même heure que la dernière fois? C'est en tremblant que je prononce ce vœu, mais si vous saviez combien il est vivement senti, si vous saviez combien même il m'en a coûté d'attendre jusqu'à ce moment! peut-être qu'au lieu de me trouver excusable, vous diriez que je suis justifié.

« Je suis venu dans cette ville la mort dans le cœur. Je n'y ai fait que les plus douloureuses expériences: voulez-vous que j'emporte encore la douleur la plus forte de toutes, d'avoir vu un ange sans avoir osé l'approcher! Daignez croire du moins que je ne mériterais point une destinée aussi dure; que peut-être même, pardonnez-moi cette fierté apparente, personne ne fut plus digne de vous apprécier, de se dévouer à vous avec tous les sentiments que vous méritez et que vous inspirerez toujours, hélas! à toute âme noble et sensible. Je vous le répète, c'est en tremblant que j'écris, mais non sans un rayon d'espoir.

« G. »

Les sentiments que Mme Récamier avait une fois inspirés n'étaient point passagers. En 1843, elle recevait du grand-duc de Mecklembourg-Strelitz la lettre suivante; cette lettre prouvera que, loin d'exagérer, j'ai plutôt adouci la vérité, quand j'ai dit quel ombrage causait au monarque tout-puissant et victorieux l'opposition des salons et particulièrement celle du salon de Mme Récamier.

« Strélitz, ce 1er décembre 1843.

« Madame,

« Si j'ai jamais éprouvé le sentiment de la timidité, c'est bien aujourd'hui où j'ai résolu non-seulement de vous écrire, mais encore de vous adresser une prière, oui, une grande et bien instante prière! Quand je pense au nombre d'années qui se sont écoulées sans que j'aie eu le bonheur de vous revoir ni de recevoir de vos nouvelles directes, je sens que la démarche que je fais porte toute l'empreinte d'une action téméraire. Je sens même, hélas! que si vous demandiez, après avoir lu ma signature : « Qu'est-ce que c'est que ce grand-« duc de Mecklembourg-Strelitz? » je n'aurais pas le droit de me plaindre. Voilà ce que me dit la raison. Et le cœur que dit-il? Vous l'avouerai-je, Madame? Il me dit le contraire : il se rappelle très-bien que la beauté ravissante dont la nature vous doua ne fut que le reflet d'une âme adorable, et qu'une âme pareille ne peut pas oublier les individus qu'elle a une fois jugés dignes de son estime et de son affection. Parmi les souvenirs précieux que je vous dois, il y en a un surtout que la mémoire du cœur ne cesse de me retracer avec tout le charme qui lui est propre : c'est la conduite si éminemment noble, généreuse et aimable que vous avez observée vis-à-vis de moi après que Napoléon avait hautement dit dans le salon de l'impératrice Joséphine « qu'il regarderait « comme son ennemi personnel tout étranger qui « fréquenterait le salon de Mme Récamier. » Je puis dire sans exagération que j'y pense encore avec attendrissement, et que c'est sur mes deux genoux que je voudrais vous réitérer l'hommage de ma reconnaissance qui ne finira pas plus qu'elle n'a fini jusqu'ici.

« Et qu'est-ce donc que la prière que vous voulez m'adresser? me demanderez-vous enfin. C'est votre portrait, Madame, ce même portrait admirable dont vous aviez honoré feu le prince Auguste de Prusse[1], et qui, à ce que j'apprends, doit vous revenir à présent. Je le répète, Madame, c'est avec une grande timidité que je prononce ce vœu, que je

---

[1]. Le prince Auguste était mort au mois de juillet 1843, et, par son testament, avait ordonné que le portrait de Mme Récamier, peint par Gérard, et qu'il avait reçu de son amitié, lui fût rendu.

n'aurais peut-être jamais eu le courage de former s'il ne me tenait pas à cœur au delà de toute expression : mais si le culte que l'on rend à votre souvenir peut donner à quelqu'un le droit de posséder le trésor que je viens de réclamer de votre bonté généreuse, daignez croire du moins que personne alors n'a plus de droits d'y aspirer que moi. Et ce n'est pas moi seulement qui en serais digne ; ma femme, mes enfants, toute ma famille vous rend une entière justice; elle a savouré ce que je lui ai rapporté de vous : tout ce qui est parfaitement *beau* comme tout ce qui est parfaitement *bon* réveille en nous votre souvenir. Vous vous trouvez partout à la place qui vous est due.

« Je n'ai pas le courage d'ajouter un mot à cette lettre, et votre âme est faite pour la comprendre.

« Georges, grand-duc de Mecklembourg-Strelitz. »

Le portrait ne fut pas donné au grand-duc : il devait être conservé dans la famille de Mᵐᵉ Récamier ; mais en écrivant au prince pour le remercier, elle lui envoya un souvenir dont il voulut bien paraître reconnaissant.

Le prince, dont il vient d'être question, est encore heureusement vivant ; il nous pardonnera l'usage que nous avons fait de ses lettres ; la citation qu'on en fait ne peut que l'honorer personnellement au plus haut degré.

A peu près vers la même époque, le prince royal de Bavière vint à Paris et n'attacha pas moins de prix que le grand-duc de Mecklembourg à être présenté à Mme Récamier. Par les mêmes motifs, elle déclina l'honneur qu'il voulait lui faire, et mit d'autant plus de persistance dans son refus, que la crainte qu'elle éprouvait d'être l'occasion d'un désagrément pour un prince étranger, n'était point pour le futur roi de Bavière, comme pour le frère de la reine de Prusse, combattue dans son propre esprit par le désir que ses relations avec le prince Auguste de Prusse lui avaient inspiré de connaître le grand-duc.

Le prince de Bavière ne mit que plus d'insistance à solliciter la faveur qu'on lui refusait : en voici la preuve dans un billet adressé à Mme Récamier au nom de S. A. R.

Mme DE BONDY A Mme RÉCAMIER.

« Le prince de Bavière souhaite toujours aussi vivement, Madame, de pouvoir emporter une juste idée d'une personne qu'il a depuis si longtemps le désir de connaître, et M. de Bondy est chargé de la part de S. A. R. de vous demander la permission d'aller chez vous *voir votre portrait*. M. de Bondy aurait été solliciter lui-même votre consentement, mais il a été obligé aujourd'hui d'accompagner le prince à Saint-Cloud. Il m'a remis le soin de vous faire sa demande : c'était pour cette fois une *demande officielle* et non plus une plaisanterie. M. de Bondy espère que vous ne refuserez pas au prince royal la facilité que vous avez accordée à beaucoup de personnes d'admirer le chef-d'œuvre de Gérard; et, si vous le lui permettez, il accompagnera S. A. chez vous ou samedi ou lundi matin, à votre choix; ou bien tel autre jour qui vous conviendra. Si vous étiez assez *malintentionnée* pour sortir précisément à l'heure que vous lui indiquerez, le prince pourra trouver que si la renommée ne l'a pas trompé sur le charme de votre figure, elle lui a exagéré l'affabilité de vos manières, et je ne pense pas que la vue du portrait diminue le regret de ne pas connaître l'original. Mais ceci n'est plus de mon ressort : je ne suis chargée de parler que pour l'amateur de peinture. On attend votre réponse avec impatience, et je la transmettrai à M. de Bondy au retour de Saint-Cloud.

« Agréez, je vous prie, Madame, l'expression de ma sincère amitié.

« H. DE BONDY. »

Le prince de Bavière fut reçu par Mme Récamier

et emporta d'elle un précieux souvenir ; je trouve dans une lettre de Mᵐᵉ de Staël, datée de Coppet, le 15 août suivant, un passage relatif à ce prince :

« J'ai quitté Mathieu de Montmorency à la fête
« des Suisses, près de Berne, que M. de Sabran
« vous décrit. . . . .
« . . . .
« J'y ai rencontré aussi le prince de Bavière, qui
« m'a demandé de vos nouvelles avec vivacité, et
« m'a dit que l'*on* n'approuvait pas ses amitiés, ni
« pour vous ni pour moi. C'est un bon homme qui
« a de l'esprit et de l'âme. »

Pendant l'hiver de 1824, que Récamier passa à Rome, elle y vit arriver ce même prince, devenu le roi Louis de Bavière. Le goût passionné de ce souverain pour les arts l'amenait fréquemment en Italie, et il ne témoigna pas un empressement moins aimable ni moins flatteur pour la femme qu'il avait connue à Paris dans tout l'éclat de sa jeunesse et de sa beauté.

J'ai bien anticipé sur les temps, et je reviens à l'année 1800 où le peintre David entreprit le portrait de Mᵐᵉ Récamier qu'il n'acheva pas et dont l'ébauche est au Musée du Louvre. Ce commencement de portrait d'une personne que sa beauté rendait alors la reine de la mode ne parut pas à la plupart de ceux

qui le virent exprimer le charme de sa figure.
L'ébauche fut critiquée; David lui-même n'en était
pas entièrement satisfait : le portrait fut inter-
rompu; non point, comme on l'a dit, par un caprice
de Mme Récamier, mais par la volonté du peintre.
Après plusieurs mois d'interruption, on le pressa
d'y travailler, de le reprendre et de l'achever; alors
il écrivit la lettre suivante :

DAVID A Mme RÉCAMIER.

« Ce 6 vendémiaire an IX.

« Que je vous connaissais bien, Madame, quand
je vous répétais sans cesse que vous étiez bonne!
qui plus que moi a éprouvé l'heureuse influence de
cette bonté infatigable? Il faut cependant y mettre
un terme, et c'est moi-même qui vous en presse. Ne
croyez pas surtout que je ne m'occupe pas de votre
portrait; vous n'entendrez pas dire que je fasse
autre chose. Vous vous apercevrez dans peu de la
vérité de ce que je vous ai dit sur ce qui sera tracé
de nouveau sur le *tableau* qui plaît à tout le monde.
Mais c'est moi qui suis le plus difficile à contenter.
Nous allons le reprendre, et dans un autre endroit;
je vais vous en faire sentir les raisons. D'abord le
jour est trop obscur pour un portrait, je n'en avais
déjà osé entreprendre aucun dans ce local. La se-

conde raison, le jour venant de trop haut couvrait d'ombre les yeux et empêchait, par conséquent, de faire ressortir votre prunelle (qui n'est pas une chose peu importante dans votre visage); de plus, j'étais trop éloigné de vos traits, ce qui m'obligeait ou de les deviner, ou d'en imaginer qui ne valaient pas les vôtres. Enfin j'ai un *pressentiment* que je réussirai mieux ailleurs. Cette idée seule suffit pour me faire croire que ce changement me fera faire un chef-d'œuvre. Vous connaissez trop l'idée d'un peintre pour vouloir la combattre. Vous sentez assez, d'après cela, que son intention bien prononcée est de faire un ouvrage digne du modèle qui en est l'objet. Sous peu, belle et bonne dame, vous entendrez encore parler de moi; nous nous y remettrons pour ne plus le quitter, et si j'ai eu des torts apparents vis-à-vis de vous, mon pinceau, je l'espère, les effacera.

« Salut et admiration.

« DAVID. »

On le voit, David ne trouvait pas son ébauche entièrement à son gré. Cette toile, dans laquelle se reconnaît pourtant le talent du maître, est fort curieuse pour les amateurs, en ce qu'elle offre un exemple des procédés de peinture du chef de l'école française. Elle fut mise en vente en 1829 par les héritiers de David, avec d'autres tableaux du même maître; elle fut achetée au prix de six mille francs par M. Charles Lenormant, et quelques mois après cédée par lui au Musée du Louvre pour la même somme.

M. Récamier désirait vivement avoir un portrait de sa femme. Quand il vit David abandonner ainsi en quelque sorte celui qu'il avait entrepris, il s'adressa à Gérard, et celui-ci accepta avec empressement. Le tableau qu'il peignit, en faisant le portrait de Mme Récamier, est resté une de ses plus belles créations, et la ressemblance en était fort satisfaisante.

Gérard, outre qu'il était un peintre éminent, était aussi un homme d'un esprit très-distingué, mais fort mordant. Comme la plupart des artistes, il avait l'humeur mobile et irritable, et, comme tous les hommes accoutumés aux succès, il ne savait guère dominer ses caprices. Lorsque le portrait de Mme Récamier fut tout près d'être achevé, plusieurs de ses amis demandèrent à être admis à l'admirer en assistant aux dernières séances. Leur présence dans l'atelier de l'artiste, leurs observations peut-être, l'avaient impatienté, mais il avait rongé son frein. Restait une dernière séance pour quelques retouches; Christian de Lamoignon, intimement lié avec Mme Récamier, n'avait pas vu le portrait, et sollicita d'elle l'autorisation de profiter de sa présence dans l'atelier cette dernière fois pour voir, avant que le public en eût connaissance, cette peinture dont la société s'occupait.

Mme Récamier avait les impressions trop fines, pour ne pas s'être aperçue de l'impatience que les précédentes visites et les propos des gens du monde avaient donnée au peintre; elle dit à M. de Lamoignon qu'elle hésitait à autoriser sa visite, parce qu'elle redoutait l'humeur de Gérard. « Oh! dit M. de Lamoignon, cela serait possible avec tout autre, mais non pour moi. Gérard a toujours été fort aimable dans tous mes rapports avec lui, je suis de ses amis; ne m'interdisez pas la visite, je suis sûr qu'elle lui fera plaisir. »

Le lendemain, pendant la séance, on frappe un coup discret à la porte de l'atelier. Mme Récamier se doute que c'est Christian de Lamoignon, mais voyant le front de Gérard se rembrunir et ses sourcils se froncer à la pensée d'un importun, elle dit fort timidement : « On frappe à votre atelier, monsieur Gérard. C'est probablement M. de Lamoignon, un homme qui admire beaucoup votre talent. » On frappe de nouveau, et cette fois M. de Lamoignon lui-même s'annonce : « C'est moi, monsieur Gérard, Christian de Lamoignon, qui sollicite la faveur d'être admis. » Gérard, furieux, entre-bâille la porte, sa palette d'une main et son garde-main de l'autre : « Entrez, Monsieur, entrez, lui dit-il, mais je crèverai mon tableau après. » Il le poussait quasi dans l'atelier en répétant sa menace : « Je crèverai mon tableau après. » M. de Lamoignon, avec beaucoup de modération et de bon goût, dissimula le mécontentement que lui causait cette boutade, et répondit en s'inclinant : « Je serais au désespoir, Monsieur, de priver la postérité d'un de vos chefs-d'œuvre, » et il sortit.

A l'automne de 1803, Mme de Staël avait été exilée par le premier consul; je trouve, dans ses *Dix années d'exil*, le passage suivant où elle raconte l'hospitalité qui lui fut offerte par Mme Récamier.

« Cette femme, si célèbre pour sa figure, et dont
« le caractère est exprimé par sa beauté même, me
« fit proposer de venir demeurer à sa campagne, à
« deux lieues de Paris. J'acceptai, car je ne savais
« pas alors que je pouvais nuire à une personne si
« étrangère à la politique; je la croyais à l'abri de
« tout, malgré la générosité de son caractère. La
« société la plus agréable se réunissait chez elle, et
« je jouissais là pour la dernière fois de tout ce que
« j'allais quitter. C'est dans ces jours orageux que je
« reçus le plaidoyer de M. Mackintosh; là que je lus
« ces pages où il fait le portrait d'un jacobin qui
« s'est montré terrible dans la révolution contre les
« enfants, les vieillards et les femmes, et qui se
« plie sous la verge du Corse, qui lui ravit jusqu'à
« la moindre part de cette liberté pour laquelle il se

« prétendait armé. Ce morceau, de la plus belle élo-
« quence, m'émut jusqu'au fond de l'âme; les écri-
« vains supérieurs peuvent quelquefois, à leur insu,
« soulager les infortunés, dans tous les pays et dans
« tous les temps. Après quelques jours passés chez
« Mme Récamier, sans entendre parler de mon exil,
« je me persuadai que Bonaparte y avait renoncé...
« Le général Junot, par dévouement pour elle, pro-
« mit d'aller parler le lendemain au premier consul.
« Il le fit, en effet, avec la plus grande chaleur. »

Mme de Staël s'était trompée en espérant être oubliée par la police ombrageuse de cette époque; son exil fut maintenu, et elle se décida à partir pour l'Allemagne.

Pendant la courte paix d'Amiens, Mme Récamier fit un voyage en Angleterre. Je n'en répéterai pas les incidents que M. de Chateaubriand a en partie racontés. La belle Juliette avait reçu précédemment et accueilli avec une bienveillance empressée quelques personnages anglais éminents soit en hommes, soit en femmes, et ils lui avaient inspiré le désir de visiter leur pays. Elle fit le voyage avec sa mère, annoncée et recommandée à la société anglaise par des lettres enthousiastes du vieux duc de Guignes, son fervent adorateur, qui avait été ambassadeur de Louis XVI à Londres, et dont les souvenirs de jeunesse vivaient encore dans le cœur de plus d'une grande dame. Mme Récamier vit intimement la brillante duchesse de Devonshire et sa belle amie lady Élisabeth Forster, qui, plus tard, devait à son tour porter le titre de duchesse de Devonshire. Cette dernière relation se continua : nous revîmes plusieurs fois à Paris la seconde duchesse de Devonshire et son frère le comte de Bristol; ils furent tous les deux au nombre des fidèles de l'Abbaye-aux-Bois, et lors du voyage à Rome de Mme Récamier, en 1824, elle y retrouva cette noble et aimable personne, devenue la protectrice des arts, et faisant aux étrangers les honneurs de cette Rome qu'elle avait adoptée pour patrie. Dans le rapide séjour que Mme Récamier fit à Londres, objet de l'engouement de la société et de la curiosité de la foule, elle se lia aussi intimement avec le marquis de Douglas, depuis duc d'Hamilton, et avec sa sœur.

Le prince de Galles lui témoigna l'empressement le plus chevaleresque ; le duc d'Orléans, exilé, et ses deux jeunes frères, les princes de Beaujolais et de Montpensier, n'eurent pas moins d'assiduité et de galanterie pour leur belle compatriote. Les gazettes anglaises ne furent, pendant quelques semaines, occupées qu'à enregistrer les faits et gestes de l'étrangère à la mode. La lettre suivante, adressée par le général Bernadotte à Mme Récamier, pendant son voyage en Angleterre, témoigne de l'effet qu'elle y produisait.

LE GÉNÉRAL BERNADOTTE A Mme RÉCAMIER.

« Je n'ai pas répondu de suite à votre lettre, Madame, parce que j'espérais chaque jour vous annoncer la nomination de l'ambassadeur français près la cour de Saint-James. Des bruits, qui d'abord avaient eu quelque consistance, désignaient le ministre Berthier. Aujourd'hui il n'en est plus question, et l'opinion se fixe sur des déterminations plus essentielles au bonheur public.

« Les journaux anglais, en calmant mes inquiétudes sur votre santé, m'ont appris les dangers auxquels vous avez été exposée. J'ai blâmé d'abord le peuple de Londres dans son trop grand empressement : mais, je vous l'avoue, il a été bientôt excusé; car je suis partie intéressée, lorsqu'il faut justifier les personnes qui se rendent indiscrètes pour admirer les charmes de votre céleste figure.

« Au milieu de l'éclat qui vous environne, et que vous méritez sous tant de rapports, daignez vous souvenir quelquefois que l'être qui vous est le plus dévoué dans la nature est

« BERNADOTTE. »

Mme Récamier revint en France en passant par la Hollande, et en visita les principaux monuments.

L'année qui suivit ce voyage vit s'accomplir de terribles et grands événements. Au mois de février 1804, Moreau, Pichegru et Cadoudal étaient arrêtés; le 21 mars de la même année, Bonaparte faisait saisir et fusiller un prince de la maison de Bourbon, le duc d'Enghien; l'Empire était proclamé le 4 mai. Le procès des généraux se jugeait pendant que se préparaient les fêtes de cette prise de possession du trône par une nouvelle dynastie, et Pichegru périssait dans sa prison en avril, quelques jours avant la cérémonie. L'opinion publique incertaine, terrifiée ou éblouie, ne savait si elle devait, en maudissant l'auteur d'un crime odieux, prêter plus d'attention aux débats du procès politique qui s'instruisait ou aux récits des fêtes et des adhésions à l'Empire.

Mais ici je retrouve le texte des mémoires de Mme Récamier, et je la laisse parler.

« Les détails du procès de Moreau sont connus :
« je ne parlerai donc que de ce que j'ai vu. Ma
« mère était liée avec Mme Hulot, mère de Mme Mo-
« reau : il en était résulté entre sa fille et moi une
« intimité d'enfance qui s'était ensuite renouée dans
« le monde. Je la voyais sans cesse depuis l'arresta-
« tion de son mari. Elle me dit un jour qu'au mi-
« lieu du public si nombreux qui remplissait la salle
« de justice, Moreau m'avait souvent cherchée parmi

« ses amis. Je me fis un devoir d'aller au tribunal,
« le lendemain de cette conversation ; j'étais accom-
« pagnée par un magistrat, proche parent de M. Ré-
« camier, Brillat-Savarin. La foule était si grande,
« que non-seulement la salle et les tribunes, mais
« toutes les avenues du Palais de Justice étaient en-
« combrées. M. Savarin me fit entrer par la porte
« qui s'ouvre sur l'amphithéâtre, en face des accu-
« sés dont j'étais séparée par toute la largeur de la
« salle. D'un regard ému et rapide, je parcourus
« les rangs de cet amphithéâtre pour y chercher
« Moreau. Au moment où je relevai mon voile, il
« me reconnut, se leva et me salua. Je lui rendis son
« salut avec émotion et respect, et je me hâtai de
« descendre les degrés pour arriver à la place qui
« m'était destinée.

« Les accusés étaient au nombre de quarante-
« sept, la plupart inconnus les uns aux autres ; ils
« remplissaient les gradins élevés en face de ceux
« où siégeaient les juges. Chaque accusé était assis
« entre deux gendarmes ; ceux qui étaient auprès
« de Moreau montraient de la déférence dans toute
« leur attitude. J'étais profondément touchée de voir
« traiter en criminel ce grand capitaine dont la
« gloire était alors si imposante et si pure. Il n'était
« plus question de république et de républicains :
« c'était, excepté Moreau qui, j'en ai la conviction,
« était complétement étranger à la conspiration.

« c'était la fidélité royaliste qui seule se défendait
« encore contre le pouvoir nouveau. Toutefois cette
« cause de l'ancienne monarchie avait pour chef un
« homme du peuple, Georges Cadoudal.

« Cet intrépide Georges, on le contemplait avec
« la pensée que cette tête si librement, si énergi-
« quement dévouée, allait tomber sur l'échafaud,
« que seul peut-être il ne serait pas sauvé, car il ne
« faisait rien pour l'être. Dédaignant de se défen-
« dre, il ne défendait que ses amis. J'entendis ses
« réponses toutes empreintes de cette foi antique
« pour laquelle il avait combattu avec tant de cou-
« rage, et à qui depuis longtemps il avait fait le
« sacrifice de sa vie. Aussi lorsqu'on voulut l'enga-
« ger à suivre l'exemple des autres accusés et à
« faire demander sa grâce : « Me promettez-vous,
« répondit-il, une plus belle occasion de mourir? »

« On distinguait encore dans les rangs des préve-
« nus MM. de Polignac et M. de Rivière, qui in-
« téressaient par leur jeunesse et leur dévouement.
« Pichegru, dont le nom restera dans l'histoire lié à
« celui de Moreau, manquait pourtant à côté de lui,
« ou plutôt on croyait y voir son ombre, car on
« savait qu'il manquait aussi dans la prison.

« Un autre souvenir, la mort du duc d'Enghien,
« ajoutait au deuil et à l'effroi d'un grand nombre
« d'esprits, même parmi les partisans les plus dé-
« voués du premier consul.

« Moreau ne parla point. La séance terminée, le
« magistrat qui m'avait amenée vint me reprendre.
« Je traversai le parquet du côté opposé à celui par
« lequel j'étais entrée, en suivant ainsi dans toute
« leur longueur les gradins des accusés. Moreau
« descendait en ce moment, suivi de ses deux gen-
« darmes et des autres prisonniers, il n'était séparé
« de moi que par une balustrade; il me dit en pas-
« sant quelques paroles de remerciement que, dans
« mon trouble, j'entendis à peine : je compris ce-
« pendant qu'il me remerciait d'être venue et m'en-
« gageait à revenir. Cet entretien si fugitif entre
« deux gendarmes devait être le dernier.

« Le lendemain, à sept heures du matin, je reçus
« un message de Cambacérès. Il m'engageait, dans
« l'intérêt même de Moreau, à ne pas retourner au
« tribunal. Le premier consul, en lisant le compte
« rendu de la séance, ayant vu mon nom, avait dit
« brusquement : « Qu'allait faire là Mme Récamier? »

« Je courus chez Mme Moreau pour la consulter :
« elle fut de l'avis de Cambacérès et je cédai, mal-
« gré le regret que j'éprouvais de ne pouvoir donner
« à Moreau cette marque d'attachement. Je me dé-
« dommageais auprès de sa femme de la contrainte
« qui m'était imposée. Sur la fin du procès, toute
« affaire était suspendue, la population tout entière
« était dehors : on ne s'entretenait que de Moreau.

« Aujourd'hui que les temps sont éloignés et que le

« nom de Bonaparte semble lui seul les remplir, on
« ne saurait imaginer à combien peu encore tenait
« sa puissance. Un des juges du tribunal, Clavier
« répondit à ceux qui lui disaient que Bonaparte
« ne désirait la condamnation de Moreau que pour
« lui faire grâce : « Et qui nous la ferait à nous? »

« La nuit qui précéda la sentence pendant la-
« quelle le tribunal siégea, les abords du Palais de
« Justice ne cessèrent d'être remplis d'une foule
« inquiète; la consternation était universelle.

« Vingt des accusés furent condamnés à mort, dix
« périrent avec Georges sur l'échafaud. MM. de
« Polignac, de Rivière et autres obtinrent grâce de
« la vie et restèrent prisonniers dans des forteresses.
« Les rôles pour les demandes de grâce avaient été
« distribués entre Mme Bonaparte et les sœurs du pre-
« mier consul. Moreau, condamné à la déportation,
« partit pour l'Espagne, d'où il devait s'embarquer
« pour l'Amérique. Mme Moreau le rejoignit à Cadix.
« J'étais auprès d'elle au moment de son départ pour
« ce noble exil; je la vis embrasser son fils dans
« son berceau et revenir sur ses pas pour l'embras-
« ser encore (elle était grosse et ne pouvait emme-
« ner son fils); je la conduisis à sa voiture et reçus
« son dernier adieu.

« Avant de s'embarquer pour l'Amérique, Moreau
« m'écrivit de Cadix la lettre suivante :

« Chiclane, près Cadix, le 12 octobre 1804.

« Madame, vous apprendrez sans doute avec quelque plaisir des nouvelles de deux fugitifs auxquels vous avez témoigné tant d'intérêt. Après avoir essuyé des fatigues de tout genre, sur terre et sur mer, nous espérions nous reposer à Cadix, quand la fièvre jaune, qu'on peut en quelque sorte comparer aux maux que nous venions d'éprouver, est venue nous assiéger dans cette ville. Quoique les couches de mon épouse nous aient forcés d'y rester plus d'un mois pendant la maladie, nous avons été assez heureux pour nous préserver de la contagion : un seul de nos gens en a été atteint. Enfin nous sommes à Chiclane, très-joli village à quelques lieues de Cadix, jouissant d'une bonne santé, et mon épouse en pleine convalescence après m'avoir donné une fille très-bien portante. Persuadé que vous prendrez autant d'intérêt à cet événement qu'à tout ce qui nous est arrivé, elle me charge de vous en faire part et de la rappeler à votre amitié. Je ne vous parle pas du genre de vie que nous menons, il est excessivement ennuyeux et monotone, mais au moins nous respirons en liberté, quoique dans le pays de l'inquisition.

« Je vous prie, Madame, de recevoir l'assurance de mon respectueux attachement et de me croire toujours votre très-humble et très-obéissant serviteur.

« V. Moreau.

« Veuillez bien me rappeler au souvenir de M. Récamier. »

« Dès les premiers jours de l'arrestation de Mo-
« reau, Bernadotte, en proie à une vive agitation,
« était venu me dire qu'il était mandé aux Tuileries.
« Les conférences qu'il avait eues avec Moreau à
« Grosbois étaient alors pour lui le sujet d'une
« grande inquiétude; il craignait de se trouver com-
« promis dans le procès. Je lui fis promettre de venir
« me rendre compte du résultat de son entrevue
« avec le premier consul, et je l'attendis avec beau-
« coup d'anxiété. Quand il revint, il avait l'air
« préoccupé, quoique plus tranquille. « Eh bien? lui
« dis-je. — Eh bien! ce n'est pas tout à fait ce que je
« croyais. C'est un traité d'alliance que Bonaparte
« voulait me proposer. Vous voyez, m'a-t-il dit,
« avec sa façon brève et péremptoire, que la ques-
« tion est décidée en ma faveur. La nation se dé-
« clare pour moi, mais elle a besoin du concours de
« tous ses enfants. Voulez-vous marcher avec moi
« et avec la France, ou vous tenir à l'écart? »

« Bernadotte ne me disait pas le parti qu'il avait
« pris; mais je pensai à l'instant que, pour un

« homme de son caractère, le choix n'était pas
« douteux. L'inaction n'était pas son fait, il devait
« accepter la seule voie qui restait ouverte à son
« activité et à son ambition. Je ne me trompais pas.

« Bernadotte reprit : « Je n'avais pas deux partis
« à prendre : je ne lui ai pas promis d'affection,
« mais un loyal concours, et je tiendrai parole. »

« Je compris le sens de cet entretien, quand je
« vis Bernadotte figurer au sacre comme maréchal
« de l'empire. Toutefois l'inimitié subsista toujours
« entre lui et Bonaparte, et celui-ci trouva moyen
« d'en donner des preuves jusque dans les faveurs
« qu'il lui accorda. »

Par tout ce qui précède, il est facile de comprendre que les opinions et les sympathies de la famille de M°⁰ Récamier et celles de ses amis personnels formaient autour d'elle une atmosphère qui, de jour en jour et d'événement en événement, la plaçait parmi les personnes les moins favorables à l'ambition et à l'élévation suprême de Bonaparte. L'arrestation de M. Bernard avait commencé à mettre dans les rapports de M°⁰ Récamier avec la famille du premier consul une nuance, légère encore, de refroidissement. Elle voyait toujours M°⁰ Bacciocchi et surtout sa sœur Caroline, qu'elle avait connue très-jeune chez M°⁰ Campan. Caroline Bonaparte, M°⁰ Murat, de toutes les sœurs de Napoléon, était celle qui avait le plus de ressemblance de caractère avec lui. Elle n'était point aussi régulièrement belle que sa sœur Pauline, mais elle avait bien le type napoléonien; elle était d'une fraîcheur à éblouir; son intelligence était prompte, sa volonté impérieuse, et le contraste de la grâce un peu enfantine de son visage avec la décision de son caractère faisait d'elle une personne extrêmement attrayante. Elle venait de se marier, et continuait, comme elle l'avait fait étant jeune fille, à venir à toutes les fêtes de la rue du Mont-Blanc.

Dans la disposition d'âme où était Mme Récamier, son indignation pour être muette n'en était pas moins vive. Cependant sa vie extérieure était la même; son salon continuait à réunir et les amis et les adversaires du pouvoir nouveau, et Fouché, alors ministre de la police, y venait particulièrement avec assiduité. Au moment de son avénement au trône impérial, Napoléon cherchait à rattacher à sa nouvelle cour tout ce qui pouvait, en quelque genre que ce fût, lui donner du lustre et en rehausser l'éclat. On était dans l'été de 1805 : Juliette recevait, s'il était possible, plus de monde encore que les années précédentes au château de Clichy. Fouché multipliait ses visites, et Mme Récamier, tout en s'étonnant qu'un homme surchargé d'affaires eût le loisir de venir aussi fréquemment à la campagne, mettait à profit le crédit dont il disposait pour venir en aide à quelques-uns des malheureux en grand nombre qui s'adressaient à elle.

Un jour, Fouché, qui ne voyait Mme Récamier qu'au milieu d'un cercle sans cesse renouvelé, sollicita d'elle un entretien particulier; elle lui répondit en l'engageant à déjeuner pour le lendemain, et promit que s'il venait de bonne heure, elle le recevrait un moment dans son appartement particulier avant qu'on se mît à table. Le ministre de la police arriva de fort bonne heure, et fut admis en tête à tête chez Mme Récamier.

Dans la conversation qu'il eut avec elle, il insista avec une apparence d'intérêt très-marqué sur le regret qu'il éprouvait en voyant petit à petit s'accroître la nuance d'opposition qui, depuis l'époque de l'arrestation de M. Bernard, avait régné dans le salon de sa fille.

Cette opposition que rien ne motivait, car le premier consul avait été bien indulgent pour M. Bernard, avait vivement blessé Napoléon, et Fouché engageait fortement Mme Récamier à éviter toutes les occasions de montrer une hostilité dont l'empereur finirait par s'irriter.

Une autre femme, jeune, brillante, considérable par l'élévation de son rang et le puissant appui de ses alliances, la duchesse de Chevreuse, avait, comme Mme Récamier, montré plus que de la froideur pour le nouvel empire que venait de fonder un héros.

L'empereur avait promptement fait cesser ces résistances féminines, et rappelé à la hautaine duchesse, par une de ses brusques sorties, l'origine des grands biens de la famille de Luynes et la possibilité d'une nouvelle confiscation.

« Eh bien, ajoutait Fouché, la maison de Luynes et les Montmorency, leurs alliés, ont été trop heureux de faire accepter à la duchesse de Chevreuse une place de dame du palais de l'impératrice. L'empereur, depuis le jour déjà éloigné où il vous a rencontrée, ne vous a ni oubliée ni perdue de vue; soyez prudente, et ne le blessez point. »

Mme Récamier, un peu surprise de ces conseils, remercia le ministre de son intérêt, protesta qu'elle était fort étrangère à la politique, mais qu'une chose lui serait impossible, abandonner ses amis et se séparer d'eux. La conversation n'alla pas plus loin ce jour-là.

Quelque temps après, Fouché se promenant avec Mme Récamier dans le parc de Clichy, lui dit en souriant : « Devineriez-vous avec qui j'ai parlé de vous hier au soir pendant près d'une heure? avec l'empereur. — Mais il me connaît à peine? — Depuis le jour où il vous a rencontrée, il ne vous a jamais oubliée, et quoiqu'il se plaigne que vous vous rangiez parmi ses ennemis, il n'accuse point vos sentiments personnels, mais vos amis. » Fouché insista pour que Mme Récamier lui fît connaître ses dispositions réelles envers l'empereur. Elle répondit avec franchise que d'abord elle s'était sentie attirée vers lui par l'attrait de sa gloire, l'éclat de son génie, et les services qu'il avait rendus à la France; qu'en le rencontrant et le voyant de près, la grâce et la simplicité de ses manières avaient ajouté une impression aimable à une admiration préconçue; mais que la persécution exercée par le premier consul sur ses amis, la catastrophe du duc d'Enghien, l'exil de Mme de Staël, le bannissement de Moreau, avaient froissé toutes ses sympathies et arrêté l'élan qui la portait vers lui.

Fouché, sans tenir compte du peu de sympathie que lui exprimait Mme Récamier, aborda alors résolûment le sujet qui l'amenait. Il engageait la belle Juliette à demander une place à la cour, et prenait sur lui d'assurer que cette place serait immédiatement accordée.

Cette ouverture inattendue frappa Mme Récamier de surprise, car elle sentait une invincible répugnance pour le parti qui lui était offert; mais promptement remise de ce premier trouble, elle dit au ministre que tout devait la porter à refuser une offre semblable, quelque flatteuse qu'elle fût : la simplicité de ses goûts, une timidité excessive que la fréquentation du monde n'avait point fait disparaître, sa passion d'indépendance, sa position sociale. Celle de l'homme dont elle portait le nom, en la condamnant à une représentation continuelle, lui imposait des devoirs de maîtresse de maison, impossibles à concilier avec l'exactitude et le temps qu'exige le service d'une princesse.

Fouché sourit et protesta que la place laisserait une entière liberté; puis, saisissant avec finesse le seul côté par lequel une situation à la cour pouvait séduire une âme généreuse, il parla des services éminents qu'on pouvait rendre aux opprimés de toutes les classes : sur combien d'injustices ne serait-il pas possible d'éclairer la religion de l'empereur! Il insistait sur l'ascendant qu'une femme d'une âme noble et désintéressée, douée d'agréments comme ceux dont la nature avait comblé Mme Récamier, pouvait et devait prendre sur l'esprit de l'empereur. « Il n'a pas encore, ajoutait-il, rencontré de femme digne de lui, et nul ne sait ce que serait l'amour de Napoléon s'il s'attachait à une personne pure : assurément il lui laisserait prendre sur son âme une grande puissance qui serait toute bienfaisante. »

Fouché s'animait de plus en plus, et ne s'apercevait pas du dégoût avec lequel il était écouté. Mme Récamier crut ne devoir repousser que par la plaisanterie les rêves romanesques complaisamment déroulés par le ministre de la police. Mais cette conversation lui laissa une vive et juste inquiétude; elle n'en fit part qu'à Mathieu de Montmorency, incertaine qu'elle restait encore si les propositions que le duc d'Otrante lui avait faites venaient de lui seul ou étaient l'accomplissement d'un ordre du maître. Mathieu de Montmorency conseilla beaucoup de prudence et de réserve, et partagea toutes les anxiétés de son amie.

A quelques jours de là, pour répondre à un gracieux message de Mme Murat, alors établie à Neuilly, Mme Récamier alla lui faire une visite ; accueillie par elle avec le plus aimable empressement, elle accepta la proposition instamment faite de déjeuner à Neuilly avec elle le surlendemain. Au jour fixé, Mme Récamier trouva, en arrivant chez la princesse Caroline, Fouché qu'elle ne s'attendait guère à y voir. Après le déjeuner, la princesse eut la fantaisie de passer dans l'île, où l'on jouirait plus facilement, disait-elle, d'un moment de solitude et de conversation intime. Le ministre de la police fut admis en tiers, et, après l'échange de quelques propos sur des sujets divers et indifférents, il ramena le sujet qui lui tenait au cœur.

Il raconta à Mme Murat les instances qu'il faisait auprès de Mme Récamier, et la résistance qu'elle opposait à l'idée d'accepter une place parmi les dames du palais. La princesse, qu'elle connût ou qu'elle ignorât un projet qu'on paraissait lui apprendre, en saisit la pensée avec joie, appuya de mille arguments l'avis de Fouché, et finit par dire, avec le ton d'une amitié sincère, que si Mᵐᵉ Récamier acceptait un titre de dame du palais, elle entendait et demandait que ce fût auprès d'elle.

Les maisons des princesses ayant été mises par Napoléon sur le même pied que celle de l'impératrice, le rang était semblable chez les unes et chez les autres. Mᵐᵉ Murat ajouta qu'elle se féliciterait d'un arrangement qui rapprocherait d'elle une personne pour laquelle elle avait toujours eu le goût le plus vif; et d'ailleurs c'était le moyen de se mettre à l'abri des susceptibilités jalouses de l'impératrice Joséphine, qui ne verrait pas sans ombrage auprès de sa personne une si brillante et si belle dame du palais.

Au moment de se séparer, la princesse rappela avec grâce à Mᵐᵉ Récamier l'admiration qu'elle lui connaissait pour Talma, et mit à sa disposition sa loge du Théâtre-Français. « Vous savez que c'est une loge d'avant-scène; on y jouit très-bien du jeu de la physionomie des acteurs. » Cette loge était en face de celle de l'empereur. Le lendemain, un petit billet, ainsi conçu, mettait en effet la loge de Mᵐᵉ Murat aux ordres de Mᵐᵉ Récamier.

« Neuilly, 22 vendémiaire.

« Son Altesse Impériale la princesse Caroline prévient l'administration du Théâtre-Français qu'à dater de ce jour jusqu'à nouvel ordre, sa loge doit être ouverte à Madame Récamier et à ceux qui se présenteraient avec elle ou de sa part. Ceux même de la maison des princesses, qui n'y seraient pas admis ou appelés par Madame Récamier, cessent de ce moment d'avoir le droit de s'y présenter.

« Le secrétaire des commandements
« de la princesse Caroline,

« CH. DE LONGCHAMPS. »

Mᵐᵉ Récamier profita deux fois de la loge. Hasard ou volonté, l'empereur assista à ces deux représentations, et mit une persistance très-affichée à braquer sa lorgnette sur la femme placée vis-à-vis de lui. L'attention des courtisans, si éveillée sur les moindres mouvements du maître, ne pouvait manquer de s'emparer de cette circonstance : on en conclut et on répéta que Mᵐᵉ Récamier allait jouir d'une haute faveur.

Cependant Fouché n'abandonnait pas sa négociation ; il n'y mettait même plus de mystère, et plus d'une fois il parla du projet d'attacher Mᵐᵉ Récamier à la cour devant Lemontey, devant le général de Valence et devant M. de Montmorency. On peut croire combien ce dernier était opposé à un tel projet. Enfin un certain jour Fouché arrive à Clichy, l'œil épanoui, et, ayant pris la maîtresse de la maison à part, il lui dit : « Vous ne m'opposerez plus de refus; ce n'est plus *moi*, c'est l'empereur lui-même qui vous propose une place de dame du palais, et j'ai l'ordre de vous l'offrir en son nom. » Fouché croyait si peu le refus possible, en effet, qu'il n'attendit point de réponse et se mêla au groupe de quelques personnes présentes.

Les choses arrivées à ce terme, Mme Récamier ne pouvait tarder à faire connaître à son mari l'offre qui lui était faite et sa répugnance invincible à l'accepter. Lorsque M. Récamier vint à son ordinaire dîner à Clichy, elle eut avec lui une courte conversation. Il entra sans difficulté dans les sentiments qu'elle exprimait, et lui laissa la plus entière liberté de les suivre. Assurée de n'être pas désavouée par M. Récamier, elle attendit avec plus de tranquillité le retour de Fouché.

De quelque précaution oratoire qu'elle enveloppât son refus, quelque reconnaissance qu'elle exprimât, Mme Récamier ne put adoucir pour Fouché le dépit de voir son plan renversé. Il changea de visage, et, emporté par la colère, éclata en reproches contre les amis de Juliette, et surtout contre Mathieu de Montmorency, qu'il accusait avoir contribué à préparer cet *outrage* à l'empereur. Il fit un morceau contre *la caste nobiliaire* pour laquelle, ajouta-t-il, *l'empereur avait une indulgence fatale*, et il quitta Clichy pour n'y plus revenir.

Mme Récamier n'eut à partir de ce moment aucun rapport de société avec Fouché. Huit ans plus tard, en 1813, elle se retrouva à Terracine, avec le duc d'Otrante, sur la route de Naples; je raconterai dans quelle circonstance.

L'impression pénible que cette basse négociation avait produite sur l'esprit de la belle Juliette ne tarda pas à s'effacer, et elle crut que puisqu'elle consentait à l'oublier, nul n'avait le droit d'en conserver du ressentiment.

Jamais sa vie mondaine n'avait été plus brillante, jamais les affaires de M. Récamier n'avaient paru plus prospères et n'avaient été plus étendues; le crédit de sa maison était immense, et il occupait sans contestation le premier rang parmi les financiers de l'époque; pourtant cette existence si riche et si animée était loin de faire le bonheur de celle à laquelle on l'enviait. Les affections qui sont la véritable félicité et la vraie dignité de la femme lui manquaient : elle n'était ni épouse ni mère, et son cœur désert, avide de tendresse et de dévouement, cherchait un aliment à ce besoin d'aimer dans les hommages d'une admiration passionnée dont le langage plaisait à ses oreilles.

A propos de la sorte d'isolement dans lequel s'était écoulé sa vie, M. Ballanche lui écrivait un jour, dans le langage mystique dont il revêtait habituellement sa pensée :

« Ce qu'il y a eu de séparé dans votre existence
« n'est pas ce qui vous eût le mieux convenu, si
« vous en aviez eu le choix. Le phénix, oiseau mer-
« veilleux, mais solitaire, s'ennuyait beaucoup, dit-
« on. Il se nourrissait de parfums et vivait dans la
« région la plus pure de l'air; et sa brillante existence
« se terminait sur un bûcher de bois odoriférants,
« dont le soleil allumait la flamme. Plus d'une fois,
« sans doute, il envia le sort de la blanche colombe,
« parce qu'elle avait une compagne semblable à elle.

« Je ne veux point vous faire meilleure que vous
« n'êtes : l'impression que vous produisez, vous la
« sentez vous-même, vous vous enivrez des parfums
« que l'on brûle à vos pieds. Vous êtes ange en beau-
« coup de choses, vous êtes femme en quelques-unes. »

En l'absence d'une réalité à laquelle ses principes, sa pureté, le rigide sentiment du devoir
ne lui permettaient pas de s'abandonner, Mme Récamier en poursuivait le fantôme dans les passions
qu'elle inspirait. L'effet ordinaire de la coquetterie
chez les femmes, c'est l'aridité du cœur, et elle
donne presque toujours le droit de les supposer
égoïstes; pour Mme Récamier, il entrait dans son
désir de plaire bien plus d'envie d'être aimée que
d'être admirée, et la bonté, la sympathie de son
cœur étaient si sincères, que tous les hommes qui
furent épris d'elle et dont elle repoussa les vœux,

loin de lui garder rancune, devinrent pour elle autant d'amis inaltérablement dévoués. Au reste, Mᵐᵉ Récamier trouvait dans la charité des satisfactions plus réelles, plus dignes de son âme élevée que ne pouvaient lui en fournir les dangereux succès de sa beauté.

Sa générosité était sans bornes, et ce n'était pas seulement de son argent qu'elle faisait aumône ; tout malheureux avait droit à son intérêt : sa grâce, sa politesse la suivaient dans ses rapports avec les plus humbles, les plus rebutantes misères. Elle donnait beaucoup, et elle faisait beaucoup donner ; elle employait tous les moyens d'influence et de crédit qui s'attachent à une grande existence, à secourir des infortunes, à protéger des gens sans appui. C'était le seul moyen, disait-elle, de rendre les petits devoirs de la société supportables que de les utiliser ainsi ; il fallait faire du monde non point un *but*, mais un *moyen*.

Aidée par les conseils de M. et de Mᵐᵉ de Gérando, si experts dans la pratique de la charité, elle avait fondé, sur la paroisse de Saint-Sulpice, au temps de l'opulence de M. Récamier, une école de jeunes filles qui devint bientôt si nombreuse que les seules ressources de la charité privée ne pouvaient la soutenir. On eut recours aux souscriptions.

La lettre que Mᵐᵉ de Gérando écrivait à la belle Juliette, alors à Auxerre auprès Mᵐᵉ de Staël, pour lui rendre compte de l'état de l'école, ne semblera pas, je crois, dépourvue d'intérêt.

« Paris, ce 13 octobre 1806.

« On m'avertit, chère amie, qu'Eugène[1] part à l'instant; j'en profite pour vous remercier de votre bonne lettre et vous dire ce que nous avons fait pour nos pauvres enfants. On m'a remis les douze cents francs; j'en ai payé deux mois de nourriture, le quartier des maîtresses, celui du loyer.

« Mon mari a écrit lui-même à nombre de personnes de sa connaissance pour leur proposer à chacune une souscription de cent écus par an, que la plupart ont acceptée.

« En voici la liste, en y joignant ceux sur lesquels nous comptons encore. Je mets en tête ceux qui sont déjà engagés.

« Mathieu de Montmorency........ 300 fr.
« Scipion Périer................ 300
« Doumerc.................... 300
« Mme Michel.................. 300
« Nous....................... 300
« M. de Champagny (2 souscript.). 600
« Le ministre de l'intérieur........ 300
                                 ─────
                                 2,400 fr.

---

1. Le valet de chambre de Mme de Staël.

« Nous comptons encore :

« Sur Mme de Staël.............   300 fr.
« M. de Dalberg................   300
« Mme Clarke   300
« M. Ternaux   300

« Mon mari vous prie maintenant de voir avec Mme de Staël dans les personnes de votre société quelles sont celles qui accepteraient une de ces souscriptions de cent écus, et nous aurons alors le bonheur de n'abandonner aucune des enfants dont nous nous sommes chargés dès l'origine, ce qui fait avec celles qui sont déjà sorties et placées plus de soixante individus qui vous devront leur moralité, leurs talents et leur pain. Cette pensée, chère amie, console de bien des peines et de bien des injustices, elle donne le courage de continuer sans s'embarrasser des jugements humains.

« J'écrirai à Mme de Staël au premier jour; je veux la remercier de ses bontés.

« Adieu, mon amie, donnez-moi de vos nouvelles et que je n'ignore rien de ce qui vous intéresse ni de vos desseins.

« Annette de Gérando. »

Aux souscriptions de cent écus, Mme Récamier

ajoutait des dons qu'on n'osait refuser à sa gracieuse tyrannie.

L'amiral Decrès lui envoyait mille francs avec ce billet.

21 mars.

« J'obéis, Madame, à vos ordres, et j'envoie mille francs à vos trop heureuses pupilles. Mais j'observerais que vous m'avez taxé comme un fermier général, si le bonheur de faire quelque chose qui vous est agréable n'effaçait pas le sentiment de ce léger sacrifice.

« Je mets à vos pieds mes hommages et ma personne.

« Decrès. »

Un samedi de l'automne de cette même année 1806, M. Récamier vint trouver sa jeune femme; sa figure était bouleversée, et il semblait méconnaissable. Il lui apprit que, par suite d'une série de circonstances, au premier rang desquelles il plaçait l'état politique et financier de l'Espagne et de ses colonies, sa puissante maison de banque éprouvait un embarras qu'il espérait encore ne devoir être que momentané. Il aurait suffi que la Banque de France fût autorisée à avancer un million à la maison Récamier, avance en garantie de laquelle on donnerait de très-bonnes valeurs, pour que les affaires suivissent leur cours heureux et régulier; mais si ce prêt d'un million n'était pas autorisé par le gouvernement, le lundi suivant, quarante-huit heures après le moment où M. Récamier faisait à sa femme l'aveu de sa situation, on serait contraint de suspendre les paiements.

Dans cette terrible alternative, tout l'optimisme de M. Récamier l'avait abandonné. Il avait compté sur l'énergie de sa jeune compagne et lui demanda de faire sans lui, dont l'abattement serait trop visible, le lendemain dimanche les honneurs d'un grand dîner qu'il importait de ne pas contremander afin de ne pas donner l'alarme sur la position où l'on se trouvait. Quant à lui, plus mort que vif, il allait partir pour la campagne où il resterait jusqu'à ce que la réponse de l'empereur fût connue. Si elle était favorable, il reviendrait; si elle ne l'était point, il laisserait s'écouler quelques jours et s'apaiser la première explosion de la surprise et de la malveillance.

Ce fut un rude coup et un terrible réveil qu'une communication de ce genre pour une personne de vingt-cinq ans. Depuis sa naissance, Juliette avait été entourée d'aisance, de bien-être, de luxe : mariée encore enfant à un homme dont la fortune était considérable, on ne lui avait jamais non-seulement *demandé*, mais jamais *permis* de s'occuper d'un détail de ménage ou d'un calcul d'argent. Sa toilette et ses bonnes œuvres formaient sa seule comptabilité : grâce à la simplicité extrême qu'elle mettait dans l'élégance de son ajustement, si ses charités étaient considérables, elles ne dépassèrent jamais la somme mise chaque mois à sa disposition.

Après le premier étourdissement que ne pouvait manquer de lui causer la nouvelle qu'elle recevait, Juliette, rassemblant ses forces et envisageant ses nouveaux devoirs, chercha à rendre un peu de courage à M. Récamier, mais vainement. L'anxiété de sa situation, la pensée de l'honneur de son nom compromis, la ruine possible de tant de personnes dont le sort dépendait du sien, c'étaient là des tortures que son excellente et faible nature n'était pas capable de surmonter ; il était anéanti. M. Récamier partit pour la campagne dans le paroxysme de l'inquiétude. Le grand dîner eut lieu, et nul, au milieu du luxe qui environnait cette belle et souriante personne, ne put deviner l'angoisse que cachait son sourire et sur quel abîme était placée la maison dont elle faisait les honneurs avec une si complète apparence de tranquillité. Mme Récamier a souvent répété depuis qu'elle n'avait cessé pendant toute cette soirée de se croire la proie d'un horrible rêve, et que la souffrance morale qu'elle endura était telle que les objets matériels eux-mêmes prenaient, aux yeux de son imagination ébranlée, un aspect étrange et fantastique.

Le prêt d'un million qui semblait une chose si naturelle fut durement refusé, et le lundi matin les bureaux de la maison de banque ne s'ouvrirent point aux paiements.

Mᵐᵉ Récamier ne se dissimula point que la malveillance et le ressentiment personnel de l'empereur à son égard avaient contribué au refus du secours qui aurait sauvé la maison de son mari. Elle accepta sans plaintes, sans ostentation, avec une sereine fermeté le bouleversement de sa fortune, et montra dans cette cruelle circonstance une promptitude et une résolution qui ne se démentirent dans aucune des épreuves de sa vie.

Le retentissement de cette catastrophe fut immense : un grand nombre de maisons secondaires se trouvèrent entraînées dans la chute de la puissante maison à laquelle leurs opérations étaient liées. M. Récamier fit à ses créanciers l'abandon de tout ce qu'il possédait, et reçut d'eux un témoignage honorable de leur confiance et de leur estime : il fut mis par eux à la tête de la liquidation de ses affaires. Sa noble et courageuse femme fit vendre jusqu'à son dernier bijou. On se défit de l'argenterie, l'hôtel de la rue du Mont-Blanc fut mis en vente ; et comme il pouvait ne pas se présenter immédiatement un acquéreur pour un immeuble de cette importance, Mᵐᵉ Récamier quitta son appartement et ne se réserva qu'un petit salon au rez-de-chaussée dont les fenêtres ouvraient sur le jardin. Le grand appartement fut loué meublé au prince Pignatelli, puis au comte Palffy, et enfin vendu le 1ᵉʳ septembre 1808 à M. Mosselmann.

Il faut faire honneur à la société française en rappelant de quels hommages elle entoura une infortune si peu méritée. Mᵐᵉ Récamier se vit l'objet de l'intérêt et du respect universels; on assiégeait sa porte, et chacun, en s'y inscrivant, voulait s'honorer de sa sympathie pour un revers éclatant noblement supporté. Mᵐᵉ de Staël écrivait à Mᵐᵉ Récamier dans cette circonstance :

« Genève, 17 novembre 1806.

« Ah! ma chère Juliette, quelle douleur j'ai éprouvée par l'affreuse nouvelle que je reçois! que je maudis l'exil qui ne me permet pas d'être auprès de vous, de vous serrer contre mon cœur!

« Vous avez perdu tout ce qui tient à la facilité, à l'agrément de la vie, mais s'il était possible d'être plus aimée, plus intéressante que vous ne l'étiez, c'est ce qui vous serait arrivé. Je vais écrire à M. Récamier que je plains et que je respecte. Mais dites-moi, serait-ce un rêve que l'espérance de vous recevoir ici cet hiver? si vous vouliez, trois mois passés dans un cercle étroit où vous seriez passionnément soignée..... Mais à Paris aussi vous inspirez ce sentiment. Enfin, au moins, à Lyon ou jusqu'à mes *quarante lieues*, j'irai pour vous voir, pour vous embrasser, pour vous dire que je me suis senti pour vous plus de tendresse que pour aucune femme que j'aie jamais connue. Je ne sais rien vous dire comme consolation, si ce n'est que vous serez aimée et considérée plus que jamais et que les admirables traits de votre générosité et de votre bienfaisance seront connus malgré vous par ce malheur, comme ils ne l'auraient jamais été sans lui.

« Certainement en comparant votre situation à ce qu'elle était, vous avez perdu ; mais s'il m'était possible d'envier ce que j'aime, je donnerais bien tout ce que je suis pour être vous. Beauté sans égale en Europe, réputation sans tache, caractère fier et généreux, quelle fortune de bonheur encore dans cette triste vie où l'on marche si dépouillé ! Chère Juliette, que notre amitié se resserre, que ce ne soit plus simplement des services généreux qui sont tous venus de vous, mais une correspondance suivie, un besoin réciproque de se confier ses pensées, une vie ensemble. Chère Juliette, c'est vous qui me ferez revenir à Paris, car vous serez toujours une personne toute-puissante, et nous nous verrons tous les jours, et comme vous êtes plus jeune que moi, vous me fermerez les yeux, et mes enfants seront vos amis. Ma fille a pleuré ce matin de mes larmes et des vôtres. Chère Juliette, ce luxe qui vous entourait, c'est nous qui en avons joui, votre fortune a été la nôtre, et je me sens ruinée parce que vous n'êtes plus riche. Croyez-moi, il reste du bonheur quand on sait se faire aimer ainsi. Benjamin veut vous écrire, il est bien ému. Mathieu m'écrit sur vous une lettre bien touchante. Chère amie, que votre cœur soit calme au milieu de ces douleurs; hélas! ni la mort ni l'indifférence de vos amis ne vous menacent, et voilà les blessures éternelles. Adieu, cher ange, adieu. J'embrasse avec respect votre visage charmant.

« Necker de Stael-Holstein[1]. »

Junot, duc d'Abrantès, qui professait pour la belle Juliette une amitié très-exaltée, vint peu de temps après passer quelques jours à Paris. Témoin de la catastrophe qui frappait une victime si inoffensive, et en même temps de la sympathie vive et respectueuse qu'elle excitait, il rejoignit l'empereur en Allemagne. Encore ému de ce qu'il avait vu et de ce qu'il ressentait lui-même, il en parla à Napoléon avec détail; celui-ci l'interrompant d'un ton d'humeur : « On ne rendrait pas tant d'hommages, dit-il, à la veuve d'un maréchal de France, mort sur le champ de bataille! »

Bernadotte était aussi en Allemagne au moment

---

1. Cette lettre a été déjà publiée dans les *Mémoires d'Outre-Tombe*

où ces revers de fortune atteignirent Mme Récamier ; il lui écrivait :

LE MARÉCHAL BERNADOTTE A Mme RÉCAMIER.

« Une foulure à la main droite m'a d'abord empêché de répondre à votre lettre. A peine étais-je remis que les opérations ont recommencé ; j'ai été frappé d'une balle à la tête ; cette blessure m'a retenu un mois dans mon lit.

« Je suis loin de mériter les reproches que vous me faites ; le général Junot peut être mon témoin. J'appris le commencement de vos malheurs par lui, la veille de la bataille d'Austerlitz[1] ; je le quittai à onze heures du soir en l'assurant qu'en rentrant à mon bivouac j'allais vous écrire ; il me chargea de mille choses pour vous : la tête et le cœur remplis de votre position, je vous peignis toute la peine que me causait le renversement de votre fortune. En vous parlant, en m'occupant de vous, je pensais que je devais contribuer, au crépuscule du jour, à décider du sort du monde ; ma lettre fut recommandée à la poste, elle a dû vous être remise. Quand l'amitié, la tendresse et la sensibilité enflamment une âme aimante, tout ce qu'elle exprime est profondément

---

1. La mémoire du maréchal le trompe : c'est d'Iéna qu'il voulait parler.

senti. Je n'ai pas cessé depuis de vous adresser mes vœux et mes souhaits, et, quoique né pour vous aimer toujours, je n'ai pas dû hasarder de vous fatiguer par mes lettres. Adieu ; si vous pensez encore à moi, songez que vous êtes ma principale idée et que rien n'égale les tendres et doux sentiments que je vous ai voués.

« BERNADOTTE. »

C'est aussi à dater de ce renversement de sa fortune que la liaison très-agréable, mais sans intimité, qui existait entre Mme Récamier et Mme la comtesse de Boigne devint pour l'une et pour l'autre une affection véritable. Mme de Boigne, plus jeune de quelques années, était depuis trois ou quatre ans seulement fixée à Paris avec son père et sa mère, le marquis et la marquise d'Osmond ; elle avait épousé, en Angleterre où ses parents avaient émigré, le général de Boigne qui revenait des Indes où il avait acquis une fortune colossale. Mme de Boigne avait une beauté éminemment distinguée ; elle était blonde, et sa soyeuse chevelure de la plus belle nuance cendrée eût enveloppé jusqu'aux pieds sa délicate personne. Elle était excellente musicienne ; sa voix était si étendue et si brillante que j'ai entendu Mme Récamier la comparer à celle de Mme Catalani.

Malgré les grandes qualités qui se rencontrèrent dans le caractère du général de Boigne et qui ont fait de lui le bienfaiteur généreux et intelligent de Chambéry, sa ville natale, la rudesse des mœurs et la vulgarité des habitudes de ce nabab ne devaient guère convenir à la compagne qu'il s'était donnée et qu'il avait choisie d'un sang et d'un rang trop différents du sien. D'un commun consentement, Mme de Boigne vivait à Paris avec ses parents et ne passait en Savoie que quelques semaines chaque année. Sa naissance, ses relations, ses goûts, les traditions de sa famille la plaçaient tout naturellement et beaucoup plus exclusivement que Mme Récamier dans la société de l'opposition. Avant de se lier avec elle d'une amitié qui devint étroite, Mme Récamier avait pour sa personne et pour sa société un goût réel : elle aimait cet esprit solide et charmant, cette malice pleine de raison, la parfaite distinction de ses manières et jusqu'à cette légère mesure de dédain qui rendaient sa bienveillance un peu exclusive et son suffrage plus flatteur.

La dignité sans ostentation, le courage simple que dans des circonstances pénibles montrait une personne que tant d'hommages avaient environnée sans la gâter, firent sur Mme de Boigne une impression profonde ; elle se rapprocha de plus en plus de Mme Récamier, et le cœur de celle-ci, vivement touché d'un intérêt aussi délicat, y répondit par un sentiment très-affectueux. La nature de Mme de Boigne était moins tendre, mais elle était aussi fidèle que celle de sa nouvelle amie, et la mort seule a rompu le lien d'affection qui tant d'années les unit l'une à l'autre.

Une autre amitié, non moins chère, non moins constante, datait aussi, pour Mme Récamier, de cette pénible époque des revers de fortune. Un jeune auditeur au conseil d'État, devenu depuis un de nos plus célèbres historiens, M. Prosper de Barante, n'avait point été jusque-là présenté à la belle et brillante personne dont il entendait vanter partout l'irrésistible séduction. Tant d'éclat et de bruit, loin de l'attirer, lui causait un peu d'effroi ; et ce ne fut qu'après la perte de la fortune de Mme Récamier qu'il sollicita de la connaître. Admis dans le cercle intime et choisi dont elle s'entourait au sein de la retraite que lui imposaient ces douloureuses circonstances, M. de Barante put apprécier, non-seulement sa beauté tant célébrée, mais la grâce de son esprit et la candeur de son âme.

Mme Récamier, accoutumée à vivre avec des intelligences supérieures et juge fort délicat de l'agrément de la conversation, fut extrêmement frappée de celle de M. de Barante. La droiture et la noblesse des sentiments de ce jeune homme, le mouvement plein de chaleur, de naturel et de finesse de son esprit, lui inspirèrent une sympathie très-vive. Elle aimait à se rappeler cette apparition dans sa société de celui qui devait y tenir une place importante, et dont l'amitié fut aussi tendre que durable.

La perte d'une grande position de fortune n'était pas le seul et ne fut pas le plus cruel chagrin dont Mme Récamier devait être frappée dans l'espace de quelques mois. Déjà depuis près d'une année la santé de Mme Bernard était gravement atteinte; une douloureuse maladie la retenait étendue, et réclamait des soins de tous les moments, surtout un calme d'esprit absolu. Juliette aimait sa mère avec idolâtrie, mais sa tendresse même contribuait à lui faire illusion sur le danger de souffrances qui la préoccupaient sans cesse. Mme Bernard mettait d'ailleurs une force d'âme singulière à entretenir des illusions et des espérances que peut-être elle n'avait plus. Chaque jour elle se faisait habiller et parer, et on la portait de son lit sur une chaise longue où, pour quelques heures, elle recevait encore un certain nombre de visites. La ruine de M. Récamier porta le coup mortel à Mme Bernard : elle succomba le 20 janvier 1807, trois mois après la catastrophe qui avait détruit la brillante existence de sa fille.

M. de Montmorency adressait, dans ce triste moment, le billet suivant à Mme Récamier.

« Ce jeudi, 22 janvier.

« Mon premier mouvement a été de passer hier chez vous. Je n'ai pas osé insister à la porte. J'ai respecté le besoin de solitude qu'avait votre douleur. Je sais comme elle a été vive, je sens comme elle est naturelle. Vous êtes bien sûre que je la partage, que je m'y associe du fond de l'âme; mais ne rejetez pas une consolation digne de vous, une de ces consolations qui restent encore après les premiers moments : c'est le touchant exemple de piété que nous a donné celle que vous pleurez, et qui permet tant d'espérance sur son bonheur.

« Croyez bien dans cette triste occasion à mon vrai et profond sentiment. J'irai encore ce soir essayer de vous l'exprimer, si vous voulez me recevoir, et si je ne suis pas assez enroué pour ne pas pouvoir parler.

« Il serait bien bon de me faire donner un mot de vos nouvelles.

« MATHIEU. »

Elle recevait aussi de Mme de Staël ce mot plein d'émotion.

24 janvier.

« Chère amie, combien je souffre de votre malheur ! combien je souffre de ne pas vous voir ! n'est-il donc pas possible que je vous voie et faut-il donc que ma vie se passe ainsi ? Je ne sais rien dire ; je vous embrasse et je pleure avec vous. »

LIVRE II

Mme Récamier passa les six premiers mois du deuil de sa mère dans une profonde retraite, et la vivacité de ses regrets semblait atteindre sa santé. Elle consentit pourtant à partir, au milieu de l'été, pour Coppet, où elle fut reçue par Mme de Staël avec une enthousiaste amitié.

Genève comptait alors un hôte illustre : le prince Auguste de Prusse, neveu du grand Frédéric, fait prisonnier le 6 octobre 1806, au combat de Saalfeld, où son frère aîné le prince Louis avait été tué.

Sa grande jeunesse (il n'avait que vingt-quatre ans), la noblesse de ses traits et de sa tournure empruntaient aux malheurs de son pays et de sa maison, au deuil héroïque du frère auprès duquel il avait vaillamment combattu, à sa situation présente, une auréole d'intérêt et de respect.

Le prince Auguste, présenté à Mme de Staël, accepta avec reconnaissance l'hospitalité qu'elle lui offrit au château de Coppet, et il ne tarda pas à devenir éperdument épris de Mme Récamier.

Le prince Auguste était remarquablement beau, brave, chevaleresque; à l'ardeur passionnée de ses sentiments, se joignaient une loyauté et une sorte de candeur toutes germaniques. Les revers et les humiliations subis par son pays n'avaient fait que le pénétrer d'un patriotisme plus vif. On peut dire qu'il consacra sa vie entière à la gloire de la Prusse, et mit dans l'accomplissement de ses devoirs militaires un dévouement et une ténacité qui ne se démentirent jamais. La passion qu'il conçut pour l'amie de Mme de Staël était extrême; protestant et né dans un pays où le divorce est autorisé par la loi civile et par la loi religieuse, il se flatta que la belle Juliette consentirait à faire rompre le mariage qui faisait obstacle à ses vœux, et il lui proposa de l'épouser. Trois mois se passèrent dans les enchantements d'une passion dont Mme Récamier était vivement touchée, si elle ne la partageait pas. Tout conspirait en faveur du prince Auguste : l'imagination de Mme de Staël, facilement séduite par tout ce qui était poétique et singulier, faisait d'elle un auxiliaire éloquent de l'amour du prince étranger; les lieux eux-mêmes, ces belles rives du lac de Genève toutes peuplées de fantômes romanesques, étaient bien propres à égarer la raison.

Mme Récamier était émue, ébranlée : elle accueillit un moment la proposition d'un mariage, preuve insigne, non-seulement de la passion, mais de l'estime d'un prince de maison royale fortement pénétré des prérogatives et de l'élévation de son rang. Une promesse fut échangée. La sorte de lien qui avait uni la belle Juliette à M. Récamier était de ceux que la religion catholique elle-même proclame nuls. Cédant à l'émotion du sentiment qu'elle inspirait au prince Auguste, Juliette écrivit à M. Récamier pour lui demander la rupture de leur union. Il lui répondit qu'il consentirait à l'annulation de leur mariage si telle était sa volonté, mais faisant appel à tous les sentiments du noble cœur auquel il s'adressait, il rappelait l'affection qu'il lui avait portée dès son enfance, il exprimait même le regret d'avoir respecté des susceptibilités et des répugnances sans lesquelles un lien plus étroit n'eût pas permis cette pensée de séparation; enfin il demandait que cette rupture de leur lien, si Mme Récamier persistait dans un tel projet, n'eût pas lieu à Paris, mais hors de France où il se rendrait pour se concerter avec elle.

Cette lettre digne, paternelle et tendre, laissa quelques instants Mme Récamier immobile : elle revit en pensée ce compagnon des premières années de sa vie dont l'indulgence, si elle ne lui avait pas donné le bonheur, avait toujours respecté ses sentiments et sa liberté; elle le revit vieux, dépouillé de la grande fortune dont il avait pris plaisir à la faire jouir, et l'idée de l'abandon d'un homme malheureux lui parut impossible. Elle revint à Paris à la fin de l'automne ayant pris sa résolution, mais n'exprimant pas encore ouvertement au prince Auguste l'inutilité de ses instances. Elle compta sur le temps et l'absence pour lui rendre moins cruelle la perte d'une espérance à l'accomplissement de laquelle il allait travailler avec ardeur en retournant à Berlin : car la paix lui avait rendu sa liberté, et le roi de Prusse le rappelait auprès de lui. Mme de Staël alla passer l'hiver à Vienne.

Le prince Auguste retrouvait son pays occupé par l'armée française, son père, le prince Ferdinand, vieux et malade, plus accablé encore par la douleur que lui causaient la perte de son fils Louis et la situation de la Prusse que par le poids des années. Le jeune prince lui-même, tout pénétré qu'il fût du sentiment des malheurs publics, n'en était point distrait de sa passion pour Juliette : une correspondance suivie, fréquente, venait rappeler à la belle Française *ses serments* et lui peignait dans un langage touchant par sa parfaite sincérité un amour ardent que les obstacles ne faisaient qu'irriter. Le sentiment amer des humiliations de son pays se mêle aux expressions de sa tendresse; il sollicite l'accomplissement des promesses échangées, et demande avec instance, avec prière, une occasion de se revoir.

Mme Récamier, peu de temps après son retour à Paris, fit parvenir son portrait au prince Auguste.

Il lui écrit le 24 avril 1808.

« J'espère que ma lettre n° 31 vous est déjà parvenue; je n'ai pu que vous exprimer bien faiblement le bonheur que votre dernière lettre m'a fait éprouver, mais elle vous donnera une idée de la sensation que j'ai ressentie en la lisant et en recevant votre portrait. Pendant des heures entières, je regarde ce portrait enchanteur, et je rêve un bonheur qui doit surpasser tout ce que l'imagination peut offrir de plus délicieux. Quel sort pourrait être comparé à celui de l'homme que vous aimerez?

« Vous aurez vu par ma lettre précédente avec quelle impatience j'attends votre réponse qui déterminera mon départ pour Aix-la-Chapelle. Je ne puis assez me louer de l'accueil flatteur avec lequel j'ai été reçu par mon parent[1], sa femme[2] et tous les amis que j'ai retrouvés ici. Après une absence de près de deux ans, j'ai enfin revu ma sœur[3]. Ce mo-

1. Le roi de Prusse.
2. La reine Louise.
3. La princesse Radziwill.

ment nous a rappelé de bien tristes souvenirs. Les malheurs domestiques viennent encore augmenter le chagrin que nous cause le malheur général. Ma sœur vient de perdre une fille charmante : l'amitié que je lui témoigne contribue un peu à la distraire de sa douleur ; elle est une des femmes les plus aimables que je connaisse, et je suis bien sûr qu'elle saurait vous apprécier autant que vous le méritez. Adieu, chère Juliette, l'espérance de vous revoir bientôt me rend extrêmement heureux. Je vous conjure de me répondre promptement.

« AUGUSTE. »

Il était difficile et peu prudent à un prince prussien de continuer une correspondance avec une femme, objet de la surveillance active d'une police ombrageuse. Le prince ne parle du roi de Prusse qu'en le nommant *mon parent, mon cousin*, de la reine Louise qu'en disant *la femme de mon cousin* ; le gouvernement prussien est *notre maison de commerce*. Dans une lettre où il veut annoncer le choix du comte de Hardenberg comme premier ministre, il dit : *Il s'est fait quelques changements avantageux dans notre négoce ; on a pris un premier commis très-bon, mais cela ne donne que des espérances encore éloignées.*

Mais tout en se flattant de semaine en semaine,

de mois en mois, qu'il pourra, ou s'aventurer sur le sol français, ou décider Mme Récamier à venir soit à Carlsbad, soit à Tœplitz en pays allemand, les impossibilités succèdent pour lui aux impossibilités; le roi de Prusse réclame la coopération active de son cousin aux affaires militaires de son royaume. Le roi de Prusse est à Erfurt, et le prince ne peut s'éloigner pendant son absence ; le roi s'oppose à ce qu'un prince de sa maison aille sur le territoire français courir le risque d'être traité en prisonnier.

Le prince Auguste, bourrelé d'inquiétudes, tomba malade; une affection grave, la rougeole, le mit dans un grand danger. Mme Récamier, de son côté, revenue dans sa famille, pesait avec plus de sang-froid et une raison plus libre toutes les chances, toutes les séductions, tous les inconvénients de l'avenir qui lui était offert. Pénétrée de la plus profonde reconnaissance pour la loyale tendresse et le dévouement du prince Auguste, elle sentait bien, en sondant son propre cœur, qu'elle ne répondrait qu'imparfaitement à l'ardeur des sentiments qu'elle inspirait, et sa délicatesse se troublait à la pensée d'accepter un aussi considérable sacrifice d'un homme auquel elle ne rendrait pas en échange un attachement égal au sien. Ses scrupules religieux, que le langage d'une passion profonde ne faisait point taire en présence du prince, s'étaient fortifiés par la réflexion; l'effet de la rupture de son mariage sur le public l'épouvantait, et l'idée de quitter à jamais son pays ne lui causait pas moins d'effroi.

Elle écrivit donc au prince Auguste une lettre qui devait lui ôter toute espérance. « J'ai été frappé de « la foudre en recevant votre lettre, » lui répondit-il ; mais il n'accepta pas cet arrêt, ou du moins, il réclama le droit de revoir Juliette une dernière fois.

Quatre années s'étaient écoulées ainsi, lorsqu'en 1811 il obtint enfin de Mme Récamier un rendez-vous pour l'automne à Schaffhouse ; mais des circonstances plus fortes que la volonté humaine ne permirent point que l'entrevue projetée se réalisât : l'exil frappa Mme Récamier à son arrivée à Coppet. Le prince, qui l'avait vainement attendue, retourna en Prusse, profondément blessé de ce qu'il prenait pour un manque de foi. Il était venu en Suisse sans autorisation du roi, et écrivait à Mme de Staël dans son indignation : « Enfin j'espère que ce trait me « guérira du fol amour que je nourris depuis quatre « ans. » Mais bientôt instruit de la persécution qu'on faisait subir à Mme Récamier, il se hâta de lui écrire :

« Berne, le 26 septembre 1811.

« Je viens d'apprendre par M. Schlegel que vous avez été exilée à quarante lieues de Paris, et j'ai été sensiblement touché de la peine que vous devez éprouver d'être séparée de presque tous vos amis. Si je pouvais suivre le penchant de mon cœur, je volerais auprès de vous pour tâcher d'adoucir votre peine en la partageant avec vous. Mais vous savez qu'un devoir, qui me paraît en ce moment plus que jamais difficile à remplir, me retient malheureusement loin de vous. Après quatre années d'absence, j'espérais enfin vous revoir, et cet exil semblait vous fournir un prétexte pour aller en Suisse; mais vous avez cruellement trompé mon attente. Ce que je ne puis concevoir, c'est que, ne pouvant ou ne voulant pas me revoir, vous n'ayez pas même daigné m'avertir, et m'épargner la peine de faire inutilement une course de trois cents lieues. Je pars demain pour les hautes montagnes de l'Oberland et des Petits Cantons; la nature sauvage de ces pays sera d'accord avec la tristesse de mes pensées dont vous êtes toujours l'unique objet. Si vous daignez enfin répondre à mes lettres, je vous prie d'adresser votre réponse à la ville que j'habite ordinairement et où je compte retourner bientôt. »

Le prince Auguste ne cessa point de correspondre avec Mme Récamier jusqu'à l'époque où il la revit à Paris, lorsqu'il vint dans cette ville avec les armées alliées en 1815. Il commandait alors l'artillerie prussienne, et, sur sa route militaire, tout en faisant successivement le siége de Maubeuge, de Laudrécies, de Philippeville, de Givet et de Longwy, il ne manquait pas de lui écrire, au pied de chacune de ces places et de son quartier général, des billets tout remplis de passion et de patriotisme prussien.

« Je commande, » lui mande-t-il, le 8 juillet 1815, de la tranchée auprès de Maubeuge, « je commande
« le corps prussien et les troupes alliées allemandes
« qui sont chargées d'assiéger et de faire le blocus
« de neuf forteresses entre la Meuse et la Sambre.
« Cette nuit j'ouvre la tranchée devant Maubeuge,
« et dans dix-huit à vingt jours j'en serai le maître,
« en supposant que le commandant fasse la résis-
« tance la plus opiniâtre. L'espoir de vous revoir
« plus tôt sera pour moi un bien puissant motif
« d'accélérer le siége. » Toute l'amitié de Mme Récamier pour son fidèle et généreux adorateur ne suffisait pas à lui faire pardonner l'incroyable galanterie avec laquelle il mettait aux pieds de la personne assurément la plus pénétrée du sentiment national toutes les forteresses françaises dont, en pleine trêve, s'emparait l'armée étrangère.

Le prince Auguste revit encore Mme Récamier à Aix-la-Chapelle, puis à Paris en 1818; son dernier voyage en France eut lieu en 1825. Il vit donc la personne qu'il avait aimée dans la retraite qu'elle s'était choisie à l'Abbaye-aux-Bois. C'est en 1818 que le prince Auguste de Prusse commanda à Gérard le tableau de Corinne.

On s'était d'abord adressé à David pour lui demander un tableau dont le sujet serait emprunté au roman de Mme de Staël. Mme Récamier lui avait écrit, et David avait accepté cette mission avec empressement ; voici la lettre qu'il lui adressait :

DAVID A M^de RÉCAMIER.

« Bruxelles, ce 14 septembre 1818.

« Madame,

« J'ai reçu les deux lettres que vous m'avez fait l'honneur de m'écrire, mais, avant de répondre à votre dernière, je voulais vous donner une réponse positive. Je me suis occupé, comme je vous l'ai dit, de relire le roman de *Corinne;* au milieu de tant de passages intéressants qu'offre ce bel ouvrage, celui du couronnement de Corinne au Capitole m'a paru le plus propre à remplir le but que se proposent les amis de Mme la baronne de Staël.

« D'après cette idée, j'ai jeté sur le papier un aperçu de la composition et du développement qu'il faudrait lui donner pour qu'elle fût, comme vous en avez l'intention, un monument élevé à la mémoire de cette femme célèbre.

« Le tableau, d'après mes idées, ne peut pas avoir moins de quinze pieds de long sur douze de hauteur; les figures doivent être grandes comme nature, et en assez grand nombre pour donner l'imposant aspect d'un triomphe.

« Il me faudra dix-huit mois pour l'exécuter; le prix serait de quarante mille francs, payable de la manière que vous avez indiquée vous-même dans votre première lettre.

« Si les amis de Mᵐᵉ de Staël approuvent ce que j'ai l'honneur de vous communiquer, je désirerais qu'on me procurât un bon portrait de cette illustre dame pour en faire la principale figure du tableau.

« D'après votre réponse, Madame, je pourrai m'en occuper au printemps prochain.

« J'ai l'honneur d'être, avec respect, Madame, votre très-humble serviteur,

« DAVID. »

Les dimensions que David voulait donner à ce tableau, le délai qu'il demandait avant de s'en occuper ne convinrent point au prince Auguste de Prusse, et ce fut Gérard qui fut définitivement chargé de l'exécuter.

Le prince en fit présent à Mᵐᵉ Récamier « comme d'un immortel souvenir du sentiment qu'elle lui avait inspiré et de la glorieuse amitié qui unissait Corinne et Juliette. » En échange de ce tableau,

Mme Récamier lui avait envoyé son portrait peint par Gérard. Le prince l'avait placé dans la galerie de son palais à Berlin, il ne s'en sépara qu'à sa mort. D'après ses dernières volontés, ce portrait fut renvoyé à Mme Récamier en 1843, et, dans la lettre que le prince lui écrivait trois mois avant sa mort, en pleine santé, mais comme frappé d'un pressentiment, se trouvent ces touchantes paroles : « L'anneau que « vous m'avez donné me suivra dans la tombe. »

L'empereur Napoléon, qui avait connu par des rapports de police les projets de mariage du prince Auguste avec Mme Récamier, s'en souvint à Sainte-Hélène.

Voici ce qu'on lit dans le *Mémorial* :

« Dans les causeries du jour, l'empereur est re-
« venu encore à Mme de Staël, sur laquelle il n'a
« rien dit de neuf. Seulement il a parlé de lettres
« vues par la police, et dont Mme Récamier et un
« prince de Prusse faisaient tous les frais. . . . .
« Le prince, malgré les obstacles que lui opposait
« son rang, avait conçu la pensée d'épouser l'amie
« de Mme de Staël, et la confia à celle-ci, dont
« l'imagination poétique saisit avidement un projet
« qui pouvait répandre sur Coppet un éclat roma-
« nesque. Bien que le jeune prince fût rappelé à
« Berlin, l'absence n'altéra point ses sentiments ; il
« n'en poursuivit pas moins avec ardeur son projet

« favori; mais soit préjugé catholique contre le
« divorce, soit générosité naturelle, Mme Récamier
« se refusa constamment à cette élévation inat-
« tendue. »

Dans le courant de l'année 1808, Mme Récamier quitta l'hôtel de la rue du Mont-Blanc pour s'établir dans une maison plus petite, rue Basse-du-Rempart, 32, avec son mari, son père et le vieil ami de son père, M. Simonard.

Cette année et l'année suivante se passèrent pour elle entre Paris, Coppet et Angervilliers, où elle trouvait, chez la marquise de Catellan une amitié dévouée et toutes les distractions de l'esprit le plus original et le plus cultivé.

Mme de Staël écrivait alors son bel ouvrage *de l'Allemagne*, et, tout entière à ce travail, ne quitta point Coppet pendant ces deux années. Elle avait pour le théâtre et les représentations dramatiques un goût extrêmement prononcé, et, comme délassement à ses travaux littéraires, jouait, avec l'ardeur et l'entrain qu'elle mettait à toutes choses, la tragédie et la comédie. On représenta *Phèdre* à Coppet dans l'automne de 1809, et Mme de Staël fit accepter à Mme Récamier, dans cette pièce où elle jouait le rôle principal, le personnage d'*Aricie*. Mme Récamier était d'une timidité excessive, et elle ne consentit à paraître sur le théâtre de Coppet que par déférence pour le désir et les goûts de son amie. Le costume antique, la tunique blanche et le péplum, le bandeau d'or et de perles, seyaient à merveille à sa figure et à sa taille, mais elle n'eut dans le rôle d'*Aricie* qu'un succès de beauté et n'en conservait que le souvenir de la souffrance que cet essai des planches lui avait fait endurer.

L'été suivant, Mme de Staël, ayant achevé ses trois volumes sur *l'Allemagne* et voulant en surveiller l'impression, résolut de se rapprocher de Paris à la distance de quarante lieues qui lui était permise, et elle vint s'établir près de Blois dans le vieux château de Chaumont-sur-Loire, que le cardinal d'Amboise, Diane de Poitiers, Catherine de Médicis et Nostradamus ont habité. C'est en ces termes que Mme de Staël pressait sa belle amie de venir la retrouver.

Mme DE STAEL A Mme RÉCAMIER.

« Chère Juliette, le cœur me bat du plaisir de vous voir. Arrangez-vous pour me donner le plus de temps que vous pourrez; car je reste ici trois mois, et j'ai à vous parler pour trois ans. Invitez qui de vos amis ou des miens ne craint pas la solitude et l'exil. Je voudrais qu'un hasard amenât M. Lemontey de ce côté, je lui donnerais mon livre à lire. Talma ne serait-il pas libre de me donner quelques jours? Je voudrais que vous fussiez bien ici, mais si je retrouve ce qui me rendait si heureuse à Coppet, j'espère que vous ne vous ennuierez pas. Voulez-vous dire à M. Adrien [1] que j'ose me flatter de le voir et que je m'adresse à vous et à Mathieu pour appuyer mon désir. Il faut arriver à Écure (département de Loir-et-Cher), trois lieues plus loin que Blois, c'est aussi mon adresse pour les lettres : et là un petit bateau vous amènera dans le château de Catherine de Médicis, qui a fait encore plus de mal que vous. Dites-moi l'heure pour que j'aille vous chercher; il faut compter sur seize à dix-sept heures de route jusque-là, et le mieux serait peut-être d'aller coucher à Orléans et d'arriver ici pour dîner, cela vous fatiguerait moins. Je vous serre contre mon cœur. »

Mᵐᵉ Récamier, au retour des eaux d'Aix en Savoie, rejoignit en effet son amie dans cette pittoresque habitation, qui appartenait à M. Leray, lequel était alors en Amérique. Mais tandis que Mᵐᵉ de Staël occupait le château avec sa famille et ses amis, M. Leray revint des États-Unis, et la brillante colonie dut accepter l'hospitalité qui lui fut offerte par M. de Salaberry.

---

1. Adrien de Montmorency.

Mme Récamier s'était servi, pour faire son voyage de Touraine, d'une voiture que le comte de Nesselrode, alors premier secrétaire de l'ambassade de Russie, qu'elle voyait beaucoup ainsi que l'ambassadeur M. de Czernicheff, avait insisté pour lui prêter. Son absence s'étant prolongée un peu plus qu'elle ne l'avait présumé en partant, elle en avait adressé ses excuses à M. de Nesselrode qui lui répondit par le billet suivant :

M. DE NESSELRODE A Mme RÉCAMIER.

« Paris, ce 15 août 1810.

« Ce qui me convient le mieux, Madame, c'est de pouvoir vous être utile. Vous m'avez obligé en acceptant ma calèche; et vous m'obligez encore en la gardant tant que vous compterez vous en servir. Je n'en ai aucun besoin dans ce moment-ci, et je ne prévois pas qu'avant la fin de septembre je sois dans le cas d'en faire usage.

« Ce qui me dérange beaucoup plus, c'est la prolongation de votre absence, et, à cet égard, je vous en veux de nous avoir manqué de parole.

« Lorsque Mme de Boigne vous parle de Russes, ce n'est que du prince Tufiakin et de moi. Nous avons fait ensemble des courses à Beauregard. Le jeune Divoff est sur le point d'en faire une à Saint-Pétersbourg. Il espère être de retour dans trois mois. Je le chargerai de vos compliments pour Mme Tolstoï, qu'il verra probablement, car il compte pousser jusqu'à Moscou.

« Adieu, Madame, revenez-nous bientôt, Paris est très-maussade sans vous.

« Recevez l'expression de mes sincères et invariables sentiments.

« C. NESSELRODE. »

Mme de Staël raconte ainsi, dans les *Dix années d'exil*, cette dernière réunion de ses amis autour d'elle sur la terre française :

« Ne pouvant plus rester dans le château de
« Chaumont, dont les maîtres étaient revenus
« d'Amérique, j'allai m'établir dans une terre ap-
« pelée Fossé, qu'un ami généreux me prêta. Cette
« terre était l'habitation d'un militaire vendéen [1] qui
« ne soignait pas beaucoup sa demeure, mais dont la
« loyale bonté rendait tout facile et l'esprit original
« tout amusant. A peine arrivés, un musicien ita-
« lien, que j'avais avec moi pour donner des leçons
« à ma fille, se mit à jouer de la guitare; ma fille
« accompagnait sur la harpe la douce voix de ma
« belle amie Mme Récamier; les paysans se rassem-

1. Le comte de Salaberry.

« blaient autour des fenêtres, étonnés de voir cette
« colonie de troubadours, qui venaient animer la
« solitude de leur maître. C'est là que j'ai passé
« mes derniers jours de France avec quelques amis
« dont le souvenir vit dans mon cœur. Cette réunion
« si intime, ce séjour si solitaire, cette occupation
« si douce des beaux-arts, ne faisaient de mal à
« personne. Nous chantions souvent un charmant
« air qu'a composé la reine de Hollande et dont le
« refrain est : *Fais ce que dois, advienne que pourra.*
« Après dîner, nous avions imaginé de nous placer
« tous autour d'une table verte et de nous écrire au
« lieu de causer ensemble. Ces tête-à-tête variés
« et multipliés nous amusaient tellement que nous
« étions impatients de sortir de table où nous
« parlions, pour venir nous écrire. Quand il arrivait
« par hasard des étrangers, nous ne pouvions sup-
« porter d'interrompre nos habitudes, et *notre petite*
« *poste*, c'est ainsi que nous l'appelions, allait tou-
« jours son train.

« Un jour, un gentilhomme des environs, qui
« n'avait de sa vie pensé qu'à la chasse, vint pour
« emmener mes fils dans ses bois; il resta quelque
« temps assis à notre table active et silencieuse;
« Mme Récamier écrivit de sa jolie main un petit
« billet à ce gros chasseur pour qu'il ne fût pas
« trop étranger au cercle dans lequel il se trouvait.
« Il s'excusa de le recevoir, en assurant qu'à la

« lumière il ne pouvait pas lire l'écriture. Nous
« rîmes un peu du revers qu'éprouvait la bienfai-
« sante coquetterie de notre belle amie, et nous pen-
« sâmes qu'un billet de sa main n'aurait pas tou-
« jours eu le même sort. Notre vie se passait ainsi,
« sans que le temps, si j'en puis juger par moi,
« fût un fardeau pour personne. »

Dans les fragments conservés de cette *petite poste*
de Fossé, je trouve ce mot de Mme de Staël à Mme Récamier :

« Chère Juliette, ce séjour va finir; je ne conçois
« ni la campagne ni la vie intérieure sans vous. Je
« sais que certains sentiments ont l'air de m'être plus
« nécessaires, mais je sais aussi que tout s'écroule
« quand vous partez. Vous étiez le centre doux et
« tranquille de notre intérieur ici et rien ne tien-
« dra plus ensemble. Dieu veuille que cet été se
« renouvelle ! »

Après ces heureuses semaines qui avaient une
fois encore réuni autour de Mme de Staël Adrien et
Mathieu de Montmorency, le comte Elzéar de Sabran, M. de Barante, le comte de Balk, Benjamin
Constant et Mme Récamier, celle-ci retourna à Paris
où elle devait, ainsi qu'on le verra par une lettre de
M. de Montmorency, s'occuper de presser l'appro-

bation de la censure pour le tome troisième *de l'Allemagne*, dont l'impression était achevée comme celle des deux premiers volumes, déjà revêtus du visa des censeurs.

Mᵐᵉ de Staël alla passer quelques jours à la Forest, dans une terre de Mathieu, à peu de distance de Blois. Ce fut au retour de cette excursion qu'elle apprit que l'édition de son ouvrage sur *l'Allemagne* était, par l'ordre de la police, mise au pilon, et qu'elle reçut du duc de Rovigo l'injonction de retourner immédiatement à Coppet jusqu'à son départ annoncé pour l'Amérique.

M. DE MONTMORENCY A Mᵐᵉ RÉCAMIER.

« Fossé, près Blois, ce 2 octobre 1810.

« Je ne saurais me refuser, aimable et parfaite amie, à vous écrire au moins quelques mots. Notre première pensée, qui est bien naturellement commune entre vos amis d'ici, portait d'abord uniquement sur votre santé, que vous avez si peu écoutée dans votre parfait dévouement, sur ces souffrances de votre route d'Angervilliers à Paris, qui m'ont été vraiment au cœur. J'espère qu'elles n'auront pas eu de suite et que vous êtes bien remise. Mais notre amie vient de recevoir à l'instant, par Albert[1], votre

---

1. Le second fils de Mᵐᵉ de Staël, tué en duel dans l'année 1813.

lettre si parfaite, si dévouée, si détaillée. Je n'ai pas besoin de vous dire tous les sentiments qu'elle nous a fait naître; un seul domine en ce moment en moi : c'est de sentir combien vous avez de générosité et de dévouement dans l'âme. *Elle* en a été vivement émue et vous l'exprimera sûrement elle-même par le retour de son fils. Je voulais le remplacer, et vous arriver dans la journée de demain; il paraît qu'elle veut absolument me garder deux jours de plus. Ce sera donc samedi soir, au plus tard, que je vous verrai. Jusque-là mes pensées et mes sentiments s'unissent aux vôtres. Que de si bons actes de dévouement ne vous empêchent pas de vous élever, et vous portent au contraire vers la source de tout ce qu'il y a de bon et d'élevé! Adieu, aimable amie. »

DU MÊME.

« Fossé, ce 2 octobre 1810.

« Je vous ai écrit ce matin une petite lettre par la poste, aimable amie. Mais la poste arrive et nous en apporte plusieurs de vous. Il y en avait heureusement une petite tout aimable pour moi; votre silence m'aurait affecté. Notre amie, tout occupée de son courrier obligé pour le retour d'Albert, qui doit partir cette nuit par la diligence, me charge de commencer une lettre à laquelle elle ajoutera quel-

ques mots. Je crois que tout le monde devra être
content de celle qu'on vous envoie. Il faut actuellement la faire valoir le mieux possible par l'obligeante ci-devant reine [1], et tâcher d'obtenir, avant
tout, le rendez-vous auquel notre amie mettrait le
plus grand prix, et qui pourrait en effet contribuer
à changer son sort. Pendant qu'on sollicitera, Auguste obtiendra peut-être quelque prolongation de
délai dans une ville à quarante lieues pour attendre
le dernier avis de la censure; et vous ferez toutes
vos gentillesses à Esménard [2], pour qu'elle soit la

---

1. C'est-à-dire la reine Hortense. La Hollande venait d'être réunie à
la France.

2. Esménard (Joseph-Alphonse), de l'Académie française, auteur
du *Poëme de la Navigation*. Il était censeur des théâtres, censeur de la
librairie et chef de la troisième division de la police générale.

La voiture dans laquelle il voyageait en Italie ayant versé dans
un précipice, il eut la tête fracassée contre un rocher, et périt ainsi
en 1811.

Il écrivait à Mme Récamier, qui avait désiré, à son retour de Fossé, le
voir et l'entretenir des intérêts de Mme de Staël, le billet que voici :

« Samedi matin.

« Madame,

« Je serais allé moi-même chercher le volume que vous avez eu la
bonté de m'envoyer, si je n'avais craint, presque autant que je le désire, de vous trouver seule : il y a, dans l'union de la douleur et de la
beauté, mille fois plus de charme que dans la vue d'un bonheur sans
orages; et quoique je n'aie pas *appris* la sensibilité *en Allemagne*, je
ne me défends pas bien d'un intérêt et d'un sentiment que vous m'avez
défendus. Mais il serait trop héroïque de résister au plaisir que vous
m'offrez de vous voir un moment, et je vous prie de permettre que ce

plus prompte et la plus raisonnable possible, si elle peut l'être. Voilà comme je conçois cette campagne d'amitié, dans laquelle, samedi prochain, sans faute, j'irai vous servir d'aide de camp.

« Je renvoie à nos conversations tout ce qu'il y a d'observations à faire sur les détails curieux de votre lettre, dans laquelle vous avez été une parfaite amie et correspondante. Je ne vous répète pas ce que je vous disais ce matin, de toute votre perfection de soins, de dévouement, et je reconnais là votre cœur, tout ce que je sais de vous, tout ce qui vous rend digne des nobles et pures affections auxquelles vous êtes appelée. »

Mme de Staël ajoute :

« Il n'est point d'expression pour vous peindre ce que me fait éprouver votre sensibilité pour moi. C'est un affreux malheur de vous quitter. »

M. de Montmorency était donc encore auprès de Mme de Staël, lorsqu'elle apprit le nouvel acte de rigueur qui la frappait : ce fut lui qui en porta

---

soit dans la soirée. Je me présenterai chez vous à huit heures. Vous seriez trop aimable de recevoir sans distraction de société l'hommage respectueux de tout ce que vous m'inspirez.

« ALF. ESMÉNARD. »

la nouvelle à M`me` Récamier. Il lui écrit en arrivant à Paris:

« Paris, 8 heures.

« J'arrive sur les sept heures, aimable amie, je vous envoie tout de suite le billet dont je suis chargé pour vous. J'ai des choses bien tristes à vous raconter sur notre pauvre amie que j'ai quittée cette nuit sur les une heure. Mais enfin puisqu'il faut être séparée d'elle, c'est une consolation d'en parler avec vous. Voulez-vous faire fermer votre porte à dix heures? Je fais dire à M. de Constant, à qui j'envoie une lettre, de passer chez vous à cette heure-là.

« Vous aurez peut-être des nouvelles de Fontainebleau. Adieu. »

Le *billet* dont M. de Montmorency était porteur pour M`me` Récamier était une longue lettre où M`me` de Staël exprimait avec toute l'énergie de sa noble nature, l'indignation et la douleur que lui faisaient éprouver les persécutions dont elle était l'objet.

« Chère amie, lui dit-elle, je suis tombée dans
« un état de tristesse affreuse. Le départ s'est em-
« paré de mon âme, et pour la première fois j'ai
« senti toute la douleur de ce que je croyais facile.
« Je comptais aussi sur l'effet de mon livre pour me

« soutenir; voilà six ans de peines et d'études et de
« voyages à peu près perdus. Et vous représentez-
« vous la bizarrerie de cette affaire? ce sont les deux
« premiers volumes déjà *censurés* qui ont été saisis,
« et M. Portalis ne savait pas plus que moi cette
« aventure. Ainsi, l'on me renvoie de quarante lieues,
« parce que j'ai écrit un livre qui a été approuvé
« par les censeurs de l'empereur. Ce n'est pas tout,
« je pouvais imprimer mon livre en Allemagne : je
« viens volontairement le soumettre à la censure;
« le pis qui pouvait m'arriver, c'était qu'on dé-
« fendit mon livre. Mais peut-on punir quelqu'un
« parce qu'il vient volontairement se soumettre à
« ses juges? Chère amie, Mathieu est là, l'ami de
« vingt années, l'être le plus parfait que je connaisse,
« et il faut le quitter. Vous, cher ange, qui m'avez
« aimée pour mon malheur, qui n'avez eu de moi que
« l'époque de mon adversité, vous qui rendez la vie
« si douce, il faut aussi vous quitter. Ah! mon Dieu!
« je suis l'Oreste de l'exil et la fatalité me poursuit.
« Enfin il faut que la volonté de Dieu soit faite, j'es-
« père qu'il me soutiendra. Pour la dernière fois
« j'entends cette musique de Pertozza qui me rap-
« pelle votre douce figure, votre charme qui ne
« tient pas même à votre beauté, et tant de joies
« pures et sereines cet été. Enfin, je vous serrerai
« une fois encore contre mon cœur, et puis l'avenir
« inconnu commencera. Pardon, chère amie, de

« vous écrire une lettre si abattue : je reprendrai du
« courage ; mais mourir ainsi à tous ses souvenirs,
« à tous ses sentiments, c'est un horrible effort.
« J'ai un tel nuage de douleur autour de moi que je
« ne sais plus ce que j'écris. Si je passe, comme je
« le crois, l'hiver en Suisse, chère amie..... je n'ose
« achever. Je serais tentée de vous dire comme
« M. Dubreuil à Pechméja : *Mon ami, il ne doit y
« avoir que toi ici.* »

Tandis que Mᵐᵉ Récamier était en Touraine avec Mᵐᵉ de Staël, le maréchal Bernadotte, prince de Ponte Corvo, désigné à l'unanimité le 10 août 1810 par la diète suédoise comme prince héréditaire, était de plus adopté par le roi Charles XIII comme son fils, et partait pour la Suède le 2 octobre.

Il adressa de Stockholm à Mᵐᵉ Récamier, qu'il n'avait pu voir avant de quitter Paris, la lettre suivante.

LE PRINCE ROYAL DE SUÈDE A Mᵐᵉ RÉCAMIER.

« Stockholm, le 22 décembre 1810.

« Madame,

« En m'éloignant de France pour toujours, j'ai beaucoup regretté que votre absence de Paris m'ait privé de l'avantage de prendre vos ordres et de vous dire adieu. Vous étiez occupée à consoler une amie d'une séparation prochaine et sans doute éternelle ; j'ai cru devoir ajourner à un autre temps à vous donner de mes nouvelles. M. de Czernicheff a bien voulu se charger de vous présenter mon hommage ; nous avons longtemps parlé de vous, de vos estimables qualités et du tendre intérêt que vous inspirez à toutes les personnes qui vous approchent.

« Adieu, Madame, recevez, je vous prie, l'assurance des sentiments que je vous ai voués et que le temps ni les glaces du Nord ne pourront jamais éteindre.

« Charles-Jean. »

Ici nous revenons un peu sur nos pas pour noter l'introduction d'un élément tout nouveau dans l'existence de Mme Récamier.

Après avoir pris les eaux d'Aix, et en revenant en Touraine rejoindre Mme de Staël, elle s'était arrêtée deux ou trois jours en Bugey pour y visiter une des sœurs de son mari qui habitait ordinairement Belley, petite ville très-voisine de la frontière de Savoie, et qui passait la belle saison dans ce domaine de Cressin où M. Jacques Récamier était né, et dont il gardait si religieusement le souvenir. Ce fut à Cressin que, séduite par la physionomie d'une petite fille de sa belle-sœur, Mme Récamier eut l'idée d'emmener et d'adopter cette enfant. La proposition qu'elle en fit aux parents fut d'abord acceptée avec reconnaissance, puis, au moment du départ, le sacrifice sembla trop cruel à la jeune mère, et ce projet ne se réalisa pas. Quelques mois plus tard, Mme Cyvoct ayant succombé à vingt-neuf ans, à une maladie de poitrine, M. Récamier renouvela au nom de sa femme la proposition de se charger de sa petite-nièce, et l'enfant, alors âgée de cinq ans, fut envoyée à Paris au mois d'août 1811. Qu'on nous permette de citer ici une lettre que Mme Récamier adressait trente et un ans après cette adoption à celle que la Providence avait daigné choisir pour en faire l'inséparable compagne d'une destinée dont les apparences furent si brillantes, et que tant d'épreuves ont traversée.

Mme RÉCAMIER A Mme LENORMANT.

« Maintenon, 13 août 1842.

« Tu vas donc recevoir ce mot à Lyon, tu vas revoir cet hôtel de l'Europe où tu avais bien *la plus triste des tantes*. Je te suis à Belley jusqu'à la place où tu m'apparus pour la première fois. Je vois encore la prairie devant la maison de ta grand'mère où j'eus la première idée de te demander à tes parents. Je voulais par cette adoption charmer la vieillesse de ton oncle : ce que je croyais faire pour lui, je l'ai fait pour moi; c'est lui qui t'a donnée à moi, j'en bénirai toujours sa mémoire. Comme je ne puis écrire qu'un mot, je te recommande de soigner ta santé que tu négliges beaucoup trop, c'est notre ancienne querelle, c'est ton seul défaut; je supplie M. Lenormant de veiller sur toi : ma santé à moi est détestable. Le duc et la duchesse de Noailles sont si parfaits dans leurs soins, que je m'aperçois à peine que je ne suis pas chez moi. M. de Chateaubriand arrive le 20 de ce mois, je ne pense pas qu'il reste plus d'un jour. Nous retournerons à Paris par Saint-Vrain où nous trouverons le philosophe Ballanche entre *Dragoneau*[1] et l'*Ame exilée*[2]. Je ne sais plus ce que je deviendrai ensuite, ce que je ferai du mois de septembre. Écris-moi souvent, réponds à tout ce que je voudrais te demander. Je ne sais encore rien du rapport de M. Lenormant à l'Institut; il m'a écrit une fort aimable lettre dont je le remercie. M. Brifaut est toujours aimable et bon; il quittera Maintenon à regret, il est dans son élément : les beautés de ce royal château, les souvenirs de Louis XIV et de Mme de Maintenon, mais surtout le plaisir de se voir entre la duchesse de Noailles et la duchesse de Talleyrand, sont des jouissances dont il ne se lasse pas. Je lui sais presque gré d'une faiblesse qui lui

---

1. Sa gouvernante, dont l'humeur n'était pas facile.
2. Mme la comtesse Charles d'Hautefeuille, auteur de l'*Ame exilée*, du *Lys d'Israël*, des *Cathelineau*, etc.

donne tant de satisfaction. On aurait fort désiré vous avoir ici, le duc de Noailles l'espère pour l'été prochain. Adieu, chère Amélie, ne me laisse pas oublier par tes enfants. Je suis bien peu de chose pour eux, ils ne peuvent m'aimer que par toi; j'espère qu'il n'en sera pas toujours ainsi. Adieu encore, je te presse sur mon cœur. »

Nous touchons à une époque triste et importante de la vie de Mme Récamier, et il n'est peut-être pas inutile de rappeler à quel point la situation de l'Europe était alors violente et tendue, puisque le contre-coup de l'asservissement du monde se faisait sentir même aux existences privées.

La lutte acharnée que Napoléon avait engagée contre l'Angleterre et qui amena le blocus continental, avait eu pour premier effet la captivité de toutes les familles anglaises que des intérêts d'affaires, de santé ou de plaisir avaient amenées sur le continent, et qui se virent retenues en France tant que dura le gouvernement de Bonaparte.

La guerre d'Espagne peuplait aussi nos forteresses et quelques-unes de nos villes de prisonniers, parmi lesquels se distinguaient les plus illustres noms de la grandesse : ces prisonniers étaient partout entourés de la sympathie des populations.

Le pape Pie VII, dépouillé de ses États par l'empereur qu'il était venu sacrer, et amené prisonnier en France, y excitait la plus respectueuse vénération : il fallut plus d'une fois changer l'itinéraire de sa route, ou devancer l'heure officielle de son passage, pour le soustraire à l'empressement enthousiaste dont il était l'objet de la part de tant de fidèles qui voyaient en lui tout à la fois un martyr et le chef de la religion. Les cardinaux détenus soit à Vincennes, soit dans quelque autre prison d'État, y recevaient des secours considérables en argent, fournis par des souscriptions dont Mathieu de Montmorency était l'âme.

En même temps que les excès de pouvoir froissaient ainsi la conscience publique, la police devenait de plus en plus ombrageuse. Quiconque était soupçonné d'opposition était aussitôt l'objet d'une active et minutieuse surveillance. L'exil avait déjà frappé non-seulement Mme de Staël que son talent littéraire et ses opinions libérales hautement avouées plaçaient parmi les ennemis du gouvernement impérial, mais d'autres femmes sans aucun rôle politique, dont l'importance ou l'action ne sortait pas du cercle de leur famille et de leurs amis : la jeune et belle duchesse de Chevreuse et Mme de Nadaillac, plus tard duchesse des Cars.

Depuis la saisie et la mise au pilon des dix mille exemplaires de son ouvrage sur *l'Allemagne*, Mme de Staël était à Coppet en proie à de cruelles anxiétés, résolue à aller demander un asile à la Suède où ses enfants auraient retrouvé la famille de leur père, et déchirée par la douleur d'abandonner la France. Mᵐᵉ Récamier voulait absolument revoir encore, avant qu'elle ne s'éloignât peut-être pour toujours, l'amie à qui elle s'était liée d'un si tendre dévouement; pour ne point éveiller les susceptibilités de la police, elle annonça, dès le printemps de 1811, qu'elle irait aux bains d'Aix en Savoie dont sa santé s'était très-bien trouvée l'année précédente, et elle prit un passe-port pour cette ville. Cependant elle ne manqua point d'être avertie des dangers d'un voyage dont le but se devinait aisément.

Esménard, que Mᵐᵉ Récamier recevait quelquefois et qui professait pour elle une très-vive admiration, prêt à partir lui-même pour l'Italie où il devait trouver la mort, vint prendre congé d'elle, et voulut remplir ce qu'il appelait le *devoir* de lui montrer *où l'entraînait son extrême bonté :* il fit de grands efforts pour la dissuader d'une imprudence *inutile* à son amie, et qui pouvait avoir les plus déplorables conséquences sur sa propre destinée. A ces conseils timides, Mᵐᵉ Récamier répondait que la visite d'une femme inoffensive à une amie malheureuse, prête à quitter la France, était une démarche tellement innocente et naturelle, qu'il lui était impossible d'admettre que le gouvernement pût en prendre de l'ombrage. Mais quelles que dussent en être les suites, elle était bien décidée à ne pas refuser ce témoignage de son respect et de sa tendresse à une personne persécutée. Mme Récamier partit donc pour Coppet le 23 août 1811. M. de Montmorency l'avait précédée en Suisse, et venait de visiter avec Mme de Staël les Trappistes établis dans le canton de Fribourg. Mais ici je retrouve le texte des *Dix années d'exil*, et je transcris le récit de Mme de Staël.

« M. de Montmorency vint passer quelques jours
« avec moi à Coppet, et la méchanceté de détail du
« maître d'un si grand empire est si bien cal-
« culée, qu'au retour du courrier qui annonçait son
« arrivée chez moi, il reçut sa lettre d'exil. L'em-
« pereur n'eût pas été content, si cet ordre ne lui
« avait pas été signifié chez moi et s'il n'y avait pas
« eu dans la lettre même un mot qui indiquât que
« j'étais la cause de cet exil... Je poussai des cris
« de douleur en apprenant l'infortune que j'avais
« attirée sur la tête de mon généreux ami. M. de
« Montmorency, calme et religieux, m'invitait à
« suivre son exemple, mais la conscience du dévoue-
« ment qu'il avait daigné montrer le soutenait, et
« moi, je m'accusais des cruelles suites de ce dé-
« vouement, qui le séparaient de sa famille et de
« ses amis.

« Dans cet état, il m'arrive une lettre de Mme Ré-
« camier, de cette belle personne qui a reçu les
« hommages de l'Europe entière, et qui n'a jamais

« délaissé un ami malheureux. Elle m'annonçait
« qu'en se rendant aux eaux d'Aix en Savoie,
« elle avait l'intention de s'arrêter chez moi, et
« qu'elle y serait dans deux jours. Je frémis que le
« sort de M. de Montmorency ne l'atteignît. Quelque
« invraisemblable que cela fût, il m'était ordonné
« de tout craindre d'une haine si barbare et si
« minutieuse tout ensemble, et j'envoyai un cour-
« rier au-devant de Mme Récamier pour la supplier
« de ne pas venir à Coppet. Il fallait la savoir à
« quelques lieues, elle qui m'avait constamment
« consolée par les soins les plus aimables ; il fallait
« la savoir là, si près de ma demeure, et qu'il ne
« me fût pas permis de la voir encore, peut-être
« pour la dernière fois ! Je la conjurais de ne pas
« s'arrêter à Coppet ; elle ne voulut pas céder à
« ma prière : elle ne put passer sous mes fenêtres
« sans rester quelques heures avec moi, et c'est
« avec des convulsions de larmes que je la vis entrer
« dans ce château où son arrivée était toujours une
« fête. Elle partit le lendemain et se rendit chez une
« de ses parentes à cinquante lieues de la Suisse. Ce
« fut en vain : le funeste exil la frappa. Les revers
« de fortune qu'elle avait éprouvés lui rendaient très-
« pénible la destruction de son établissement naturel.
« Séparée de tous ses amis, elle a passé des mois
« entiers dans une petite ville de province, livrée à
« tout ce que la solitude peut avoir de plus mono-

« tone et de plus triste. Voilà le sort que j'ai valu à
« la personne la plus brillante de son temps. »

Mᵐᵉ Récamier, après trente-six heures de séjour à Coppet, se rendit en effet à Richecour dans la Haute-Saône chez sa cousine la baronne de Dalmassy, mais elle ne s'y arrêta point et reprit en toute hâte la route de Paris. Elle ignorait encore que l'ordre d'exil qui la frappait avait été signifié le 3 septembre à M. Récamier, mais, dans la cruelle perspective de se voir arrachée à sa famille, à ses amis, elle sentait la nécessité de mettre ordre à tous les intérêts de son existence ; elle voulait revoir son père, si elle devait en être séparée pour longtemps ; elle avait d'ailleurs besoin de se concerter avec les siens sur le choix de la ville où, en cas d'exil, elle fixerait son séjour.

En arrivant à Dijon, elle y trouva M. Récamier, qui l'y avait précédée de quelques heures et qui lui apportait la confirmation du sort dont on l'avait menacée : elle était exilée à quarante lieues de Paris. Elle continua cependant sa route et vint passer deux jours au milieu de sa famille dans le plus strict incognito. Mᵐᵉ Récamier, après un peu d'hésitation, se décida à s'établir à Châlons-sur-Marne, et elle partit pour ce lieu de bannissement dans la compagnie de l'enfant que, depuis quelques semaines, elle avait attachée à sa destinée.

Châlons était assurément une assez triste résidence, mais le séjour en offrait cependant quelques avantages, et d'abord, celui d'être précisément à quarante lieues de Paris; en second lieu, d'être administrée par un préfet, homme aimable, spirituel, du caractère le plus honorable et le plus sûr, et qui, grâce à une modération toujours accompagnée de prudence et de loyauté, sut rester plus de quarante ans préfet de la Marne, avec la confiance de tous les gouvernements et l'estime de tous les partis.

Enfin Châlons n'était distant que de douze lieues du château de Montmirail, magnifique habitation des La Rochefoucauld de Doudeauville, qui exerçaient de là sur tout le département la juste et considérable influence que leur assuraient un grand nom, une grande fortune et de rares vertus. La duchesse et surtout le duc de Doudeauville étaient au nombre des personnes que Mme Récamier voyait le plus intimement. Leur fils Sosthènes de La Rochefoucauld avait épousé la fille unique de Mathieu de Montmorency, et il était lui-même profondément attaché à celle dont tous les siens avaient éprouvé le charme.

Mathieu de Montmorency faisait chaque année un séjour assez long chez son respectable ami le duc de Doudeauville, et, en quittant la Suisse après que l'exil lui eut été signifié, il demanda à être autorisé à se rendre à Montmirail où il se trouva réuni à sa fille et à une bonne partie de sa famille.

L'espérance de pouvoir communiquer de Châlons plus facilement avec quelques amis bien chers avait donc déterminé le choix de Mᵐᵉ Récamier; mais combien les conditions de l'exil ne pesaient-elles pas durement sur une jeune femme, condamnée à la vie d'auberge et à l'isolement, avec une fortune désormais étroite qui lui rendait les déplacements plus incommodes et plus onéreux? Ces amis eux-mêmes dont le voisinage lui semblait protéger sa solitude, il n'était ni prudent ni sage, pour ceux d'entre eux qui n'avaient point encouru la disgrâce du gouvernement, d'entretenir des relations trop fréquentes avec une exilée. Cependant Sosthènes de La Rochefoucauld vint à plusieurs reprises à Châlons où ses visites étaient toujours accueillies de la part du préfet, M. de Jessaint, avec la bienveillance la plus empressée. Quant à M. de Montmorency, malgré le bon vouloir du premier administrateur du département, il fut trois mois sans oser demander et sans obtenir la permission de quitter Montmirail et d'aller passer quelques jours auprès de son amie proscrite comme lui.

Mᵐᵉ Récamier, en arrivant à Châlons, s'était établie à l'auberge de *la Pomme d'or :* bien peu de jours après elle, on y vit arriver une généreuse amie, la marquise de Catellan. Profondément touchée du malheur qui frappait Mᵐᵉ Récamier, elle abandonnaît dans un premier mouvement d'émotion sa fille, ses habitudes et la vie de Paris hors de laquelle elle ne sut jamais vivre. Mme de Catellan ne passa que quelques semaines auprès de son amie, et fut bientôt rappelée par sa fille la comtesse de Gramont; mais ce dévouement que les circonstances rendirent passager n'en laissa pas moins à Mme Récamier une reconnaissance ineffaçable.

Il faut, en effet, avoir passé par la situation que crée aux personnes qui ont encouru la disgrâce d'un gouvernement absolu l'avilissement des caractères et la faiblesse des hommes, pour se rendre bien compte de la variété et des mille nuances que peut présenter la platitude. Mme Récamier en fit la triste expérience : j'ai sous les yeux une correspondance nombreuse dans laquelle une foule d'amis *sages* répètent cet éternel refrain que toutes les victimes de la générosité et de l'indépendance ont entendu : *Que n'avez-vous suivi mes conseils!*

Je ne ferai qu'une seule citation, et je ne nommerai pas la personne dont la lettre me paraît donner une idée de l'état commun des esprits. Cette lettre est écrite par un parent de M. Récamier, haut placé dans la magistrature, homme d'intelligence pourtant, et qui avait une sincère affection pour sa belle cousine.

« Septembre 1811.

« La position où vous vous trouvez maintenant
« est assez peu faite pour vous; il ne faut pas
« qu'elle dure, il ne faut pas surtout qu'elle s'ag-
« grave. C'est par cette raison que je tremble de
« vous voir voyager. Il est telle rencontre que vous
« pourriez faire qui pourrait vous faire perdre la
« liberté, surtout d'après les circonstances politiques
« où il paraît que nous allons bientôt nous trouver.
« Ne perdez jamais de vue que vos pas seront
« comptés, et qu'il y a tant de gens qui aiment à
« faire les bons valets, que, changeant tous les
« jours et de domicile et de société, il serait bien
« difficile qu'il ne se trouvât quelqu'un qui voulût
« faire sa cour à vos dépens.

« D'ailleurs le monde pour vous va se composer
« de deux espèces de personnes, les unes qui dé-
« pendent du gouvernement et qui s'éloigneront de
« vous, les autres qui y sont opposées, et qui, par
« l'accueil distingué qu'elles vous feront, satisferont
« leur haine et auront l'air de vouloir vous dédom-
« mager; ceux-là, il faut les fuir : ils vous feraient
« plus de mal que les indifférents.

« Avez-vous bien réfléchi à ce que c'est que la
« vie qu'on mène sur les grands chemins et dans
« les auberges? Si je ne me trompe, elle doit être

« bien éloignée de vous plaire; rien n'est à la fois
« plus insipide, plus ennuyeux et plus coûteux.

« Voici la vie que j'aurais indiquée pour vous,
« si j'eusse été appelé au conseil.

« Vous avez en vous-même assez de ressources
« pour fuir l'ennui pendant un petit nombre de
« mois. Ce temps, vous l'auriez passé dans quel-
« que ville du deuxième arrondissement de police;
« vous auriez vu peu de monde, surtout point de
« gens ayant trop d'esprit. Vous auriez bientôt vu
« autour de vous une petite société choisie dans le
« sens de ma lettre; les rapports qui seraient venus
« auraient été comme il faudrait qu'ils soient, et
« bientôt on ne se serait plus souvenu des jours de
« la tempête, et j'aurais pu vous faire bientôt tout
« à mon aise les visites, rares mais affectueuses, dont
« la suppression me prive plus que je ne puis dire. »

Mme Récamier s'imposa, pendant toute la durée
de son exil, une réserve que commandaient assez
son isolement et sa jeunesse; mais, résolue à ne point
solliciter son rappel, elle n'avait aucune raison de
suivre une ligne de conduite à laquelle la hauteur
de son âme n'eût pas su se plier. Aussi son exil ne
fut-il jamais révoqué; elle avait demandé à ceux de
ses amis qui, comme Junot, approchaient familière-
ment de l'empereur, de ne pas même prononcer son
nom devant lui.

Si la plupart des fonctionnaires, ainsi que l'annonçait le parent dont nous avons cité la lettre, s'éloignèrent d'une *exilée*, il en fut, et j'aime à mettre le duc d'Abrantès au premier rang, qui restèrent fidèles à une amie que l'adversité avait visitée, et j'ajoute que leur fidélité ne leur nuisit point.

Après le départ de Mᵐᵉ de Catellan, Mᵐᵉ Récamier abandonna la *Pomme-d'Or* et prit, rue du Cloître, un petit appartement, qui avait au moins le mérite d'être commode et silencieux.

Dans la vie monotone et triste d'une petite ville où aucune des distractions des arts, du théâtre ou de la société n'était possible, Mᵐᵉ Récamier, qui avait fait connaissance avec l'organiste de la paroisse, trouvait une sorte de délassement, que son goût pour la musique peut expliquer, à aller chaque dimanche jouer de l'orgue à la grand'messe.

M. de Montmorency lui écrivait :

M. DE MONTMORENCY A Mᵐᵉ RÉCAMIER.

« Montmirail, ce 13 décembre 1811.

« J'ai reçu, en même temps que votre lettre, une autre lettre de notre amie, du 30, qui me mandait ses derniers retards assez motivés, mais au milieu desquels perçait un reste d'incertitude.

« Ces cruelles angoisses me pèsent extrêmement,

et je voudrais, pour toute chose au monde, la savoir déterminée. Cette pauvre lettre avait de grosses taches, qui ressemblaient tant à des larmes! Elle en aura versé en me parlant d'une résolution beaucoup trop absolue, de ne vouloir pas me revoir, quand même elle ne partirait pas. Elle me parle avec une bonté et une générosité singulières contre les scrupules de fierté qui m'empêcheraient de demander Dampierre[1], même par ma fille. Outre que ce ne serait pas bien utile, vous connaissez là-dessus mon goût et ma résolution. Pauvre amie! Comme je lui voudrais la force de caractère que vous montrez en ce moment, et qu'elle fût aussi tout près, comme vous, de la source unique des véritables consolations. Ah! vous finirez par y arriver tout à fait, et vous nous aiderez à obtenir qu'elle vous suive!

« Il est bien entendu, entre nous deux, que la première lettre qui apprendrait son départ définitif pour *Genève*[2] serait, sur-le-champ communiquée à l'autre. Adieu, aimable amie ; c'est dans les premiers jours de janvier que je vous ferai ma visite. »

Mme Récamier vit venir à Châlons son père, puis M. Récamier et M. Simonard. Sa cousine, Mme de Dalmassy, partagea pendant un mois sa so-

---

1. Dampierre, terre appartenant au duc de Luynes, beau-père de M. de Montmorency, dans le département de Seine-et-Oise.
2. Il s'agissait de son départ pour la Suède.

litude. Auguste de Staël, à deux reprises, lui apporta des nouvelles de sa mère ; mais elles n'étaient point de nature à calmer les inquiétudes que les amis de Mme de Staël éprouvaient pour elle. Son abattement était extrême, et il semblait que la puissance de son imagination ne servît qu'à donner plus d'intensité aux souffrances que lui faisaient endurer son propre exil et la pensée des persécutions qu'elle avait attirées sur ses amis.

M. de Montmorency vint, dans le courant de janvier 1813, voir enfin Mme Récamier, puis il partit pour Toulouse, où il avait des amis et des parents et où il était autorisé à se rendre. Comme il devait s'arrêter quelques jours à Lyon, pour y voir Camille Jordan et visiter les établissements de charité, Mme Récamier l'avait chargé d'une lettre pour celle des sœurs de son mari avec laquelle elle était le plus étroitement unie d'amitié, Mme Delphin, qui habitait cette ville.

En réponse à cette lettre, elle reçut de sa belle-sœur le billet suivant :

Mme DELPHIN A Mme RÉCAMIER.

« Lyon, 5 février 1812.

« Je ne saurais vous rendre, mon aimable sœur, tout le plaisir que j'ai éprouvé en recevant de vos nouvelles par vous-même. M. de Montmorency m'a assuré que vous jouissiez de la meilleure santé, que vous supportiez votre exil avec une philosophie toute chrétienne, et que vous receviez, dans le pays que vous habitez, l'accueil le plus flatteur de tout ce qui est capable d'apprécier le mérite. Il m'a ajouté qu'il y avait tout lieu d'espérer que les vœux de votre famille et de vos amis sur votre retour seraient bientôt remplis; je le désire ardemment, ma bonne sœur, pour vous et pour le bonheur de mon frère, à qui votre absence est bien pénible.

« Je vous remercie de m'avoir procuré l'avantage de connaître M. de Montmorency, dont j'avais ouï parler plusieurs fois avec éloge : sa physionomie annonce tout ce qu'il est. Il m'a fait part de vos bontés pour ma petite-nièce, des soins que vous prenez pour former son cœur à la vertu. J'aime à croire qu'elle répondra à tout ce que vous faites pour elle, et qu'elle vous donnera un jour les consolations que vous méritez à tant de titres.

« Mon mari et mes enfants ont partagé le plaisir que j'ai eu à m'entretenir de vous ; ils vous font mille compliments. Agréez, chère sœur, l'assurance de mon sincère attachement.

« Delphin, née Récamier. »

Huit mois s'écoulèrent ainsi péniblement à Châlons. Mᵐᵉ de Staël insistait auprès de son amie pour la décider à quitter ce triste séjour; elle lui écrivait :

« Je souhaite extrêmement, à présent, que vous
« veniez à Lyon : si j'ai mon passage sur la frégate,
« je puis me déchirer encore une fois le cœur en
« vous embrassant là. Vous serez sur la route d'Ita-
« lie, vous aurez quelques-unes des distractions
« qu'il ne faut pas dédaigner, car elles font du bien
« aux nerfs. Hélas! généreuse victime, je sais ce
« que vous souffrez; croyez-m'en sur les dédom-
« magements possibles dans cette situation. Le
« préfet de Lyon est assez bon et d'assez bonne
« compagnie : je vous en prie, venez à Lyon. Ne
« vous embarrassez pas des petits obstacles de
« famille : vous êtes sans parents, comme vous êtes
« sans égale. Sortez d'un lieu où tout est remar ,
« parce qu'il n'y a personne. »

Sans espérer trouver ailleurs un grand soulagement à sa position, Mme Récamier se décida à
partir pour Lyon au mois de juin 1812.

Le séjour de Lyon offrait réellement à Mme Récamier plus de ressources qu'elle n'en aurait pu
trouver dans aucune autre ville. La famille de son
mari y était nombreuse et honorée, et dans cette
famille, qui l'accueillit avec empressement, se trouvait une personne d'un mérite supérieur. Mme Delphin, sœur cadette de M. Récamier, dont nous venons de citer un billet, présentait en effet un type
admirable de la charité et de la vertu héroïque

comme on la pratiquait au temps de saint Vincent de Paul. Jamais cœur ne fut plus ouvert à l'amour des pauvres ; sa vie entière leur était consacrée. Prisonniers, filles perdues, enfants abandonnés, malades, créatures souffrantes, quelle que fût la nature ou la cause de leurs douleurs, c'étaient là les objets de sa prédilection. Ce qu'elle savait trouver de temps, de ressources, d'argent pour soulager *ses chers malheureux* ne peut se comprendre, et je n'ai jamais oublié l'inflexion de voix avec laquelle cette sainte personne, en répondant au dernier mendiant qui implorait sa charité, l'appelait : *Mon pauvre ami.*

Mme Delphin connaissait déjà depuis plusieurs années sa jeune et brillante belle-sœur qui n'avait jamais, dans aucun de ses voyages à Coppet ou à Aix, négligé de s'arrêter à Lyon pour la voir. Elle la traitait comme sa fille, et trouvait en elle la plus respectueuse tendresse. Mme Delphin avait d'ailleurs beaucoup de gaieté et d'imprévu dans l'esprit, et comme son frère un tour original à rendre ses pensées. Ses manières étaient simples ; elle possédait cette sorte de tact qui distingue particulièrement les sœurs de charité et qui fait qu'elles sont sans embarras et à leur place dans les palais comme chez les pauvres. La Providence avait uni Mme Delphin à un homme qui n'était pas moins qu'elle-même selon le cœur de Dieu, et leur maison, étrangère à toute espèce de luxe, était éminemment hospitalière.

Mme Récamier retrouvait encore à Lyon et dans l'auberge même où elle était descendue (l'hôtel de l'Europe) une sœur d'exil, l'élégante duchesse de Chevreuse, accompagnée de sa belle-mère, la duchesse de Luynes, dont la tendresse passionnée n'avait pu consentir à s'en laisser séparer.

La duchesse de Chevreuse, comme on l'a déjà vu, victime des ménagements que la conservation d'une immense fortune imposait à la famille de son mari, avait été contrainte d'accepter une place de dame du palais de l'impératrice. Son beau-père le duc de Luynes s'était, par les mêmes raisons, laissé faire sénateur. Mais la brillante duchesse, en paraissant, bien malgré elle, à la nouvelle cour, y porta tout le dédain et toute la hauteur de l'ancien régime.

Sa personne avait plus d'élégance et de séduction que ses traits de régulière beauté; elle était faite à ravir, et douée du don de plaire à un degré singulier, qui lui assura sur son mari, sur sa belle-mère et sur sa belle-sœur, Mme Mathieu de Montmorency, un empire que ses caprices ne pouvaient lasser. L'empereur ne fut point insensible, dit-on, aux agréments de la duchesse de Chevreuse, et ne trouva en elle que froideur et dureté. Au moment de l'arrestation de la famille royale d'Espagne et lors de l'arrivée de ces princes à Fontainebleau;

l'empereur eut l'idée d'attacher la duchesse de Chevreuse au service de la reine espagnole. En apprenant à quel poste on la destinait, elle répondit qu'elle pouvait bien être prisonnière, mais qu'elle ne serait jamais geôlière. Cette fière réponse lui valut son exil.

Lorsque Mme Récamier retrouva, en 1812, Mme de Chevreuse à Lyon, cet exil durait déjà depuis près de quatre ans; et la victime de cette persécution si prolongée avait successivement traîné en Normandie, en Dauphiné, en Touraine, le poids d'un malheur qui la tuait. Il lui paraissait en effet plus facile de renoncer à la vie qu'à Paris.

L'état de maladie de Mme de Chevreuse n'était que trop réel, et ne laissait dès lors que peu d'espérance aux médecins. Pour les indifférents qui la voyaient en passant, la consomption qui la minait, sans altérer encore visiblement les grâces de sa personne, semblait plutôt un effet de l'ennui qu'une maladie véritable; pour sa belle-mère, qui veillait sur elle avec une tendresse idolâtre, malgré l'inquiétude que lui causait la faiblesse toujours croissante de celle qu'elle appelait *ma charmante*, l'espérance et l'illusion se prolongèrent presque jusqu'au dernier moment.

Au milieu d'un certain nombre de billets échangés entre deux exilées qu'abritait le même toit, j'en choisis deux adressés à Mme Récamier par la duchesse de Chevreuse; ils peuvent faire comprendre la sorte de grâce qui distinguait son esprit.

LA DUCHESSE DE CHEVREUSE A Mme RÉCAMIER.

1812.

« Je vous remercie de tout mon cœur de votre aimable attention. Je suis restée un quart d'heure durant à regarder ma jolie corbeille ; ce n'est pas pour rien que j'aimais tant les lis, puisque vous deviez un jour m'en donner une couronne, et cela augmentera ma passion. J'ai bien reconnu ces vers italiens que vous me disiez une fois au spectacle, et je les ai vus là avec bien du plaisir. En tout, ce petit présent est plein de grâce comme tout ce que vous faites, et j'en suis ravie.

« Louise dit que vous souffrez ; je voudrais bien vous guérir et que vous ne souffriez plus du tout. J'irais de bon cœur pour cela vous chercher, comme faisaient ces princesses, une plante tout au haut d'un mont, quand même il faudrait me lever au milieu de ma fièvre. Faites-moi le plaisir de croire que je vous aime ; jamais je n'ai rien demandé avec plus de désir de l'obtenir.

« Adieu, Madame, dormez bien et que je vous voie bientôt, je vous en prie. Ma belle-mère trouve sa tasse charmante ; l'anglais ne lui a pas été peu sensible, c'est moi qui le lui ai dit. »

LA MÊME.

1813.

« Ne vous tourmentez donc pas, Madame, pour cet amusement que vous m'avez donné hier ; ce serait bien joli, parce que vous êtes bonne et complaisante, d'aller vous faire de la peine ; n'ayez aucune espèce de souci là-dessus.

« Et moi aussi je suis fâchée de vous quitter lorsque vous commenciez à vous faire à nous. Je regrette de n'avoir pas été un peu de vos amies à Paris, j'aurais pu alors vous être ici de quelque ressource. Véritablement, je vous dirais, comme saint Augustin au bon Dieu : charmante beauté, je vous ai vue trop tôt sans vous connaître et je vous ai connue trop tard.

Excusez ce petit transport qui me donne assez l'air d'un de vos correspondants, et dites-vous que nous vous aimons beaucoup toutes deux. Adieu, Madame, dormez bien ce soir. »

Moins absorbée par la situation de sa belle-fille, la duchesse de Luynes eût été pour Mme Récamier une société aussi agréable que sûre. Elle avait un esprit très-original et parfaitement naturel. Ses traits durs et irréguliers étaient masculins, comme le son de sa voix. Lorsqu'elle portait des vêtements de femme (ce qui n'arrivait pas tous les jours), elle endossait une sorte de costume qui n'était ni celui qu'elle avait dû porter dans sa jeunesse avant la Révolution, ni celui que la mode avait introduit sous l'empire : il se composait d'une robe très-ample à deux poches, et d'une espèce de bonnet monté; on ne lui vit jamais de chapeau. Mme de Luynes se moquait fort gaiement elle-même de ce qu'elle appelait sa *dégaine;* et néanmoins, avec ce visage, cette toilette et cette grosse voix, il était impossible aux gens les plus ignorants de ce qu'elle était, de ne pas reconnaître en elle, au bout de cinq minutes, une grande dame. La sensibilité et l'élévation de son âme se montraient de même sous la brusquerie de ses allures, comme, à travers la crudité de son langage, perçaient l'habitude et l'élégance du grand monde. Elle était très-instruite, savait bien l'anglais et lisait énormément. Que dis-je? Elle imprimait; elle avait fait établir une presse au château de Dampierre, et non-seulement elle *était*, mais elle avait la prétention d'*être* un bon ouvrier typographe [1].

Un jour elle se rendit avec Mme Récamier aux Halles de la Grenette, à l'imprimerie de MM. Bal-

---

[1]. Les livres et les recueils imprimés par la duchesse de Luynes sont encore aujourd'hui recherchés des bibliophiles.

lanche père et fils. Après avoir attentivement et très-judicieusement examiné les caractères, les presses, les machines ; après avoir apprécié en personne du métier les perfectionnements que MM. Ballanche avaient introduits dans leur établissement, elle relève tout à coup sa robe dans ses poches, se place devant un casier, et, à l'admiration de tous les ouvriers, la duchesse compose une planche fort correctement, fort lestement, sans omettre même en composant un certain balancement du corps en usage parmi les imprimeurs de son temps.

Ce séjour d'une année dans la même ville et sous le même toit, la conformité de situation et de sentiments qu'une disgrâce commune établissait nécessairement, tout se réunissait pour resserrer entre Mme Récamier et la belle-mère de Mathieu de Montmorency un lien de goût et d'affection qui, de part et d'autre, fut profond et sincère.

Lyon est par excellence la ville de la charité, mais ce grand centre de l'industrie et du commerce n'a pas toujours offert un faisceau intellectuel aussi distingué et aussi complet que celui qui, en 1812, se groupait autour d'une femme à laquelle Mme Récamier se trouvait pour ainsi dire alliée. Mme de Sermésy était nièce de M. Simonard ; elle ne pouvait manquer d'accueillir la belle Juliette avec un cordial empressement ; et c'était, en effet, dans son salon que se réunissait la pléiade d'hommes fort diversement doués, mais presque tous éminents, dont Lyon se glorifiait.

Mᵐᵉ de Sermésy était veuve, riche, et, pendant la première moitié d'une vie heureuse, n'avait cherché, dans les arts du dessin, qu'une agréable distraction. La mort d'une fille adorée dont il ne lui restait aucun portrait, révéla à Mᵐᵉ de Sermésy son talent de sculpteur : sous l'inspiration du désespoir et de la tendresse maternelle, elle retrouva et modela les traits idéalisés de l'enfant qu'elle pleurait. Dès ce moment, elle trouva dans son art une noble occupation. Je me souviens d'avoir vu dans le cabinet d'Artaud, le conservateur du Musée de Lyon, le modèle du tombeau élevé par Mᵐᵉ de Sermésy à sa fille, ainsi qu'une collection des bustes de tous les hommes distingués que Lyon renfermait alors. L'auteur de ces ouvrages n'avait pu gagner l'expérience d'un artiste de profession ; mais un naturel plein d'élégance et de sentiment suppléait à ce qui lui manquait quant au métier. Plus tard, en me sentant émue devant les ouvrages de la princesse Marie d'Orléans, je me suis involontairement souvenue de Mᵐᵉ de Sermésy.

C'est au moment où cette dame venait de rececevoir par la douleur la soudaine révélation de son talent que Mᵐᵉ Récamier vint à Lyon.

Mᵐᵉ de Sermésy parlait peu, sa taille était haute et élancée, c'était une femme bonne et généreuse,

mais aux manières froides et réservées. Révoil et
Richard, les deux maîtres de l'école lyonnaise,
venaient avec assiduité chez elle; on y trouvait aussi
Dugas-Montbel, le traducteur d'Homère, Artaud,
Ballanche et beaucoup d'autres dont les noms me
sont devenus étrangers.

Camille Jordan était aussi l'un des fidèles de ces
réunions, et celui assurément dont l'esprit y répandait le plus d'intérêt; mais, lié avec Mme Récamier
depuis sa première jeunesse, il était pour elle un
ami tout à fait intime, et j'ai le droit d'en parler
avec plus de détail. Les hasards de l'émigration
avaient rapproché Mathieu de Montmorency et Camille
Jordan; mille rapports de sentiments et de caractères unirent promptement ces deux nobles natures.
De grandes dissemblances ne nuisaient point au
penchant qui les attirait l'un vers l'autre. Camille
Jordan, chez qui le sentiment religieux était aussi
profond que sincère, s'était malheureusement arrêté
à un déisme exalté et presque mystique; Mathieu
de Montmorency voulait faire faire à son ami un pas
de plus et l'amener à la foi de la Révélation. Il en
résultait entre eux d'interminables et éloquentes
discussions philosophiques qui ne refroidissaient pas
leurs sentiments. A l'époque dont je parle, l'opposition au gouvernement impérial et l'aspiration vers
le rétablissement d'une monarchie libérale formaient
entre eux un lien de plus. Après le retour des

Bourbons que tous deux avaient ardemment souhaité, nous vîmes, hélas! cette belle amitié attiédie par l'esprit de parti et quelquefois mêlée d'amertume.

Un mariage heureux avec une Lyonnaise riche et jolie avait depuis quelques années fixé Camille Jordan dans sa ville natale. Il eût été impossible d'être plus aimable. Une candeur d'enfant, de l'enthousiasme, de la grâce, un incomparable mouvement donnaient à sa conversation un attrait tout particulier. Éloquent et généreux, son patriotisme était passionné. Bien que Camille Jordan eût vécu dans un monde choisi, il n'avait pu apprendre certaines nuances de forme, mais sa distinction naturelle était telle que ce vernis provincial avait chez lui de l'agrément et de l'originalité. Violemment rejeté hors de la vie politique en fructidor, il s'occupait, dans les loisirs d'une douce vie de famille, d'une traduction de la *Messiade* de Klopstock, à laquelle il travailla longtemps et qu'il laissa inachevée. Lorsque la Restauration lui rendit une action publique, Camille Jordan prit rang parmi nos orateurs les plus distingués. Nous nous étonnions parfois alors de tout ce que la parole de cet homme, si plein dans le commerce privé de douceur, de grâce et de charme, prenait à la tribune d'âpreté et d'emportement.

Tandis que Mme Récamier s'établissait à Lyon,

M. de Montmorency, après quelques mois de séjour à Toulouse et dans le midi de la France, s'était rapproché de sa famille, en deçà du rayon des quarante lieues qu'il ne devait pas dépasser. Il écrivait de Vendôme à son amie la lettre suivante :

« Vendôme, le 25 juin 1812.

« Je trouve que le séjour de Lyon m'est favorable, aimable amie. Je me hâte de vous remercier de cette lettre du 15 que j'ai reçue avant-hier, de ce grand papier, de ces quatre pages, de cette expansion de vos sentiments à laquelle j'attache tant d'intérêt. Ne dites pas que vous m'écrirez exactement toutes les fois que vous aurez à me parler de ce qui en a pour moi : cela peut-il être jamais autrement quand vous me parlez de vous-même? Il est vrai qu'à ce profond et constant intérêt il s'en joint en ce moment un autre que nous avons en commun, et qui m'occupe vivement ainsi que vous. Je suis bien touché de l'impression que vous en avez reçue. Ce que je désire uniquement, ce que je demande souvent par mes prières les plus intimes, c'est votre bonheur qui, moins que jamais, peut se séparer de l'estime des autres et surtout de la vôtre propre, de ce sentiment de paix intérieure dont vous me parlez d'une manière touchante et reconnaissante.

« Oui, ce que vous me dites de ce sentiment qui survit à beaucoup de véritables peines, de cette vie paisible et retirée très-propre à l'entretenir, de vos raisonnables projets pour vous instruire dans une science sur laquelle votre cœur seul vous a déjà tant appris, tout cela a produit sur moi une impression très-douce. Il y aurait aussi quelque chose de semblable dans les récits de la vie que je mène ici au sein d'une réunion de famille très-complète pour moi et qui commence à devenir nombreuse, depuis l'arrivée de Sosthènes qui a été promptement suivie de celle d'Adrien et de son fils. J'oublierais ici très-volontiers ma position, si ce n'était pas à elle-même que se rattachent les peines et les sacrifices de l'amitié. C'est de cet intérêt qui nous est vraiment commun que je veux vous entretenir.

« Vous n'avez sûrement pas ignoré la dernière méchanceté atroce qu'on *lui* a faite. Je serais avide de détails qui vont peut-être absolument me manquer. Ce sera un acte digne de votre générosité de m'en donner toutes les fois que vous le pourrez. Vous me promettez des explications sur une institution de bienfaisance qui a un double intérêt, puisqu'elle vous en a inspiré. Donnez-moi beaucoup de renseignements de ce genre sur Lyon : j'en avais demandé à Camille, qui a été empêché par la terrible épreuve qu'il a subie dans sa famille. Je jouis beaucoup d'apprendre qu'elles soient terminées.

Rien ne m'étonne de tout ce qu'une intimité plus habituelle vous fait découvrir en lui, et du charme qu'il doit répandre sur votre société. Parlez-lui de moi, et parlez de moi quelquefois ensemble.

« Qu'est-ce que ce bon baron[1] pouvait donc avoir de si pressé pour passer si peu de temps dans une ville où il avait le bonheur de vous voir arriver? J'ai peine à me défendre de mauvaises pensées sur l'impression, pour la première fois semblable, que nous lui faisons vous et moi. Adieu, aimable amie ; j'ai mené hier ma mère dans ces grands bois solitaires à qui il ne manque à mes yeux que de vous avoir reçue sous leurs ombrages. Notre amie m'y a laissé des traces de son passage. Quand puis-je vous y espérer? Ah! vous êtes bien sûre que votre souvenir y est déjà et qu'on y priera pour vous. Secondez-nous de votre côté et embrassez pour moi cette petite Amélie, que je vois d'ici toute tranquille et vous aimant bien. Faites agréer mes hommages reconnaissants à Mme votre belle-sœur. »

Ce fut Camille Jordan qui conduisit M. Ballanche[2]

---

1. Le baron de Vogt.
2. Pierre-Simon Ballanche, membre de l'Académie française et de l'Académie de Lyon, né dans cette dernière ville, le 4 août 1776; mort à Paris le 12 juin 1847.
Philosophe profond et philosophe chrétien, Ballanche est en même temps un des prosateurs les plus éminents et les plus classiques de ce siècle. Son âme angélique, sa rêveuse imagination, la candeur et la

chez Mme Récamier. Sitôt qu'elle fut arrivée à Lyon, il lui parla avec l'enthousiasme qui lui était ordinaire de son ami Ballanche, et sollicita la permission de le lui présenter : mais, avant de le lui amener, il lui fit lire ce qui avait déjà paru de ses *Fragments*. Puis il lui raconta comment Ballanche était devenu éperdument amoureux d'une fille noble et sans fortune; comment, la gêne de la famille de la jeune personne prenant sa source dans un procès long et ruineux, le bon Ballanche avait

vivacité de ses enthousiasmes ne le rendaient pas propre à l'action; aussi ne se mêla-t-il point aux événements du temps, bien qu'il fût lié d'intime amitié avec la plupart des hommes qui, sous la Restauration, eurent part aux affaires publiques.

Il fut un des plus constants amis de M. de Chateaubriand, qu'il avait connu en 1802, et il avait donné, avec son père, imprimeur à Lyon, la 2e et la 3e édition du *Génie du Christianisme*.

M. Ballanche avait publié, en 1800, un volume qui est devenu extrêmement rare et qu'il n'a point réimprimé dans ses œuvres complètes : *Du Sentiment considéré dans ses rapports avec la littérature et les arts*. Ce livre, incomplet, sans doute, renferme pourtant des beautés du premier ordre, et fut comme le précurseur de l'ouvrage éclatant qui marqua la renaissance chrétienne en France.

On a de M. Ballanche :

Fragments, 1808, recueillis en 1 v. en 1819;

Antigone, 1814;

Essai sur les Institutions sociales, 1818;

Le Vieillard et le Jeune Homme, 1819;

L'Homme sans nom, 1830;

Palingénésie sociale, 1830;

Orphée, même année;

Vision d'Hébal, 1834;

Formule générale de l'Histoire romaine, ouvrage dont quelques extraits seulement ont paru dans la *Revue de Paris*.

fait des propositions très-élevées à la partie adverse pour en obtenir la cession de ses prétendus droits, objets du litige, dans l'intention de rendre ainsi à cette famille repos et fortune; comment, accueilli avec bienveillance par le père, il avait aspiré à la main de la jeune fille et comment ses espérances avaient été déçues.

Le désespoir de cet amour rebuté s'exhalait dans les belles et harmonieuses pages qu'il a intitulées *Fragments*.

Ballanche ainsi annoncé fut présenté par Camille Jordan.

A partir de ce jour, son âme et sa vie furent enchaînées; dès ce moment M. Ballanche appartint à Mme Récamier.

La laideur de M. Ballanche, résultat d'un accident qui avait défiguré ses traits, avait quelque chose d'étrange : d'horribles douleurs de tête qu'un charlatan avait voulu faire disparaître par un remède violent avaient amené une carie dans les os de la mâchoire; il devint nécessaire d'en enlever une partie, et de plus on dut faire subir à M. Ballanche l'opération du trépan. De toutes ces souffrances il s'en était suivi une difformité dans l'une de ses joues.

Des yeux magnifiques, un front élevé, une expression de rare douceur, et je ne sais quoi d'inspiré à certains moments, compensaient la disgrâce et l'irrégularité de ses traits, et rendaient impossible, malgré la gaucherie et la timidité de toute la personne, de se méprendre sur ce que cette fâcheuse enveloppe renfermait de belles, de nobles, de divines facultés. David d'Angers, s'inspirant de la physionomie et saisissant avec justesse la grandeur empreinte dans cette tête, a pu faire de M. Ballanche (de profil, il est vrai) un très-beau médaillon d'une ressemblance frappante.

Le lendemain de sa présentation chez Mme Récamier, M. Ballanche y revint seul, et se trouva tête à tête avec elle. Mme Récamier brodait à un métier de tapisserie; la conversation d'abord un peu languissante prit bientôt un vif intérêt, car M. Ballanche, qui trouvait avec peine ses expressions lorsqu'il s'agissait des lieux communs ou des commérages du monde, parlait extrêmement bien, sitôt que la conversation se portait sur l'un des sujets de philosophie, de morale, de politique ou de littérature qui le préoccupaient.

Malheureusement les souliers de M. Ballanche avaient été passés à je ne sais quel affreux cirage infect, dont l'odeur, d'abord très-désagréable à Mme Récamier, finit par l'incommoder tout à fait. Surmontant, non sans difficulté, l'embarras qu'elle éprouvait à lui parler de ce prosaïque inconvénient, elle lui avoua timidement que l'odeur de ses souliers lui faisait mal.

M. Ballanche s'excusa humblement en regrettant

qu'elle ne l'eût pas averti plus tôt, et sortit ; au bout de deux minutes il rentrait sans souliers, et reprenait sa place et la conversation où elle avait été interrompue. Quelques personnes, qui survinrent, le trouvèrent dans cet équipage et lui demandèrent ce qui lui était arrivé. « L'odeur de mes souliers incommodait Mme Récamier, dit-il, je les ai quittés dans l'antichambre. »

Je place ici une lettre qui fut adressée à Mme Récamier par M. Ballanche quelques mois plus tard, le surlendemain du jour où elle quitta Lyon pour se rendre en Italie; elle fera comprendre mieux, que tout ce que je pourrais dire, le rapport qui s'était établi entre elle et l'auteur d'*Antigone*.

M. BALLANCHE A Mme RÉCAMIER.

Février 1813.

« Madame,

« Je ne sais si vous savez combien a été aimable la promesse que vous avez exigée de moi, de vous écrire le soir même du jour de votre départ. Vous avez senti combien votre absence m'allait être pénible, après la si douce habitude que vous aviez bien voulu me laisser contracter de vous voir tous les jours. Vous avez voulu adoucir, autant qu'il était en vous, l'amertume que je devais en ressentir. Vous êtes bien la plus excellente des femmes. Je dois vous l'avouer, Madame, il m'est arrivé assez souvent de me trouver tout étonné des bontés que vous avez eues pour moi. Je n'avais point lieu de m'y attendre, parce que je sais combien je suis silencieux, maussade et triste. Il faut qu'avec votre tact infini vous ayez bien vite compris tout le bien que vous deviez me faire. Vous qui êtes l'indulgence et la pitié en personne, vous avez vu en moi une sorte d'exilé, et vous avez compati à cet exil du bonheur.

« Un naturel un peu timide met trop de réserve dans tous mes discours. J'écrirai ce que je ne pouvais prendre sur moi de dire.

« Permettez-moi à votre égard les sentiments d'un frère pour sa sœur. J'aspire après l'instant où je pourrai vous offrir, avec ce sentiment fraternel, l'hommage du peu que je puis. Mon dévouement sera entier et sans réserve. Je voudrais votre bonheur aux dépens du mien; il y a justice à cela, car vous valez mieux que moi.

« Tous les soirs je consacrerai quelques instants à *Antigone:* je tâcherai de la faire un peu semblable à vous; ce sera un moyen de me distraire du souvenir des soirées que j'avais coutume de passer auprès de vous, sans me distraire de vous, ce qui me serait impossible. Vous me permettrez aussi de vous écrire.

« Il est bien tard. Vous me renverriez si j'étais chez vous : vous voudriez vous coucher.

« Dieu vous donne un bon sommeil ! »

Dans une autre lettre, en parlant à Mme Récamier du besoin de dévouement qui avait toujours rempli son âme, M. Ballanche lui disait :

« Vous étiez primitivement une Antigone, dont on
« a voulu, à toute force, faire une Armide. On y a
« mal réussi : nul ne peut mentir à sa propre
« nature. »

Mme Récamier, en venant à Lyon, y avait été surtout attirée par l'espérance fortement enracinée dans son cœur de revoir Mme de Staël. Non-seulement elle voulait la revoir, mais elle se flattait, en se rapprochant ainsi de la Suisse, de pouvoir combiner son départ avec celui de son amie. Ce projet que M. de Montmorency combattait vivement ne se réalisa point. Mme de Staël ne vint pas à Lyon où son fils Auguste fit seul une apparition. Le découragement et la tristesse de Mme Récamier s'accroissaient à mesure qu'elle voyait sa réunion à Mme de Staël devenir impossible; elle exprimait ses anxiétés à M. de Montmorency dont la tendre compassion s'efforçait de ranimer son courage, et le bon Ballanche, devenu aussi le confident des douleurs de l'exil, s'attachait avec d'autant plus d'ardeur à celle à qui sa générosité n'avait valu que l'isolement.

M. DE MONTMORENCY A M{ms} RÉCAMIER.

« Vendôme, le 4 juillet 1812.

« Je voulais vous écrire tous ces jours-ci, aimable amie ; une course dans les bois où j'ai passé une partie de la journée d'hier m'en a encore empêché, et vous me pardonnerez d'avoir fait passer avant vous Camille à qui je devais le compliment de l'amitié sur la mort de sa belle-mère. J'ai été tout à fait touché de la petite lettre que vous êtes bien aimable de m'avoir écrite dans un état de souffrance dont l'écriture portait la pénible empreinte.

« Vous me demandez de vous plaindre : ce mot sorti d'une bouche telle que la vôtre pourrait étonner bien des gens qui verraient l'impression que vous produisez dans un salon et ces hommages de tout genre qui vous suivent dans la solitude d'une province comme dans les cercles de Paris. Ce n'est pas là ce qui me paraîtrait à moi devoir éloigner tout sentiment de commisération ; mais je trouverais d'autres motifs de vous féliciter et de vous relever de la tentation de l'abattement, dans la connaissance plus intime que j'ai de votre caractère, dans une certaine bonté, une certaine générosité qui ne peuvent pas exister sans énergie, et qui décèlent dans l'âme des forces peut-être inconnues à vous-même ; dans le bonheur que vous avez eu, au milieu de tant d'obstacles naturels, et naturellement invincibles, de remonter par penchant, par conviction, à la source unique du véritable courage et du seul bonheur possible sur la terre.

« Cependant, lorsque les forces vous manquent pour puiser jusqu'au fond de cette source, pour utiliser tous les trésors que vous avez en vous-même, et donner à ce que vous avez de rectitude dans l'esprit et dans le cœur son application tout entière, en prenant une fois pour toutes un généreux parti, dont Dieu, j'ose vous le garantir, vous récompenserait au centuple : alors, aimable amie, je suis tout prêt à vous accorder, non ce sentiment de pitié, dont le nom seul me répugne à employer ainsi, mais la plus tendre, la plus sincère, la plus profonde commisération. Je conçois, je plains, je partage ce qu'il y a de pénible dans ce genre unique d'isolement.

« Mais l'amitié a aussi le droit de réclamer contre ce mot : on n'est pas isolé avec son Dieu et des amis ! D'ailleurs, où est la sûreté, l'efficacité, où sont les espérances raisonnables d'un autre parti ? J'oserais défier votre propre cœur de pouvoir séparer, même pour quelques instants, les idées de devoir et de bonheur ! Il faut donc se résigner à une position qui est le résultat de circonstances tout à fait indépendantes de notre volonté, ou plutôt l'ouvrage d'une volonté supérieure. Je voudrais surtout que vous eussiez échappé au danger particulier qu'a pour vous le besoin de se dévouer à des amis malheureux. Certes je serais moins disposé que personne, dans l'occupation commune que j'ai d'eux, à leur disputer la consolation de recevoir de vous des preuves d'une amitié généreuse, mais je vous supplie de ne pas passer cette exacte limite. Ils ne peuvent pas douter de votre intérêt, et ils devraient être au désespoir de ce qui engagerait ou compromettrait votre vie tout entière.

« J'ai réuni ici mes deux cousins. Adrien m'a quitté, mais va me renvoyer incessamment son fils qu'il me confie pour quelques mois. C'est une responsabilité d'éducation encore plus grande que celle de votre petite Amélie. Je conserve encore pour une quinzaine au moins ma famille la plus intime. Ensuite ils retourneront à Paris, et moi je me promènerai dans les environs pendant quelques semaines pour nous réunir encore dans les bois. Votre pensée me suivra partout. Que la mienne aussi, mais surtout que la première de toutes ne vous abandonne jamais. »

Bien peu de jours après avoir reçu cette lettre de Mathieu de Montmorency, il parvint à Mme Récamier quelques lignes datées de Coppet. C'en était fait! Mme de Staël avait quitté la France.

10 juillet.

« Je vous dis adieu, mon ange tutélaire, avec
« toute la tendresse de mon âme. Je vous recom-
« mande Auguste. Qu'il vous voie et qu'il me re-
« voie. C'est sur vous que je compte pour adoucir
« sa vie maintenant et pour le réunir à moi quand
« il le faudra. Vous êtes une créature céleste; si
« j'avais vécu près de vous, j'aurais été trop heu-
« reuse. Le sort m'entraîne. Adieu. »

On se rappelle peut-être qu'en insistant pour faire quitter Châlons à son amie, Mme de Staël mettait au nombre des avantages qu'elle rencontrerait à Lyon, celui de la société d'un préfet *homme de bonne compagnie* : mais ce préfet, jusque-là en effet, homme du monde, d'esprit et de manières agréables, reçu, ainsi que sa femme, fréquemment et presque intimement chez Mme Récamier, se trouva être du nombre des fonctionnaires qui *s'éloignaient* d'une exilée. Une seule visite fut échangée entre la préfecture et la nouvelle venue, et le préfet, dans son zèle officiel, voulut en profiter pour donner à cette dernière des conseils qu'elle ne lui demandait pas et qu'elle aurait eu le droit de qualifier d'un autre nom. Presque en même temps eut lieu un autre désagrément du même genre, mais moins sérieux.

Il y avait peu de semaines que Mme Récamier était à Lyon, lorsque M. Eugène (depuis duc) d'Harcourt, homme d'un esprit aussi aimable que son caractère est indépendant, vint à traverser cette ville et s'y arrêta quelques jours, pour donner à une personne exilée, avec laquelle il était en relation, un témoignage de sa sympathie. Il se trouvait précisément chez Mme Récamier, où venait aussi d'arriver Mme Delphin, au moment où elle recevait la visite d'un Lyonnais, sorte de bel esprit fort prétentieux, très-démonstratif, à la fois ridicule et familier.

M. G. de B. avait été accueilli à Paris par M. Récamier avec la bienveillance cordiale qu'il témoignait à tous ses compatriotes. L'exil de Mme Récamier n'était point arrivé à sa connaissance, et il venait d'apprendre, en traversant la place de Bellecour, que cette femme célèbre était à Lyon et logée à l'hôtel de l'Europe. Sans perdre une minute, il y accourt et se fait annoncer. Après mille compliments, et force protestations de reconnaissance pour M. Récamier, cet importun personnage raconte qu'il donne le surlendemain une fête à la campagne, et supplie la belle Parisienne de lui accorder l'insigne faveur d'y assister. Mme Récamier résiste, objecte sa santé, la présence de M. d'Harcourt venu pour elle à

Lyon, le tout en vain : le maudit homme n'en démordait point, et on n'en fut délivré qu'après qu'il eut arraché à Mᵐᵉ Récamier, à sa belle-sœur et à M. d'Harcourt la promesse que, le surlendemain, ils honoreraient sa fête champêtre de leur présence. M. G. de B., charmé du lustre que ne pourra manquer de donner à sa fête la présence d'une femme célèbre et d'un grand seigneur, annonce dans toute la ville cette bonne fortune, jusqu'à ce qu'enfin on l'avertît de l'exil de Mᵐᵉ Récamier. Son désespoir alors ne connut pas de bornes et il résolut de la recevoir de telle sorte qu'elle ne ferait pas un long séjour chez lui.

Au jour dit, Mᵐᵉ Récamier se met en route avec les deux personnes comprises dans la malencontreuse invitation. Quoique fort ennuyées de la perspective d'une corvée champêtre et littéraire, aucune d'elles ne croyait possible de manquer de parole à un homme si empressé, si obligeant et d'avance si profondément pénétré de gratitude pour la faveur qu'il avait sollicitée. On arrive ; la grille du parc était ouverte, il y avait nombreuse compagnie de gens entièrement étrangers aux arrivants ; ils s'informent du maître et de la maîtresse de la maison, on leur répond qu'ils sont dans le jardin ; ils s'y rendent pour les chercher et les saluer, et aperçoivent enfin M. G. de B. dans une sorte de salle de verdure, grimpé sur la balustrade d'un jeu de bague dont il comptait les coups.

Sans daigner descendre en apercevant les trois invités dont la présence avait été sollicitée par lui avec tant d'opiniâtreté, il leur fait de la tête un petit salut protecteur, et continue de marquer les points. Un semblable accueil n'était point celui auquel étaient accoutumés de tels hôtes; ils échangèrent entre eux un regard de stupéfaction et remontèrent en voiture pour revenir à Lyon. L'aventure qui, au premier moment, les avait fort choqués, finit par leur sembler bouffonne. A quelques jours de là, on eut la clef de la conduite étrange de M. G. de B. Lui-même la donna à Mme Delphin qu'il alla voir : la candeur de sa platitude était si complète qu'il n'en faisait même pas l'apologie. Ce même G. de B. sollicita, au retour des Bourbons, la place de lecteur du roi, qui lui fut accordée sous Louis XVIII. Les antichambres de tous les régimes sont toujours peuplées des mêmes figures.

Le passage des voyageurs était fréquent à Lyon, et ce mouvement offrit quelques distractions à Mme Récamier; c'est ainsi qu'elle eut la visite du marquis de Catellan, comme elle avait eu celle de M. d'Harcourt. Le duc d'Abrantès, en se rendant en Illyrie, s'arrêta aussi quelques heures à l'hôtel de l'Europe. Talma vint, dans le courant de l'année 1812 à 1813, donner un certain nombre de représentations au Grand-Théâtre.

L'état de faiblesse de la duchesse de Chevreuse

allait croissant d'une façon effrayante; elle ne se levait plus que quelques heures chaque jour, et d'ordinaire c'était vers le soir qu'elle se faisait habiller; elle assista néanmoins aux représentations de Talma avec Mme de Luynes et Mme Récamier. Cette dernière avait connu personnellement ce grand artiste chez Mme de Staël qui, passionnée pour le théâtre, professait la plus entière admiration pour le talent de Talma; Mme Récamier l'avait même reçu quelquefois chez elle. Talma, étant venu lui faire une visite, fut par elle engagé à dîner.

Qu'on ne se scandalise point de l'alliance des noms que les circonstances me forcent à rapprocher. Précisément à l'époque où Talma se trouvait à Lyon et y jouait au Grand-Théâtre devant un public électrisé, l'abbé de Boulogne, évêque de Troyes, prédicateur d'un grand talent et alors en butte à la persécution, était de passage dans la même ville. Un hasard singulier l'amena chez Mme Récamier le jour où Talma y dînait. L'évêque de Troyes, prêtre infiniment respectable, esprit cultivé et littéraire, avait l'usage du meilleur monde et son caractère était doux et modéré. Familier avec les chefs-d'œuvre de la scène, et n'ayant de sa vie été au spectacle, l'occasion de rencontrer un tragédien du premier ordre lui parut une heureuse fortune.

Talma, que Mme Récamier lui présenta, mit de l'empressement et une bonne grâce respectueuse à réciter devant lui ceux de ses rôles où il avait à exprimer un sentiment religieux. Il le fit avec l'énergie et la supériorité de son admirable talent. L'abbé de Boulogne ravi exprimait naïvement l'émotion qu'il éprouvait. A son tour, Talma sollicita humblement la faveur d'entendre le prédicateur dans quelque morceau brillant de ses sermons. L'évêque ne s'y refusa pas. Après avoir écouté l'orateur avec un vif intérêt, Talma loua sa diction, fit quelques observations sur ses gestes et ajouta : « C'est très-« bien jusqu'ici, Monseigneur (montrant le buste du « prédicateur); mais le bas du corps ne vaut rien. « On voit bien que vous n'avez jamais songé à vos « jambes. »

Depuis que la nouvelle du départ de Mme de Staël était parvenue à Mme Récamier, et depuis qu'elle avait vu s'évanouir l'espérance toujours si chère de rejoindre l'amie dont la disgrâce l'avait enveloppée sans que le sort les réunît, elle éprouvait avec plus de vivacité l'amertume de son isolement. C'est en vain que Mme Delphin, faisant appel à toute la charité de sa belle-sœur, l'associait à ses visites aux malades et aux prisonniers. L'âme sympathique de Mme Récamier, facilement touchée à l'aspect de la souffrance d'autrui, oubliait un moment sa propre peine; mais ce poids soulevé retombait en l'accablant.

La tendresse et le babil de sa petite nièce Amélie,

dont elle s'occupait avec une affection maternelle, amenaient quelquefois sur ce beau visage un sourire qui n'y paraissait plus guère, et le bon M. Ballanche, ému de la plus tendre pitié, lui écrivait :

« Je voudrais avoir une occasion de vous prouver à
« quel point je vous suis attaché, à quel point mon
« âme a connu la vôtre. Je ne sais nul être sur la
« terre qui vous égale ; je n'en sais point, et je
« connais cependant quelques êtres bien éminents.
« On vous connaît mal, on ne vous connaît pas
« tout entière ; ce qu'il y a de meilleur en vous se
« devine. »

Si Mme Delphin associa sa belle-sœur à beaucoup de ses bonnes œuvres, il en fut, et en grand nombre, dont la générosité de Mme Récamier eut l'initiative ; je ne puis me refuser à en rappeler une dont le succès fut trop complet pour qu'il soit permis de la passer sous silence.

Une petite Anglaise, enlevée par des saltimbanques, et qu'on employait à faire des tours sur la place publique, fut amenée dans la cour de l'hôtel de l'Europe où elle donna aux gens de l'auberge un échantillon de sa souplesse ; Mme Récamier, à laquelle une dame Anglaise, retenue en France depuis la rupture de la paix d'Amiens, lady Webb, en avait parlé, la vit, fut attendrie par sa jolie figure et sa misérable condition, fit des démarches pour l'arracher à ce triste métier, et se chargea des frais de son apprentissage. En quittant Lyon, elle confia la suite de cette bonne œuvre à Mme Delphin. Quelques années après, en 1821, lorsqu'un dernier revers de fortune avait contraint Mme Récamier à chercher un asile à l'Abbaye-aux-Bois, elle reçut de sa belle-sœur la lettre que voici, et eut la joie d'apprendre que le ciel avait couronné, dans sa pauvre protégée, la constance de son charitable intérêt.

Lyon, 16 juillet 1821.

« Vous apprendrez avec plaisir, ma bonne sœur,
« par la lettre que je joins à la présente que Dieu a
« béni tout ce que vous avez fait pour la jeune An-
« glaise que vous avait recommandée milady Webb :
« les excellents principes que lui a inculqués la maî-
« tresse chez laquelle vous avez payé son appren-
« tissage, l'ont amenée à un tel degré de vertu qu'elle
« a été trouvée digne d'être admise dans la commu-
« nauté des sœurs du refuge de Saint-Michel. C'est
« à vous, après Dieu, à qui elle doit le bonheur
« d'avoir embrassé la religion catholique, et, par
« suite, d'être entrée dans un saint état, qui fait
« présager pour elle le bonheur des élus ! Elle ne
« cessera, m'a-t-elle dit, de prier le Seigneur pour
« qu'il répande sur vous toutes ses grâces, pour

« vous récompenser du bien que vous lui avez pro-
« curé.

« Je suis privée depuis longtemps du plaisir de
« recevoir de vos nouvelles, j'aime à croire que votre
« santé est telle que je le désire; je serais charmée
« d'en avoir la confirmation. Si vous ne pouvez
« écrire, j'engage Amélie, que j'embrasse du meil-
« leur de mon cœur, à y suppléer.

« M. Frayssinous, à son retour des eaux de Vichy,
« a passé par notre ville; j'ai eu l'avantage de me
« trouver dans une maison où il vint faire une visite.
« Je me rappelais qu'Amélie m'avait écrit qu'il ha-
« bitait l'Abbaye-aux-Bois, ce qui m'autorisa à lui
« parler de vous. On aurait fort désiré le garder
« quelques jours ici dans l'espoir de l'entendre prê-
« cher, mais il a répondu qu'il était attendu à Paris.

« Je vous renouvelle, mon aimable sœur, l'assu-
« rance de mon inviolable attachement.

« Veuve Delphin, née Récamier. »

A la fin de janvier 1813, M. Mathieu de Montmorency, que préoccupait la position de son amie,
mais qui n'était point libre de voyager comme il le
voulait, put enfin venir à Lyon. Il comprit que
Mme Récamier avait besoin de changer de lieu, et
l'encouragea dans la pensée d'un voyage d'Italie
dont le projet plaisait à son imagination.

Le voyage fut résolu, et, dans les premiers

jours du carême, Mme Récamier partit avec sa nièce et sa femme de chambre. M. de Montmorency l'accompagna jusqu'à Chambéry : elle voyageait à petites journées, dans une voiture à elle, avec des chevaux de voiturin. Cette façon d'aller, inusitée à présent, a bien son charme dans un pays où chaque étape offre un objet de nature à exciter vivement l'intérêt et la curiosité. La voiture renfermait une bibliothèque bien choisie, et comme Mme Récamier a toujours aimé la régularité et la méthode dans la distribution de son temps, elle s'était fait une sorte de règlement de vie que facilitait la ponctualité des repos obligés pour les chevaux. M. Ballanche s'était occupé du choix des livres, et avait joint l'*Histoire des Croisades,* qui venait de paraître, au *Génie du Christianisme.* On se nourrissait, d'ailleurs, des poëtes italiens. La petite caravane atteignit ainsi heureusement Turin, où Mme Récamier accepta pour quelques jours chez M. Auguste Pasquier, administrateur des droits réunis, et frère cadet du baron Pasquier, alors préfet de police, une bienveillante hospitalité dans un doux intérieur de famille.

M. Pasquier ne trouva point prudent pour sa belle compatriote de continuer sa route vers Rome, comme elle l'avait commencée, en compagnie d'un enfant et d'une femme de chambre : il insista fortement pour qu'elle consentît à associer à son voyage un compagnon, homme sûr et d'un âge déjà respectable.

C'était un Allemand très-instruit, très-modeste, botaniste distingué, qui venait de terminer l'éducation d'un jeune homme de grande maison, et qui, libre désormais, voulait visiter Rome et Naples. L'association avec cet excellent homme ne laissa à Mme Récamier et à sa petite compagne qu'un souvenir tout à fait agréable. M. Marschall était extrêmement réservé, et le plus souvent se tenait sur le siége de la voiture. On se mettait en route à six heures et demie du matin ; vers onze heures ou midi on s'arrêtait pour déjeuner et pour faire manger les chevaux ; on repartait vers trois heures, et l'on marchait jusqu'à huit, qu'on atteignait la couchée.

Fréquemment à l'heure où le soleil s'était abaissé à l'horizon de telle sorte qu'on ne souffrit plus de la chaleur, Mme Récamier montait auprès du discret Allemand pour causer avec lui et pour jouir de la belle nature des pays qu'on traversait. Bien souvent, après avoir échangé quelques paroles gracieuses avec ce compagnon de voyage dont la discrétion, le respect et l'humeur toujours égale la touchaient fort, Mme Récamier saisie par le sentiment de sa situation, par le souvenir des amis éloignés, de la famille absente, perdue en quelque façon dans un pays étranger avec un enfant de sept à huit ans, sous la protection de cet inconnu, excellent sans doute, mais sans liens avec son passé comme avec son avenir, Mme Récamier tombait dans de longs et tristes silences. Un soir, entre autres, c'était au pied des murailles de la ville fortifiée d'Alexandrie, par un clair de lune splendide, on dut attendre le visa des passe-ports et l'abaissement du pont-levis plus d'une heure. La douceur de l'air, la transparence de la lumière, le silence des campagnes, la beauté de la nuit avaient plongé Mme Récamier dans une rêverie profonde, et ses compagnons de voyage s'aperçurent tout à coup que son visage était baigné de larmes. La petite Amélie essaya par ses caresses de consoler un chagrin dont elle ne comprenait pas la cause; pour M. Marschall, témoin respectueux de cette profonde mélancolie, jamais il ne la troubla, même par un mot de sympathie inopportun. Ce silence plein de délicatesse était une des choses dont la belle exilée lui avait conservé le plus de reconnaissance.

Après avoir successivement traversé Parme, Plaisance, Modène, Bologne, Mme Récamier s'arrêta huit jours à Florence et arriva enfin à Rome dans la semaine de la passion.

Ce fut à Rome qu'elle se sépara du bon M. Marschall auquel elle garda toujours un souvenir de gratitude, et qu'elle revit à Paris, avec un vrai plaisir, en 1814.

Descendue chez Serni, place d'Espagne, Mme Récamier, avant de s'établir dans son appartement, voulut prendre possession de la ville éternelle en visitant immédiatement Saint-Pierre et le Colisée.

Rome était veuve de son pontife, et cette capitale du monde chrétien n'était alors que le chef-lieu du département du Tibre. M. de Tournon, absent lors de l'arrivée de Mme Récamier, en était préfet ; M. de Norvins était chargé de la police, et le général Miollis commandait les troupes françaises. — La douleur de la captivité du pape était générale et profonde dans la population romaine ; l'aversion pour la domination française perçait en toute occasion et animait au même degré le peuple et l'aristocratie. Au milieu des circonstances si graves qui agitaient l'Europe, le nombre des étrangers était presque nul dans cette ville qui a le privilège d'attirer à elle les pèlerins et les curieux de l'univers entier. Ce deuil et cette tristesse donnaient encore peut-être quelque chose de plus saisissant à l'aspect de Rome.

Mme Récamier avait une lettre de crédit et de recommandation pour le vieux Torlonia, lequel était depuis longtemps en rapport d'affaires avec M. Récamier ; il mit un extrême empressement à lui offrir ses services et à lui présenter sa femme.

Ce Torlonia, banquier le matin et dans son comptoir, duc de Bracciano le soir et dans son salon, qui a fait de ses fils des princes, et des grandes dames de toutes ses filles, était un personnage singulier. Doué d'une remarquable intelligence en affaires, avare comme un juif et somptueux comme le plus magnifique grand seigneur, il faisait, cette année-là même, arranger et meubler son beau palais du Corso; Canova exécutait pour lui le groupe d'Hercule et Lycas ; et en même temps, non-seulement il faisait mille ladreries, mais il les racontait comme des traits d'esprit. Mme Torlonia, la duchesse de Bracciano, avait été admirablement belle; quoiqu'elle ne fût plus jeune en 1813, elle avait encore de la beauté. Elle était bonne, et comme les Italiennes de ce temps-là, faisait un étrange amalgame de galanterie et de dévotion. Un jour d'épanchement, elle racontait avec quel soin elle avait évité que le repos de son mari ne fût troublé par son fait, et elle ajoutait : « Oh ! c'est lui qui sera bien étonné au jugement dernier ! »

L'établissement de Mme Récamier chez Serni ne fut que passager; au bout d'un mois elle loua le premier étage du palais *Fiano* dans le Corso, et son salon y devint le centre du peu de Français et d'étrangers que Rome renfermait alors. De ce nombre était un M. d'Ormesson, Français doux et aimable, dont la société était sûre et ne manquait pas d'agrément. Le comte, alors baron de Forbin, artiste, homme de lettres, chambellan, homme à bonnes fortunes, très-bon gentilhomme, et de l'esprit le plus brillant, s'y trouvait en même temps. Sa conversation était étincelante de verve comique ; il contait bien et mimait ses histoires de la plus piquante façon.

M. de Forbin avait été fort occupé de la princesse Pauline Borghèse, sœur de l'empereur, et voyageait en Italie un peu par ordre, pour expier ce qu'il y avait eu de trop affiché dans cette liaison. Son ami et son émule le peintre Granet était avec lui à Rome, et rien ne les a honorés davantage l'un et l'autre que l'amitié qui les unit jusqu'à la mort.

M. de Norvins venait aussi presque journellement chez Mme Récamier, quoique fonctionnaire; mais chargé de la police, il trouvait dans le seul salon de Rome qui fût ouvert, et chez une exilée, un intérêt de société auquel il était sensible, car il était homme d'esprit, et un intérêt de métier.

L'absence du souverain pontife ne permettait point que les cérémonies de la semaine sainte fussent accomplies à la chapelle Sixtine; ce fut dans la chapelle du chapitre de Saint-Pierre que le vendredi saint on exécuta le fameux *Miserere* d'Allegri.

On sait le prodigieux effet de cette musique, à la nuit tombante, et quel était le timbre de ces voix d'homme aiguës auxquelles on a, depuis, renoncé, mais dont la qualité avait quelque chose de surnaturel. Mme Récamier, émue et comme transportée, entend auprès d'elle les sanglots qu'arrachait à un homme placé à très-peu de distance une impression musicale encore plus vive que celle qu'elle éprouvait ; sa surprise ne fut pas médiocre en reconnaissant, dans ce mélomane si profondément attendri par la musique religieuse, le chef de la police française.

Une des premières visites de Mme Récamier à Rome avait été pour l'atelier de Canova ; elle ne lui était pas particulièrement recommandée, mais tout étranger était admis à visiter les *studi* de l'illustre sculpteur. Après qu'elle eut parcouru toutes les salles où se trouvaient exposés, soit les plâtres des statues dont l'artiste ne possédait plus les originaux, soit les marbres qu'il venait d'achever, ou les ouvrages au point que les praticiens dégrossissaient, et qu'elle eut admiré à loisir les productions de ce gracieux ciseau, elle arriva à l'atelier réservé au travail personnel de Canova. Désireuse de lui témoigner sa très-sincère admiration, l'étrangère lui fit passer son nom. A l'instant même Canova sortit de son atelier. Il était en costume de travail et tenait à la main son bonnet de papier ; il insista pour que Mme Récamier pénétrât dans le mystérieux réduit ; il mit à cette proposition une simplicité et une bonne grâce auxquelles la mignardise de son accent vénitien très-prononcé allait bien. Là se trouvaient deux personnes, son frère, et l'abbé Cancellieri, antiquaire distingué, ami intime des deux frères.

Entre l'artiste éminent, admirateur passionné de la beauté, et Mme Récamier qui comprenait et sentait si vivement les arts et qui eut toujours le culte du talent, il devait s'établir une rapide sympathie : dès le même soir, Canova en compagnie de son frère l'abbé, vint rendre à l'étrangère la visite qu'il en avait reçue, et à partir de ce jour ne manqua plus de venir passer sa soirée chez elle. Il arrivait de bonne heure et se retirait toujours un peu avant dix heures. Mme Récamier allait très-fréquemment le voir travailler; il aimait à parler de son art et des compositions qu'il projetait. Chaque matin un billet de Canova, écrit de ce style caressant et un peu excessif, familier à la langue italienne, venait apporter le bonjour et le tribut de ses sentiments.

Les soins que Canova prenait de sa santé étaient minutieux et multipliés; ses journées étaient réglées aussi méthodiquement que celles d'un religieux. Il les commençait en assistant à la messe de son frère l'abbé. Ce frère ne le quittait pas plus que son ombre; rien n'était plus touchant que le rapport de tendresse, de déférence et de protection qui les unissait. L'abbé était beaucoup plus jeune et seulement frère de mère du célèbre sculpteur; il avait été élevé par lui. C'était un esprit fin et doux, défiant comme tous les Italiens, et d'un caractère très-timoré; il avait beaucoup d'instruction et servait de secrétaire et de lecteur à son frère aîné. Il faisait un sonnet par jour, et, pendant tout le séjour de Mme Récamier à Rome, le sonnet quotidien fut dédié à *la belissima Zulieta*.

L'existence de Canova était simple et large : il habitait au second étage du Corso un bel appartement, confortablement meublé, dont les murailles étaient ornées de très-belles gravures, reproduction de chefs-d'œuvre. Ses gens ne portaient point de livrée; sa voiture n'avait point de recherche; sa table était abondante et bien servie, et il exerçait avec enjouement et cordialité une hospitalité étendue; mais là n'était point son luxe : il le réservait pour ses rapports avec les artistes et les hommes de lettres auxquels il était toujours prêt à donner de généreux secours, et avec ses ouvriers qu'il payait magnifiquement. Canova avait de très-beaux traits, sa figure était noble et grave, ses manières simples et affectueuses; il avait non-seulement de la bonté, mais de la bonhomie et de la gaieté, ce qui n'excluait chez lui ni la finesse, ni même une innocente ruse. Il ne parlait pas facilement le français et s'exprimait de préférence dans sa propre langue. Canova eut pour Mme Récamier une amitié tendre et sincère: il avait besoin d'affections, il aimait les habitudes et la paix, et dut apprécier vivement le charme de la société d'une femme dont la douceur et l'égalité d'humeur étaient inaltérables, dont l'esprit avait du mouvement, qui savait louer et admirer avec enthousiasme.

Les nouvelles que Mme Récamier recevait de Lyon confirmaient toutes les craintes qu'elle avait eues en quittant la duchesse de Chevreuse. Mme de Luynes, dans ces douloureux moments, sentait plus encore le vide de l'absence de celle qui, pendant une année, avait été pour elle et pour sa belle-fille une si douce compagnie. Elle écrivait à Mme Récamier :

LA DUCHESSE DE LUYNES A Mme RÉCAMIER.

« Lyon, ce 10 juin 1813.

« Combien j'aurais besoin, ma belle, de vous voir et de vous parler de mes chagrins! Depuis six semaines, la maladie de ma pauvre charmante a fait les progrès les plus alarmants. Dans l'intervalle, elle a voulu impérativement faire ce maudit voyage de Grenoble; on a donc cédé à sa volonté. La route, quoique avec deux repos, l'a fort fatiguée. Nous y avons loué deux appartements, nous nous y sommes établies, elle y a reçu cette compagnie qu'elle aime, qui était à ses ordres et lui montrait amitié et intérêt : elle se levait à sept heures pour la recevoir à huit, jusqu'à neuf heures et demie. Elle était extrêmement faible, les crachements de sang sont survenus, nous n'avions de ressources ni en médecin ni en apothicaire; elle a voulu s'en aller et se remettre sous la direction de M. Socquet.

« Nous sommes revenues ici le 5 mai. J'ai eu le bonheur de trouver un logement près de la maison où nous étions. Mais ma pauvre malade est plus souffrante que jamais ; tout lui déplaît ; il faut lui pardonner, car elle est bien à plaindre : elle crache le pus et a un commencement d'enflure aux pieds et aux mains. Elle voit son état sous les couleurs les plus noires; je crains qu'elle n'ait raison : je suis bien malheureuse. Elle a désiré voir ma fille [1], je l'ai mandée, elle sera ici à la fin de la semaine prochaine; elle la distraira peut-être, je ne puis en venir à bout. Ce qui me fait plaisir, c'est que ces Lyonnais dont elle a dit tant de mal viennent la voir tous les jours de huit heures jusqu'à neuf.

« En vous écrivant je regarde de temps en temps votre petit buste [2] qui m'a suivie et me suivra j'espère partout : je l'aime, je ne puis dire qu'il me console de votre absence, mais il me fait du bien. J'éprouverais un grand bonheur à vous embrasser, à vous parler de ma peine ; vous vous entendez si bien à charmer que je serais soulagée en vous voyant. En attendant, je vous embrasse, ma belle, de tout mon cœur. »

LA MÊME.

« Lyon, ce 3 juillet 1813.

« S'il était possible que l'intérêt et l'amitié d'une personne aussi aimable que vous pussent consoler,

1. Mme Mathieu de Montmorency.
2. Une réduction du buste de Mme Récamier, par Chinard.

ma belle, d'un malheur dont je suis menacée tous les jours, j'éprouverais cette consolation. Votre lettre du 25, qui m'est arrivée hier, m'a fait un vrai plaisir. Venons aux tristes détails de l'état de mon intéressante malade. Figurez-vous que cette figure, cet éclat, cette beauté est enveloppée du voile de la.... je ne puis écrire ce mot. Elle est enflée depuis les pieds jusqu'à la ceinture ; les mains jusqu'en haut du bras le sont de même ; elle avale encore, mais parfois avec difficulté ; elle souffre peu, elle a toute sa tête. Heureusement pour elle, elle a une insensibilité absolue pour tout ce qui l'entoure : son frère, qui est ici, est pour elle un objet d'indifférence ; elle me supporte. mais pas plus. C'est une horrible maladie que celle qui brise des liens qui devraient presque vous survivre ; je suis au désespoir. J'ai toute la journée le spectacle le plus déchirant, je la vois s'affaiblir tous les jours; Martin tous les jours prononce l'arrêt le plus funeste. Voilà près d'un mois que le danger existe; le voyage de Grenoble l'a tuée. Ma fille m'est d'un grand allégement : je lui parle au moins, cela me soulage. Je ne sais plus quand je vous verrai, cette idée m'afflige.

« Adieu, ma belle, plaignez-moi et aimez-moi comme je vous aime. Je vous embrasse de tout mon cœur. »

LA MÊME.

« Dampierre, ce 18 juillet 1818.

« Vous aurez vu, ma belle, par la dernière lettre que je vous ai écrite de Lyon, l'horrible malheur qui m'était réservé. J'ai perdu celle que j'aimais de toute l'étendue de mes forces, de toute mon âme enfin, le 6 juillet dernier. Il n'est pas possible de peindre le chagrin que j'ai. Vous avez jugé vous-même comme elle était attachante, comme elle méritait que je l'appellasse *ma charmante,* comme elle m'aimait, comme elle était spirituelle, aimable! Qu'il est cruel de ne plus parler d'une si brillante personne qu'au passé! Je ne puis me faire à cette idée; c'est un arrêt solennel que je ne puis croire prononcé. Je la vois, je la soigne toujours; je trouve que ma raison me fait bien souffrir en me faisant sortir de cette illusion.

« Combien vous, qui avez de graves et aimables qualités, vous l'auriez encore plus appréciée que vous ne faites, si elle n'eût pas été si malade et si, de voir souvent une personne distinguée comme vous, pour qui elle voulait se montrer tout entière, ne l'eût pas fatiguée, au point qu'elle me disait : « Je la « trouve charmante, je la verrais souvent ; mais je « l'ennuierais, je souffre trop. »

« Quel état et quelle maladie, chère belle! Elle a souffert presque tout son exil, et les trois dernières années ont été les plus douloureuses.

« Elle était, quelques jours avant le dernier, d'un changement à faire peur, décrépite et l'œil hagard. Une fois qu'elle m'a été enlevée, c'était un ange, sa figure revenue et superbe. Je suis restée près d'une heure à la contempler, à baiser ses mains; j'étais absorbée au point que je n'ai pas pensé à la faire modeler, j'en suis au désespoir. Je n'ai d'elle qu'un portrait du temps qu'elle était enfant, peu ressemblant. Pensez à moi, et aimez-moi comme je vous aime. »

M. Ballanche vint dans les premiers jours de juillet passer une semaine à Rome pour y voir Mme Récamier. Il fit la route par le courrier, sans s'arrêter ni jour ni nuit, dans la crainte de perdre quelques-uns des moments dont il disposait. La joie de voir arriver ce parfait ami fut grande, et le soir même, après dîner, Mme Récamier voulut lui faire les honneurs de Rome. On était assez nombreux et on partit en trois voitures : il s'agissait de faire une promenade au Colisée et à Saint-Pierre. La soirée était resplendissante; chacun selon son humeur exprimait ou contenait ses impressions. Canova s'enveloppait de son mieux dans un grand manteau dont il avait relevé le collet, et tremblant que le serein ne lui fît mal, trouvait que les dames françaises avaient de singulières fantaisies de se promener ainsi à l'air du soir. Pour M. Ballanche, heureux de retrouver la personne qui disposait de sa vie, exalté par l'aspect des lieux et par les graves souvenirs qui s'y rattachent, il se promenait à grands pas sans mot dire, les mains derrière le dos. (Cette attitude lui était familière.) Tout à coup Mme Récamier s'aperçoit qu'il a la tête nue : « Monsieur Ballanche, lui dit-elle, et « votre chapeau? — Ah! répondit-il, il est resté à « Alexandrie. » Il y avait en effet oublié son chapeau et n'avait pas depuis songé à le remplacer, tellement sa pensée s'abaissait peu à ces détails de la vie extérieure.

Rappelé par ses devoirs auprès de son père, M. Ballanche vit bien rapidement et avec désespoir s'écouler le temps de son séjour à Rome. Il écrivait de la route.

M. BALLANCHE A Mme RÉCAMIER.

« Ce 13 juillet 1818.

« Il ne faut pas que je me laisse gagner par l'ennui; je suis seul, le poids de la solitude me pèse horriblement. Permettez, Madame, que je me soulage de ce poids en m'entretenant un instant avec vous. Je n'ai rien pour ces sortes d'intervalles : je n'ai aucun goût à la lecture; la vue d'une belle nature et d'un monument est pour moi un mouvement machinal de mes yeux et une fatigue pour ma pensée; je ne m'y *prends* point. Je voudrais pouvoir ôter de ma vie ces moments de vide et de délaissement. Je suis entre Rome et Lyon, il me semble que je suis tout à fait hors de mon existence.

« Je ne trouve rien en moi, non-seulement qui puisse me suffire, mais même qui puisse m'aider à passer le temps. Pauvre et triste nature que je suis! ils sont passés ces jours de Rome, ils ne reviendront plus! que ne puis-je les recommencer. Au moins si je vous savais dans un lieu de repos, vous prenant aux choses de la vie, souriant aux distractions! mais j'ai trop lieu de croire que vous sentez aussi un poids qui vous fatigue. Je vous vois sur la triste terrasse du triste palais que vous habitez, véritable lieu d'exil. »

Le chagrin que M. Ballanche éprouvait à laisser M#me# Récamier seule en pays étranger lui faisait voir sous des couleurs beaucoup trop mélancoliques l'existence qu'elle s'y était créée. Extrêmement sensible aux jouissances et aux distractions des arts, elle-même convenait que pendant la durée de son exil, le temps qu'elle avait passé en Italie était celui où elle avait le moins douloureusement senti la peine d'être arrachée à toutes ses habitudes.

Au reste, ces jours de Rome que M. Ballanche regrettait tant de voir disparus, se renouvelèrent pour lui. Onze ans plus tard, libre de tout lien, il visita l'Italie, il habita Rome avec celle à laquelle il s'était uniquement dévoué. Si dans ce second voyage, la vue des beautés de la nature continua à le laisser presque toujours indifférent, si les chefs-d'œuvre des arts ne donnèrent que d'incomplètes jouissances à une imagination peu frappée des objets extérieurs, l'aspect des monuments de la Rome antique lui révélèrent tout un côté mystérieux de l'histoire. Ce fut à Naples en 1824 qu'à travers les difficultés d'une langue qu'il ne se donna jamais la peine d'apprendre à fond, M. Ballanche pénétra le génie de Vico si semblable au sien. De cette intime alliance entre la grandeur des souvenirs et la philosophie italique, naquit la Formule générale de l'Histoire romaine, une de ses conceptions les plus originales et les plus fécondes.

Je n'ai point encore parlé d'un Français fixé à Rome depuis un grand nombre d'années, et que Mme Récamier y vit très-habituellement. M. d'Agincourt était venu en Italie en 1779 avec l'intention d'y passer quelques semaines, et il n'en était plus sorti. Antiquaire passionné, il employa les quarante années de son séjour à Rome à composer le grand ouvrage sur l'*Histoire de l'art par les monuments*, qui a rendu son nom célèbre et le place en tête de ceux dont s'honore l'archéologie du moyen âge.

Il habitait à la Trinité-du-Mont une petite maison qui porte le nom de Salvator Rosa. Cette modeste demeure que précédait une espèce de jardin où les fragments de colonnes, de chapiteaux et de bas-reliefs se mêlaient aux fleurs, et que couronnaient les pampres et les grappes d'une vigne magnifique, offrait un coup d'œil particulièrement riant et pittoresque. M. d'Agincourt avait la tournure et les manières d'un gentilhomme de l'ancienne cour, une politesse parfaite, une galanterie toute chevaleresque et une bienveillance expansive. Son grand âge (il avait quatre-vingt-trois ans) l'empêchait dès lors de faire aucune visite, et c'était Mme Récamier qui allait souvent le voir chez lui.

Cet aimable vieillard aimait fort à conter, et le faisait bien : le hasard de la destinée avait permis que Mme Récamier eût connu, à son entrée dans le monde, un assez grand nombre des contemporains de M. d'Agincourt, comme M. de Narbonne, le duc de Guines, la marquise de Coigny, et ne fut ainsi étrangère à presque aucun des souvenirs ou des noms que, dans ses récits, le spirituel antiquaire rappelait le plus volontiers. Aussi ne la voyait-il jamais partir qu'avec un grand regret; souvent dans la conversation il lui arrivait de lui dire : « Vous vous rappelez telle personne, » et puis par une prompte réflexion il ajoutait : « J'oublie toujours que vous êtes trop jeune, vous n'étiez pas née au temps dont je parle. » Au reste, cette pure et douce existence allait bientôt s'éteindre : M. d'Agincourt ne survécut que de quelques mois au départ de la personne qui avait charmé ses derniers jours.

Cependant la saison s'avançait; les chaleurs et les fièvres allaient faire déserter Rome, et M*me* Récamier hésitait sur le lieu où elle irait avec sa nièce chercher un abri. Canova lui offrit de partager l'appartement qu'il habitait à Albano *alla locanda di Emiliano*. Cette proposition faite avec un vif désir de la voir accepter le fut en effet, et M*me* Récamier devint pendant deux mois l'hôte de Canova, à la condition que toutes les fois que l'illustre sculpteur et son frère viendraient à la campagne, ils n'auraient point d'autre ménage que celui de la dame française. Canova en effet n'abandonnait jamais ses travaux et son atelier; il allait hors de Rome, pendant les grandes chaleurs, de temps à autre, chercher du repos, de la fraîcheur, pour se retremper plutôt que pour y faire un séjour prolongé, et il avait choisi Albano comme l'habitation la plus saine.

Son établissement y était des plus modestes : *la locanda di Emiliano* était une auberge située sur la place du Marché, en face de la rue assez rapide qui monte à l'église. Canova se réserva la partie de l'appartement qui donnait sur la place, et fit prendre à M*me* Récamier celle dont les fenêtres s'ouvraient sur la campagne. L'appartement était au second étage; la villa de Pompée étendait à gauche ses magnifiques ombrages, la mer bornait l'horizon, et dans la vaste plaine qui se déroulait sous le grand balcon de la chambre habitée par Mme Récamier, mille accidents de terrain, de végétation, de lumière, variaient, selon l'heure et le temps, une des plus belles vues du monde. Cette pièce, qui servait de salon, avait des rideaux de calicot blanc, et les murs en étaient ornés de gravures coloriées des peintures d'Herculanum.

Le souvenir de ce séjour d'Albano s'est conservé dans le tableau d'un peintre romain, M. J.-B. Bassi, tableau que Canova envoya à Mme Récamier en 1816. L'artiste a rendu naïvement, et la vue magnifique dont on jouissait de cette chambre et l'extrême simplicité de l'ameublement. Mme Récamier est représentée assise près de la fenêtre, et plongée dans la lecture d'un livre qu'elle tient ouvert sur ses genoux.

Chaque matin, de très-bonne heure, Mme Récamier et sa petite compagne parcouraient ensemble les belles allées qui bordent le lac d'Albano, auxquelles on donne le nom de *galeries*. Ces ombrages merveilleux, l'aspect du lac et de ses rives s'éclairant à la lumière du matin, avaient une incomparable beauté. Dans ces heureux pays où la lumière a tant de magie, on peut contempler indéfiniment et sans se lasser le même point de vue : la lumière suffit à varier incessamment le spectacle et à le rendre toujours nouveau et toujours beau. Canova et l'abbé venaient de temps en temps respirer, pendant trois ou quatre jours, l'air salubre et parfumé de ces bois.

Dans cette vie douce et monotone, Mme Récamier, comme à Châlons, s'était mise en relation avec l'organiste, et chaque dimanche touchait les orgues à la grand'messe et à vêpres. Un dimanche du mois de septembre, la *signora francese*, car c'était sous cette dénomination que la belle exilée était connue à Albano, revenait chez elle après vêpres et descendait avec la jeune Amélie la rue qui conduit de l'église à la place. Une foule nombreuse d'hommes en grands chapeaux et en manteaux stationnait dans cette rue devant une porte basse. La foule paraissait morne et consternée; aux questions de la dame étrangère il fut répondu qu'on venait d'amener et de déposer dans la salle basse et grillée qui servait de prison, un pêcheur de la côte, accusé de correspondance avec les Anglais, et qui devait être fusillé le lendemain au point du jour. Au même moment, le confesseur du prisonnier, prêtre d'Albano que Mme Récamier connaissait, sortit du cachot: il était extrêmement ému, et apercevant la dame française dont les aumônes avaient plus d'une fois passé par ses mains, il imagina qu'elle pourrait avoir quelque crédit sur les autorités *françaises* de qui dépendait le sort du condamné. Il s'avança vers elle: le peuple, qui sans doute eut la même pensée que lui, s'ouvrit sur le passage de la prison et avant d'avoir échangé dix paroles avec le confesseur, Mme Récamier, sans se rendre compte de la manière dont elle était entrée, se trouva avec le prêtre dans le cachot du prisonnier.

Le malheureux avait les fers aux pieds et aux mains; il paraissait jeune, grand, vigoureux; sa tête était nue, ses yeux étaient égarés par la peur; il tremblait, ses dents claquaient, la sueur ruisselait de son front, tout décelait son agonie. En voyant l'état d'inexprimable angoisse de cet infortuné, Mme Récamier fut saisie d'une telle pitié que, se penchant vers lui, elle le prit et le serra dans ses bras. Le confesseur lui expliquait que la *signora* était française, qu'elle était bonne et généreuse, qu'elle avait compassion de lui, qu'elle demanderait sa grâce. Au mot de grâce le condamné parut reprendre quelque peu sa raison : *Pietà ! pietà !* s'écriait-il. Le prêtre lui fit promettre de se calmer, de prier Dieu, de prendre un peu de nourriture, pendant que sa protectrice irait à Rome solliciter un sursis.

L'exécution étant fixée au lendemain matin, il n'y avait pas un moment à perdre. Mme Récamier retourna chez elle, demanda des chevaux de poste, et partit une heure après, résolue à faire tout ce qui serait en son pouvoir pour sauver le malheureux que la Providence n'avait pas vainement, du moins l'espérait-elle, mis sous ses yeux dans cet affreux état. Elle vit les autorités françaises de Rome et les trouva inflexibles; elle intercéda pour le pauvre pêcheur, mais ce fut en vain. Le général Miollis fut poli et affectueux; mais il ne pouvait rien. M. de Norvins se montra dur et presque menaçant : il répondit aux pressantes prières de Mme Récamier, en l'engageant à ne pas oublier dans quelle situation elle se trouvait elle-même, et en lui rappelant que ce n'était pas à une *exilée* à se mêler de retarder la justice du gouvernement de l'empereur. Le lendemain, elle revint à Albano dans la matinée, désespérée de l'insuccès de ses démarches, et l'imagination toujours poursuivie par la figure de l'infortuné qu'elle avait vu en proie à toutes les terreurs de la mort. Dans la journée, le confesseur du malheureux pêcheur vint la voir; il lui apportait la bénédiction du supplicié.

L'espoir de la grâce l'avait soutenu jusqu'au moment où on lui avait bandé les yeux pour le fusiller; il avait dormi dans la nuit; le matin avant de monter sur la charrette, car on l'avait exécuté sur la côte, il avait pris quelque nourriture et ses yeux se tournaient sans cesse du côté de Rome, où il croyait toujours voir apparaître la *signora francese* apportant sa grâce. Ce récit, sans diminuer les regrets de Mme Récamier, calma pourtant son imagination par la certitude que si son intervention n'avait pas sauvé le prisonnier, elle avait du moins adouci ses derniers moments.

Au mois d'octobre, Mme Récamier retourna à Rome. L'hiver n'amena pas beaucoup de voyageurs : les événements de la guerre, les revers de nos armées, l'ébranlement de la toute-puissance de Bonaparte sous l'effort de l'Europe coalisée, tenaient les cœurs dans une anxiété perpétuelle.

Victime du pouvoir arbitraire de Napoléon, Mme Récamier avait le droit de désirer sa chute ; elle aurait pu considérer comme le signal de l'affranchissement du monde l'événement qui seul devait lui rouvrir les portes de la France ; mais l'intérêt personnel ne la rendait insensible, ni à la gloire de nos armes, ni aux revers de nos soldats, et jamais elle ne permit qu'on prononçât devant elle un mot qui pût blesser le sentiment national.

M. Lullin de Chateauvieux fit un séjour passager à Rome. Genevois, homme d'un esprit vif, comique et brillant, lié intimement avec Mme de Staël, chez laquelle Mme Récamier l'avait connu à Coppet, sa présence fut très-agréable à celle-ci, et pour lui-même, et à cause des personnes qu'il lui rappelait et dont elle pouvait lui parler. En effet, une des privations dont Mme Récamier souffrait le plus, c'était la difficulté des correspondances avec Mme de Staël et avec ses autres amis.

M. de Montlosier, lui aussi, traversa Rome en se

rendant à Naples, et s'y arrêta quelques jours. Il s'en allait visiter le Vésuve et l'Etna, et n'était alors occupé qu'à étudier les volcans : esprit remarquable, mais extravagant, sincère, mais excessif et mobile. Il était depuis longues années en relation avec Mme Récamier, et elle le retrouva plus tard à Paris.

Le prince de Rohan-Chabot arriva à Rome vers le commencement de l'hiver, et fut bientôt au nombre des visiteurs les plus assidus de sa belle compatriote. M. de Chabot était chambellan de l'empereur, et c'était encore un des grands seigneurs ralliés par prudence au gouvernement de Bonaparte. Il était dans toute la fleur de la jeunesse, et avait, en dépit d'une nuance de fatuité assez prononcée, la plus charmante, la plus délicate, je dirais presque la plus virginale figure qui se pût voir. La tournure de M. de Chabot était parfaitement élégante : sa belle chevelure était frisée avec beaucoup d'art et de goût; il mettait une extrême recherche dans sa toilette; il était pâle, sa voix avait une grande douceur. Ses manières étaient très-distinguées, mais hautaines. Il avait peu d'esprit, mais quoique dépourvu d'instruction, il avait le don des langues : il en saisissait vite, et presque musicalement, non point le génie, mais l'accent.

On engageait fort Mme Récamier à compléter son voyage d'Italie par un séjour à Naples; elle en avait bien le désir, mais elle hésitait encore, et se demandait quel accueil elle recevrait des souverains de ce beau pays, le roi Joachim et la reine Caroline, (M. et Mme Murat) qu'elle avait connus avant leur élévation au trône et chez lesquels elle arriverait exilée. Tandis qu'elle était dans cette incertitude, elle reçut de M. de Rohan-Chabot, qui l'avait précédée à Naples, la lettre suivante :

M. DE ROHAN-CHABOT A Mme RÉCAMIER.

« Naples, ce 22 novembre 1813.

« Je me hâte de répondre à la lettre que j'ai reçue de vous hier, Madame, et je suis enchanté de voir que vous vous décidiez enfin à voir Naples. Soyez sûre que c'est la raison qui vous a inspiré cette pensée. J'ai fait part sur-le-champ au roi de votre détermination. Les ordres doivent être déjà donnés sur la route pour que vous y trouviez les escortes, si vous en aviez besoin ; mais on assure que les chemins sont très-sûrs en ce moment.

« Ma lettre, que je fais partir par l'estafette, vous arrivera demain mardi : je vous attends ici jeudi, à l'hôtel de la Grande-Bretagne, chez Magati.

« Songez, Madame, que le roi étant prévenu de votre arrivée prochaine, il y aurait mauvaise grâce à reculer, et, d'ailleurs, on dit que le roi part dans les premiers jours de décembre.

« J'eusse été capable de retarder mon départ pour vous voir, mais mon projet n'a jamais été de partir avant le 6 ou le 8 décembre. Je vous engage, pour éviter l'ennui des auberges, à passer une nuit. Alors il faudrait partir de Rome à sept heures du matin.

« Si j'osais, je vous prierais d'envoyer votre laquais porter une petite note ci-incluse, à mon logement à Rome, place des Saints-Apôtres. Je remercie beaucoup votre aimable secrétaire. Sera-t-il du voyage?

« Veuillez agréer, Madame, l'hommage de mon dévouement et de mon attachement: l'un et l'autre sont bien sincères.

« ROHAN-CHABOT. »

« Il suffirait, en cas que vous eussiez besoin d'escorte, que vous vous nommassiez. Le général Miollis pourrait vous donner un ordre pour les gendarmes sur le territoire romain. »

Assurée par ce message de trouver à Naples une bienveillance empressée, Mme Récamier se décida à quitter Rome dans les premiers jours de décembre 1813. Comme les routes à cette époque étaient infestées de brigands, elle accepta de voyager de conserve avec un Anglais, célèbre collecteur d'antiquités, le chevalier Coghill[1]. L'Anglais était dans

---

1. Les *Vases peints* de la collection de Sir J. Coghill ont été publiés par J. Millingen en 1817.

sa voiture avec ses gens, Mme Récamier dans la sienne avec sa nièce et sa femme de chambre ; on voyageait en poste, mais on devait se rendre à Naples en deux jours. Au second relais, à la poste de Velletri, on trouva les chevaux nécessaires aux deux voitures tout harnachés, tout sellés, les postillons le fouet à la main; on relaya avec une promptitude féerique. Même chose se produisit aux postes suivantes ; les voyageurs ne comprenaient rien à ce miracle. A un des relais pourtant on leur parla du *courrier* qui les précédait et qui faisait préparer leurs chevaux. Il devint évident qu'on profitait depuis le matin d'une erreur, et Mme Récamier s'amusa du mauvais tour qu'on jouait au voyageur victime du malentendu dont elle profitait.

Grâce à la façon dont on avait été servi et mené, on arriva de fort bonne heure à Terracine où l'on devait souper et coucher. Mme Récamier venait de refaire sa toilette en attendant que le repas fût servi, lorsqu'un grand bruit de grelots, de chevaux, et le claquement du fouet de plusieurs postillons attira la voyageuse à la fenêtre. C'étaient deux voitures avec le même nombre de chevaux que celles de la petite caravane anglo-française : ce ne pouvait être que les voyageurs auxquels on avait avec persistance enlevé les relais préparés; puis un bruit de pas se fait entendre dans l'escalier, et une voix d'homme haute et irritée se fait entendre : « Où sont-ils ces insolents qui m'ont volé mes chevaux sur toute la route? » A cette voix, que Mme Récamier reconnut à merveille, elle sortit de sa chambre, et répondit avec un éclat de rire : « Les voici, et c'est moi, monsieur le duc. »

Fouché, duc d'Otrante, car c'était lui, recula un peu honteux de sa fureur, en apercevant Mme Récamier; quant à elle, sans paraître se douter de l'embarras qu'il éprouvait, elle lui proposa d'entrer chez elle. Fouché se rendait à Naples en toute hâte, chargé d'une mission de l'empereur : il s'agissait de maintenir le roi Murat dans la fidélité à son beau-frère. La terre commençait à manquer sous les pas du conquérant; Joachim était vivement pressé par l'Angleterre d'entrer dans la coalition, et ne résistait plus qu'à demi et par un sentiment d'honneur; il était donc très-important pour Bonaparte de ne pas perdre cet allié, et Fouché avait raison d'être pressé. Il eut avec Mme Récamier une demi-heure de conversation assez vive, et lui demanda avec humeur ce qu'elle allait faire à Naples : il voulut lui donner quelques conseils de prudence. « Oui, Madame, lui disait-il, rappelez-vous qu'il faut être doux quand on est faible. — Et qu'il faut être juste quand on est fort, » lui fut-il répondu. L'ancien ministre de la police impériale poursuivit sa route, et les autres voyageurs arrivèrent tranquillement à Naples le lendemain.

A peine Mme Récamier était-elle installée à Chiaja, chez Magati, dans l'appartement que M. de Rohan lui avait retenu, qu'un page de la reine venait lui apporter les plus gracieuses félicitations sur son heureuse arrivée, s'informer de sa santé, et lui exprimer, au nom des deux souverains, le désir de la voir le plus tôt possible. Le page était accompagné d'une immense et magnifique corbeille de fruits et de fleurs : cette façon de souhaiter aux gens la bienvenue parut à la petite compagne de Mme Récamier la plus charmante du monde, et ne permettait guère qu'on tardât à en exprimer sa reconnaissance.

Le lendemain, Mme Récamier se rendait au palais et était reçue par le roi et la reine avec tous les témoignages d'un vif empressement et d'une affectueuse bienveillance.

Mme Murat, lorsqu'elle avait envie de plaire, était douée de tout ce qu'il fallait pour y réussir. Sa capacité pour le gouvernement et pour les affaires était réelle, et elle en donna des preuves dans toutes les occasions où elle fut chargée de la régence; elle avait de la décision, un esprit prompt et une volonté ferme. Susceptible d'affections vraies, son âme n'était pas dépourvue de grandeur, et plus qu'aucune des femmes de sa famille, elle eut le respect des convenances et le sentiment de la dignité extérieure.

Mme Murat avait, pour les personnes qui lui plaisaient, des attentions extrêmement délicates; elle semblait en deviner les goûts, les habitudes, tant elle mettait de soin à les satisfaire avec promptitude et à s'y conformer. Cette disposition charmante, dans les rapports d'égal à égal, empruntait du rang suprême bien plus de prix encore et de grâce.

Ce qui est certain, c'est qu'elle combla Mme Récamier, et que celle-ci n'eut qu'à se défendre des témoignages de confiance et d'amitié qu'on lui donnait. Loges à tous les théâtres, hommages de toutes sortes, préférences marquées en toute occasion, fêtes, et mieux encore, intimité de tous les moments si elle l'eût acceptée, soins minutieux de sa santé, rien ne manquait, je le répète, à ce royal empressement. Mme Récamier en souffrait toutes les fois qu'elle en voyait souffrir la jalousie ou l'amour-propre des personnes de la cour qu'on lui sacrifiait. Ainsi la reine la faisait toujours passer devant toutes les dames. Un jour, à Portici, on se rendait du salon dans une galerie; la reine ayant ouvert la marche, Mme Récamier voulut réparer, en cette occasion, les blessures que tant de petites humiliations précédentes avaient faites : elle se retira en arrière pour laisser passer ces dames devant elle. Celles-ci se disposaient à le faire assez arrogamment, quand Mme Murat, se retournant et s'apercevant du manége, lança à ces malheureuses dames un regard foudroyant et leur dit d'une voix brève : « et Mme Récamier ! »

Le nom et le rang de M. de Rohan-Chabot l'avaient fait accueillir à la cour de Naples avec beaucoup de distinction ; ses agréments personnels lui valurent d'être particulièrement remarqué par la reine ; mais il ne profita de cet avantage que dans une mesure très-innocente : la piété qui a couronné la fin de sa vie était déjà chez lui vive et sincère.

J'ai parlé de Portici ; on y revint dîner après une matinée passée à Pompéï. Le roi sachant combien Mme Récamier aimait les arts, et l'intérêt qu'avaient à ses yeux les monuments de l'antiquité, voulut lui donner le divertissement d'une fouille. M. de Clarac et Mazois l'architecte reçurent l'ordre de la préparer, et, au jour désigné, Joachim, la reine et toute la cour se rendirent à Pompéï. Les ambassadeurs des diverses puissances, quelques étrangers de distinction, au nombre desquels se trouvaient Mme Récamier et M. de Rohan, avaient été convoqués à cette fête, que le roi mit beaucoup de galanterie à dédier à sa belle compatriote. Un déjeuner très-élégant fut servi dans les ruines ; on parcourut, sous la direction de M. de Clarac, les principaux monuments de Pompéï, et la fouille donna quelques beaux objets en bronze. Ce bruit, ce mouvement, ces pompes d'une cour moderne au milieu d'une ville d'un âge si différent du nôtre, et qui semble attendre ses habitants, formaient un contraste unique au monde, et laissèrent aux assistants une impression qui n'a pu s'effacer de leur souvenir.

Mme Récamier était arrivée à Naples dans les circonstances les plus graves pour le sort de ce beau royaume et pour l'avenir du souverain que les hasards de la fortune avaient placé à sa tête.

Murat avait été longtemps, en effet, un fidèle allié de la France et un vassal soumis de Napoléon; il fit la campagne de Russie et y combattit avec sa brillante valeur, partagea les dangers de la retraite jusqu'à Wilna, et là, quittant l'armée, revint à Naples mécontent et humilié. Il avait noué alors quelques négociations avec l'Autriche; néanmoins il prit encore part à la campagne de 1813, et ne revint à Naples qu'après la bataille de Leipzig.

Il en coûtait à Joachim et à sa femme de se séparer de la France, mais les événements de la guerre ne leur laissaient presque plus d'autre choix. Murat fit plusieurs tentatives pour exhorter son beau-frère à une paix possible encore et honorable; mais Napoléon traitait avec une inconcevable hauteur les rois qu'il avait faits : il ne daigna même pas répondre aux lettres du roi de Naples. Pendant ce temps, l'Angleterre et l'Autriche redoublaient leurs instances pour faire entrer Murat dans la coalition. Il n'était pas difficile de lui démontrer que c'était là le seul moyen d'éviter d'être entraîné dans la chute imminente de Napoléon; il ne l'était pas davantage de lui prouver que l'intérêt de ses sujets devait passer avant ceux de l'empereur, et que ses devoirs de roi devaient l'emporter sur ses devoirs de citoyen français. C'était au moment où l'esprit de Murat balançait, agité par la lutte de tant de devoirs et d'intérêts opposés, que Mme Récamier, exilée, fut accueillie par lui avec un empressement et une bienveillance infinie.

Mme Murat avait confié à Mme Récamier les incertitudes cruelles dont l'âme de Murat était déchirée. L'opinion publique à Naples, et dans le reste du royaume, se prononçait hautement pour que Joachim se déclarât indépendant de la France; le peuple voulait la paix à tout prix.

Mis en demeure par les alliés de se décider promptement, Murat signa, le 11 janvier 1814, le traité qui l'associait à la coalition. Au moment de rendre cette transaction publique, Murat, extrêmement ému, vint chez la reine sa femme; il y trouva Mme Récamier : il s'approcha d'elle, et espérant sans doute qu'elle lui conseillerait le parti qu'il venait de prendre, il lui demanda ce qu'à son avis il devrait faire : « Vous êtes Français, sire, lui répondit-elle, c'est à la France qu'il faut être fidèle. » Murat pâlit, et ouvrant violemment la fenêtre d'un grand balcon qui donnait sur la mer : « Je suis donc un traître », dit-il, et en même temps il montra de la main à Mme Récamier la flotte anglaise entrant à toutes voiles dans le port de Naples; puis se jetant sur un canapé et fondant en larmes, il couvrit sa figure de ses mains. La reine plus ferme, quoique peut-être non moins émue, et craignant que le trouble de Joachim ne fût aperçu, alla elle-même lui préparer un verre d'eau et de fleur d'oranger, en le suppliant de se calmer.

Ce moment de trouble violent ne dura pas. Joachim et la reine montèrent en voiture, parcoururent la ville et furent accueillis par d'enthousiastes acclamations; le soir, au Grand-Théâtre, ils se montrèrent dans leur loge, accompagnés de l'ambassadeur extraordinaire d'Autriche, négociateur du traité, et du commandant des forces anglaises, et ne recueillirent pas de moins ardentes marques de sympathie. Le surlendemain, Murat quittait Naples pour aller se mettre à la tête de ses troupes, laissant à sa femme la régence du royaume.

Je reviens sur quelques détails. Le comte de Neipperg, chargé d'une mission extraordinaire de l'Autriche, se trouvait alors à Naples. Ce personnage, qui devait, si peu de mois après, jouer un rôle inattendu, était déjà borgne et cachait l'œil qu'il avait perdu sous un bandeau noir; ce qui ne l'empêchait pourtant ni d'être agréable, ni même de plaire. Sa conversation était aimable et avait de l'attrait; ses manières étaient nobles; il aimait passionnément la musique, et était lui-même un musicien consommé. Il venait beaucoup chez Mme Récamier, et elle dut à son obligeance d'être tirée de l'inquiétude qu'elle éprouvait sur le voyage de Mme de Staël dont depuis plusieurs mois elle n'avait aucune nouvelle.

M. de Neipperg lui annonçait ainsi l'arrivée de son amie à Vienne.

LE COMTE DE NEIPPERG A Mme RÉCAMIER.

« Naples, ce 3 janvier 1814.

« Le général, comte de Neipperg, en présentant ses hommages respectueux à Mme Récamier, ose lui demander la permission de se présenter chez elle ; il a reçu, il y a peu de temps, des nouvelles de Mme de Staël et de sa famille ; il pense qu'elles pourront intéresser Mme Récamier, et il s'empresse de les lui communiquer, sachant combien Mme de Staël lui porte d'affection. »

Le ministre de France, M. Durand de Mareuil, venait également chez Mme Récamier toutes les fois qu'elle recevait ; ces deux diplomates s'observaient avec beaucoup d'attention et peu de bienveillance. Un soir, c'était quelques jours avant la signature du traité avec l'Autriche, Mme Récamier proposa de faire, comme chez Mme de Staël en Touraine, *une petite poste*. Chacun se mit autour de la table pour écrire, et M. l'ambassadeur de France commit dans le jeu, en interceptant un billet, une indiscrétion qui eût pu devenir aisément une grosse affaire.

Pendant l'absence de Joachim et la régence de Mme Murat, un matin que la reine était un peu souffrante et gardait le lit, Mme Récamier arriva pour la voir, au moment où le ministre de la justice, debout auprès de son lit, lui faisait signer des papiers relatifs à son département. Mme Récamier s'assit à quelque distance, et la reine continua à expédier les affaires. Prête à apposer sa signature sur un acte, Mme Murat s'arrêta et dit : « Vous seriez bien malheureuse à ma place, chère Madame Récamier, car voilà que je vais signer un arrêt de mort. — Ah ! Madame, répliqua celle-ci en se levant, vous ne le signerez pas ; et puisque la Providence m'a conduite auprès de vous en ce moment, elle voulait sauver ce malheureux. »

La reine sourit, et se tournant vers le ministre : « Mme Récamier, lui dit-elle, ne veut pas que ce malheureux périsse ; peut-on lui accorder sa grâce ? » Après un court débat, le parti de la clémence l'emporta, et la grâce fut accordée.

Cette circonstance, que Mme Récamier considéra comme une des plus heureuses de sa vie, lui laissa un souvenir bien doux : c'était le dédommagement du crève-cœur éprouvé à Albano. Ce fut ainsi, qu'en toute occasion et à tous les moments de ce séjour à

Naples, la reine donna à sa compatriote exilée les marques de la plus haute estime et de la plus affectueuse confiance; au reste, celle-ci les paya d'un bien reconnaissant attachement.

Les cérémonies de la semaine sainte rappelèrent les voyageurs à Rome où M*me* Récamier retrouva avec grande joie ses amis les *Canova*. — Deux ou trois jours après le retour de l'étrangère, les deux frères dont l'accueil avait été très-affectueux, très-empressé, mais empreint d'un certain air de mystère, l'engagèrent à se rendre à l'atelier pour y voir les travaux exécutés pendant son absence.

M*me* Récamier fut exacte au rendez-vous; l'atelier présentait peu de choses nouvelles : le groupe d'Hercule et Lycas était près d'être terminé, on avait mis au point certaines choses, achevé certaines autres; cependant Canova et l'abbé conservaient leur air radieux et mystérieux. On parvint enfin dans le cabinet particulier du sculpteur, et là encore, rien de neuf. Quand on se fut assis, Canova, qui avait eu grand'peine à se contenir jusque-là, tira un rideau vert qui fermait le fond de la pièce, et découvrit deux bustes de femme modelés en terre : l'un coiffé simplement en cheveux, et l'autre avec la tête à demi couverte d'un voile; l'un et l'autre reproduisaient les traits de M*me* Récamier. Dans les deux bustes, le regard était levé vers le ciel.

« *Mira, se ho pensato a lei,* » dit Canova avec toute

l'effusion de l'amitié et la satisfaction de l'artiste qui croit avoir réussi.

Je ne sais pas bien ce qui se passa dans l'esprit de Mme Récamier, mais quoique vivement touchée de la grâce que Canova avait mise à consacrer les trois mois de son absence à s'occuper d'elle et à reproduire ses traits, cette *surprise* ne lui fut pas très-agréable et elle n'eut pas le pouvoir de dissimuler assez vite et assez complètement ce qu'elle éprouvait.

En vain, s'apercevant que le cœur de l'ami et l'amour-propre de l'artiste étaient également froissés, essaya-t-elle de réparer la blessure que cette première impression avait faite, Canova ne la pardonna qu'à demi.

J'ignore ce qu'est devenu le buste coiffé en cheveux; pour celui qui portait un voile, Canova y ajouta une couronne d'olivier; et quand un peu plus tard, la belle Française lui demanda ce qu'il avait fait de son buste dont il n'était plus question, il répondit: « Il ne vous avait pas plu, j'en ai fait une Béatrice. » Telle est en effet l'origine de ce beau buste de la Béatrice du Dante que plus tard il exécuta en marbre et dont un exemplaire fut envoyé à Mme Récamier, après la mort de Canova, par son frère l'abbé, avec ces lignes :

« Sovra candido vel, cinta d'oliva,
« Donna m'apparve . . . . .
« DANTE.

« Ritratto di Giulietta Recamier modellato di memoria da Canova nel 1813 e poi consacrato in marmo col nome di Beatrice. »

Cependant le territoire français était envahi, les nouvelles devenaient de plus en plus sinistres pour Napoléon. Mme Murat en écrivant à Mme Récamier, et en lui peignant ses anxiétés, témoignait un vif désir de la revoir encore ; celle-ci se résolut à retourner à Naples pour quelques jours, mais cette fois, et pour une course aussi rapide, elle partit sans emmener sa nièce ; elle fit la route avec une famille anglaise et un officier de la flotte qu'elle avait connus à Naples quelques semaines auparavant, et que la curiosité avait amenés à Rome pour peu de jours. Elle trouva sa royale amie toujours chargée du poids de la régence, et préoccupée des plus tristes pensées. Sans doute le trône de Joachim semblait raffermi, et l'ébranlement de l'Europe le laissait debout et intact ; mais la destinée de Napoléon était accomplie, les troupes alliées étaient entrées à Paris, et ce grand capitaine, ce frère que Mme Murat avait quitté tout-puissant, et pour lequel elle éprouvait, non pas seulement de l'admiration, mais de la superstition, partait pour l'Ile d'Elbe !

Un matin la reine encore au lit décachetait et parcourait une masse de lettres, de journaux, de brochures venus de France : parmi tous ces papiers se trouvait l'écrit de *Bonaparte et les Bourbons.* « Ah !

dit la reine, une brochure de M. de Chateaubriand ! nous la lirons ensemble. » Mᵐᵉ Récamier la prit, en parcourut quelques pages, et la replaçant sur un guéridon, répondit : « Vous la lirez seule, Madame. » Deux ou trois jours après, Mᵐᵉ Récamier prit congé de la reine de Naples en lui exprimant une sympathie aussi vraie qu'elle devait rester fidèle. Elle reprit le chemin de Rome, et il est facile de comprendre combien elle avait hâte de revoir sa famille et Paris, dont la chute de Bonaparte lui rouvrait les portes.

Mᵐᵉ Murat voulut la faire accompagner dans sa route que la présence des brigands rendait périlleuse ; elle confia ce soin à M. Mazois, homme résolu et dévoué, en même temps qu'architecte savant et plein de goût. Le retour de Mᵐᵉ Récamier s'accomplit sans encombre ; M. Mazois fut moins heureux lorsqu'il regagna seul le royaume de Naples : il fut arrêté et dépouillé même de ses vêtements.

La Providence réservait à Mᵐᵉ Récamier, prête à quitter la ville éternelle, un de ces spectacles extraordinaires qui remplissent l'âme d'une émotion profonde et ineffaçable. Elle eut le bonheur d'assister à l'entrée de Pie VII dans sa capitale. Du haut de gradins placés sous les portiques que forment à l'ouverture du *Corso* les deux églises qui font face à la porte du Peuple, elle vit le pontife rentrer dans Rome. Jamais foule plus compacte, plus enivrée, plus émue, ne poussa vers le ciel les clameurs d'un enthousiasme plus délirant. Les grands seigneurs romains et tous les jeunes gens de bonne famille s'étaient portés au-devant du pape jusqu'à la Storta, dernier relais avant la ville. Là, ils avaient dételé ses chevaux; la voiture de gala du souverain pontife s'avançait ainsi traînée, précédée de ces hommes dont les figures étaient illuminées par la joie et animées par la marche. Pie VII se tenait à genoux dans la voiture; sa belle tête avait une indicible expression d'humilité ; sa chevelure parfaitement noire, malgré son âge, frappait ceux qui le voyaient pour la première fois. Ce triomphateur était comme anéanti sous l'émotion qu'il éprouvait; et tandis que sa main bénissait le peuple agenouillé, il prosternait son front devant le Dieu maître du monde et des hommes, qui donnait dans sa personne un si éclatant exemple des vicissitudes dont il se sert pour élever ou pour punir. C'était bien l'entrée du souverain, c'était bien plus encore le triomphe du martyr.

Pendant que le cortége fendait lentement la foule qui se reformait toujours sur ses pas, Mme Récamier et sa nièce quittant l'estrade et montant en voiture gagnèrent Saint-Pierre par des rues détournées. Des gradins avaient aussi été préparés autour de la Confession. Après une longue attente, elles virent enfin le saint vieillard traverser l'église et se prosterner devant l'autel; le *Te Deum* retentissait sous ces immenses voûtes, et les larmes inondaient tous les visages.

Mme Récamier ne voulut point quitter Rome sans aller visiter le général Miollis. Quand elle était arrivée dans le chef-lieu du département du Tibre, le général y commandait les forces françaises. Il maintenait dans la garnison une discipline exacte, et sa mansuétude et son désintéressement dans ce poste militaire, s'ils n'avaient pas suffi à réconcilier les habitants avec la domination française, la leur rendaient pourtant moins odieuse. Il avait été fort attentif pour Mme Récamier, et n'avait pas redouté, comme certains fonctionnaires civils, de témoigner une bienveillance aimable à une femme exilée.

Les positions étaient bien changées : on trouva le général Miollis absolument seul, avec un vieux soldat qui lui servait de domestique, dans la *villa* qu'il avait acquise et qui porte encore son nom. Il ne se disposait point à regagner la France, et parut extrêmement touché et presque surpris de la visite de Mme Récamier : il lui dit que c'était la seule qu'il eût reçue depuis qu'il avait quitté le commandement de Rome.

Peu de jours après, la voyageuse et sa petite compagne se mirent joyeusement en route pour la France. Elles passèrent à Pont-de-Beauvoisin le jour de la Fête-Dieu. La veille on avait encore couché en terre étrangère, on y avait entendu la messe, et dans l'après-midi, en touchant le sol de la patrie, on rencontrait les processions : Mme Récamier tout émue dit à sa nièce que c'était là un bon augure.

Mme de Staël, revenue à Paris avant son amie, lui adressait, le 20 mai 1814, ce billet que Mme Récamier recevait à Lyon :

Paris, le 20 mai 1814.

« Je suis honteuse d'être à Paris sans vous, cher
« ange de ma vie. Je vous demande vos projets;
« voulez-vous que j'aille au-devant de vous à Cop-
« pet où je veux passer quatre mois?

« Après tant de souffrances, ma plus douce per-
« spective, c'est vous, et mon cœur vous est à jamais
« dévoué.

« J'attends un mot de vous pour savoir ce que je
« ferai; je vous ai écrit à Rome et à Naples.

« Je vous serre contre mon cœur. »

Mme Récamier s'arrêta quelques jours à Lyon pour y prendre un peu de repos, surtout pour y voir sa belle-sœur et jouir encore de l'intimité d'une personne pour laquelle elle avait une si tendre vénération. Elle retrouvait d'ailleurs, dans cette ville, M. Ballanche et Camille Jordan. Elle se fit mettre par eux au courant, non point seulement des événements qui changeaient la face de l'Europe, les gazettes et les lettres l'en avaient instruite, mais du mouvement de l'opinion. Alexis de Noailles était à Lyon avec le titre de commissaire royal. Il vint voir Mme Récamier, et l'ayant accompagnée dans une fête donnée au palais Saint-Pierre en l'honneur du retour des Bourbons, le commissaire royal et la belle exilée y furent l'objet d'une sorte d'ovation.

Le 1er juin, Mme Récamier arrivait enfin à Paris, après un exil de près de trois ans qui n'avait jamais été révoqué.

LIVRE III

Ici commence une phase nouvelle de la vie de Mme Récamier, et se placent quelques années d'une existence aussi animée que brillante. Elle revenait à Paris après une absence de trois ans, n'ayant rien perdu de l'éclat et, pour ainsi dire, de la fleur de sa beauté. La joie sans mélange que lui causait ce retour la rendait radieuse; elle joignait à ce prestige toujours si puissant l'auréole de la persécution et du dévouement; et si dans une société ordonnée où les rangs s'étaient de plus en plus marqués, elle n'eut plus, comme dans sa première jeunesse et au sortir de la révolution, des triomphes de foule et des succès de place publique, l'élite de la société européenne lui décerna l'empire incontesté de la mode et de la beauté.

C'est le moment où j'ai vu Mme Récamier mener le plus la vie du monde avec tout ce que cette vie offre de séduction, d'agrément et de bruit.

La situation financière de M. Récamier n'était pas sans doute ce qu'elle avait été avant la catastrophe qui l'avait frappé; néanmoins, tout en poursuivant la liquidation de sa première maison, il avait renoué beaucoup d'affaires, et la confiance d'aucun de ses anciens correspondants ne lui avait fait défaut. Mme Récamier était d'ailleurs en possession de la fortune de sa mère qui s'élevait à quatre cent mille francs. Elle avait des chevaux, objet pour elle de première nécessité, attendu qu'elle ne savait pas marcher à pied dans la rue; elle reprit une loge à l'Opéra, et recevait ce jour-là après le spectacle.

Mme Récamier retrouvait à Paris, avec tous les succès du monde, toutes les jouissances de l'amitié. Mme de Staël y avait attendu le retour de son amie; Mathieu de Montmorency, comblé de joie par le rétablissement de la monarchie et de la maison de Bourbon objet de son culte et de ses regrets, était attaché comme chevalier d'honneur à Mme la duchesse d'Angoulême, ce type auguste du malheur et de la bonté; il devait à ce retour des princes légitimes le bonheur de revoir à Paris les deux amies qui lui étaient le plus chères.

La même circonstance ramenait en France une autre femme, amie d'enfance de Mme Récamier, dont la proscription et l'exil l'avaient séparée depuis dix ans : Mme Moreau, veuve de l'illustre et malheureux général, rentrée en France avec la fille, dont après son procès, Moreau, par sa lettre de Chiclana, lui annonçait la naissance. Après la mort du général Moreau, frappé hélas ! d'un boulet français dans les rangs de l'armée russe, l'empereur Alexandre avait accordé à sa veuve une pension de cent mille francs. Au retour des Bourbons en France, Louis XVIII, voulant donner un témoignage de son respect pour la mémoire du général républicain, fit offrir à Mme Moreau le titre de duchesse ; elle le refusa et ne voulut accepter que la dignité qui aurait appartenu au guerrier, s'il eût été vivant. On lui conféra donc le titre de *maréchale de France*. C'est, je crois, la seule fois que ce titre ait été donné à une femme.

On voyait alors à la fois, dans le salon de Mme Récamier, trois générations de Montmorency-Laval : le vieux duc encore vivant, Adrien de Montmorency, prince de Laval, son fils, et Henri de Montmorency son petit-fils, aimable, bon et loyal jeune homme qui faisait son entrée dans le monde, et qui eût noblement porté un grand nom si la mort n'eût tranché trop tôt le fil de sa vie. Présenté à Mme Récamier, il ne tarda pas à éprouver pour elle un sentiment d'admiration passionnée. Adrien de Montmorency disait avec grâce, en badinant sur cette impression à laquelle n'échappait aucune des générations de sa race : « Ils n'en mouraient pas tous, mais tous étaient frappés. »

Le marquis de Boisgelin venait très-habituellement chez Mme Récamier, ainsi que sa fille Mme de Béranger dont le mari avait péri dans la campagne de Russie; elle devint, peu de temps après, Mme Alexis de Noailles. On y voyait aussi la marquise de Catellan, la même qui dans un mouvement généreux était venue rejoindre à Châlons une amie frappée par l'exil; la marquise d'Aguesseau et sa fille Mme Octave de Ségur; Mme de Boigne et son père le marquis d'Osmond qui fut nommé ambassadeur de France à Turin; la duchesse des Cars, sa fille, la charmante marquise de Podenas et le frère de celle-ci, Sigismond de Nadaillac; MM. de Chauvelin, de Broglie, Armand et Paul de Bourgoing. Au milieu de tous les noms de l'ancienne monarchie, restés fidèles à la maison de Bourbon ou ayant servi l'empire, ceux qui dataient de la révolution se trouvaient en assez grand nombre : au premier rang, la princesse royale de Suède, Mme Bernadotte, qui était revenue habiter Paris après avoir fait un essai du climat de son futur royaume, dont sa santé n'avait pu supporter la rigueur. Elle portait en France le titre de comtesse de Gothland; Mme Récamier avait pour elle une véritable amitié; c'était une personne bonne, sûre, modeste, uniquement sensible aux affections domestiques, que la nature n'avait point faite pour le rang suprême : car elle n'avait aucune ambition, et détestait la gêne et l'étiquette. J'aurai plus d'une fois occasion de parler d'elle. Nommons encore Sébastiani ; la maréchale Marmont, duchesse de Raguse ; Mme Regnault de Saint-Jean-d'Angély ; j'en passe beaucoup d'autres.

En aucun temps, sous aucun régime, je n'ai vu Mme Récamier cesser de rechercher avec empressement les vaincus de toutes les opinions : aussi son salon a-t-il toujours été un terrain neutre sur lequel les hommes des nuances les plus opposées se sont rencontrés pacifiquement.

La société fut extrêmement animée toute cette année à Paris. Le sentiment national souffrait sans doute de la présence des étrangers dans la capitale de la France, mais on se consolait en pensant que nos troupes avaient bivouaqué dans les palais de tous les rois du continent. D'ailleurs, la lassitude de la guerre, de la conscription et du régime impérial était telle, il faut bien le dire, que la chute de ce pouvoir illimité donnait au pays entier le sentiment de la délivrance. Le prestige de nos armes était encore alors si grand pour les étrangers vainqueurs, qu'ils semblaient étonnés eux-mêmes de leur victoire, et, dans l'attitude de leurs soldats comme dans celle de leurs souverains, il y avait, vis-à-vis de la nation française, une nuance très-sensible de déférence et de respect ;

elle disparut à la seconde invasion. Nous gardions encore en 1814 toutes les conquêtes des arts; nous les perdîmes après les Cent-Jours.

Ce fut chez Mme de Staël que Mme Récamier rencontra, pour la première fois, le duc de Wellington.

Ici je retrouve, non point un fragment achevé du manuscrit de Mme Récamier, mais un sommaire de ce qu'elle voulait écrire sur ses rapports avec le général anglais. Je crois devoir l'insérer, sauf à compléter par quelques explications les circonstances indiquées dans ces notes.

LE DUC DE WELLINGTON.

SOMMAIRE.

« Enthousiasme de Mme de Staël pour le duc de
« Wellington. — Je le vois chez elle pour la pre-
« mière fois. — Conversation pendant le dîner. —
« Une visite qu'il me fait le lendemain. Mme de
« Staël le rencontre chez moi. Conversation sur lui
« après son départ. — Les visites de lord Wel-
« lington se multiplient. — Son opinion sur la po-
« pularité. Je le présente à la reine Hortense. —
« Soirée chez la duchesse de Luynes. Conversation
« avec le duc de Wellington devant une glace sans
« tain. — M. de Talleyrand et la duchesse de Cour-
« lande. Empressement de M. de Talleyrand pour

« moi. Éloignement que j'ai toujours eu pour lui.
« Mme de Boigne m'arrête au moment où je sortais
« suivie du duc de Wellington. — Continuation de
« ses visites. Mme de Staël désire que je prenne de
« l'influence sur lui. Il m'écrit de petits billets insi-
« gnifiants qui se ressemblent tous. — Je lui prête les
« lettres de Mlle de Lespinasse qui venaient de paraî-
« tre. Son opinion sur ces lettres. — Il quitte Paris.
« — Je le revois après la bataille de Waterloo. Il
« arrive chez moi le lendemain de son retour. Je ne
« l'attendais pas : trouble que me cause cette visite.
« — Il revient le soir et trouve ma porte fermée. Je
« refuse aussi de le recevoir le lendemain. — Il écrit
« à Mme de Staël pour se plaindre de moi. Je ne le
« revois plus. — Sa situation et ses succès dans
« la société de Paris. On le dit très-occupé d'une
« jeune Anglaise, femme d'un de ses aides de camp.
« — Retour de Mme de Staël à Paris. Dîner chez la
« reine de Suède avec elle et le duc de Wellington
« que je revois alors. Sa froideur pour moi, son oc-
« cupation de la jeune Anglaise. Je suis placée à
« dîner entre lui et le duc de Broglie. Il est maus-
« sade au commencement du dîner, mais il s'anime
« et finit par être très-aimable. Je m'aperçois de
« la contrariété qu'éprouve la jeune Anglaise placée
« en face de nous. Je cesse de causer avec lui et
« m'occupe uniquement du duc de Broglie. — Je ne
« vois plus le duc de Wellington que très-rarement. Il

« me fait une visite à l'Abbaye-aux-Bois à son der-
« nier voyage à Paris. »

Mme Récamier avait été certainement flattée de l'hommage que lord Wellington lui rendait ; mais toute la gloire militaire et toute l'importance politique du noble duc ne le lui faisaient trouver ni animé, ni amusant, et, quoi qu'en pût dire Mme de Staël, elle ne chercha point à exercer un empire que le général anglais eût sans doute facilement subi.

Lorsqu'au lendemain de la bataille de Waterloo, le duc de Wellington se présenta chez Mme Récamier, elle convient elle-même que cette visite inattendue la troubla. Ce trouble était l'effet d'un sentiment patriotique d'autant plus honorable que la personne qui l'éprouvait, proscrite par Bonaparte, était en droit de se réjouir de la défaite de celui qui avait été son persécuteur. Le duc de Wellington se méprit sur l'émotion de Mme Récamier ; il crut qu'elle était causée par l'enthousiasme, et c'est alors qu'il lui dit, en parlant de Napoléon : « Je l'ai bien battu. »

Ce propos, dans la bouche d'un homme tel que lord Wellington, révolta Mme Récamier, et elle lui fit fermer sa porte. Les fanfaronnades n'étaient point, il faut le reconnaître, dans l'humeur et dans les habitudes du duc de Wellington ; mais à ce moment de sa carrière, il n'échappa pas à l'enivrement du succès. On peut se rappeler qu'après la bataille de Waterloo, il se fit ouvrir à l'Opéra la loge royale dans laquelle il aurait, avec ses aides de camp, assisté au spectacle, si les murmures du parterre indigné ne l'eussent averti de l'inconvenance qu'il commettait.

Je trouve parmi les billets, qualifiés, à bon droit, d'*insignifiants*, du vainqueur de Waterloo, celui-ci où il est en effet question des lettres de Mlle de Lespinasse :

Paris, le 20 octobre 1814.

« J'étais tout hier à la chasse, Madame, et je
« n'ai reçu votre billet et les livres qu'à la nuit,
« quand c'était trop tard pour vous répondre. J'es-
« pérais que mon jugement serait guidé par le vôtre
« dans ma lecture des lettres de Mlle Espinasse, et
« je désespère de pouvoir le former moi-même. Je
« vous suis bien obligé pour la pamphlete de Mme de
« Staël.

« Votre très-obéissant et fidel serviteur

« WELLINGTON. »

Le style et l'orthographe ne prouvent pas dans ce héros une grande habitude de la langue française : quant à ce qu'il appelle *la pamphlete* de Mme de Staël, ce ne peut être que son ouvrage sur l'Allemagne qui parut en effet en 1814.

Ce fut pendant les premiers mois de la Restauration, que Mme Récamier, d'après le désir que lui avait exprimé la reine Hortense d'être mise en rapport avec le généralissime de l'armée anglaise, lui présenta le duc de Wellington. L'impératrice Joséphine, non plus que sa fille, n'avait point quitté Paris après la chute de Napoléon; elle reçut même l'empereur Alexandre à la Malmaison. Elle était morte le 27 mai 1814 avant le retour de Mme Récamier à Paris. Quant à la reine Hortense, elle avait accepté du roi Louis XVIII l'érection en duché de sa terre de Saint-Leu, et elle en portait le titre. Mme Récamier avait connu la duchesse de Saint-Leu avant son élévation au trône; c'était une personne inoffensive, bonne et généreuse pour ceux qui l'entouraient, dont les goûts étaient aimables, les manières élégantes, et qui eut toujours plus d'ambition qu'elle n'en avoua. Dans le courant de ce même été, la duchesse de Saint-Leu désira réunir chez elle à la campagne Mme de Staël, Mme Récamier et le prince Auguste de Prusse.

J'ai sous les yeux le billet par lequel Mme de Staël s'entend avec son amie sur ce projet. Le voici :

« La reine de Hollande nous invite à déjeuner
« pour demain, chère amie; voulez-vous que nous
« y allions tête à tête? Mais il faudrait partir à dix
« heures. — Je serai chez vous ce soir à onze heu-
« res. Au reste, je pense que peut-être un autre

« jour vous conviendrait mieux, parce qu'elle nous
« inviterait à dîner, ce qui serait plus commode.

« A ce soir. Je vous ai attendue hier jusqu'à mi-
« nuit. »

Ce fut en effet un dîner. Mme de Staël et Mme Récamier se rendirent ensemble à Saint-Leu, le prince Auguste les y rejoignit et on y trouva de plus M. de Latour-Maubourg, M. de Lascour et la duchesse de Frioul.

La duchesse de Saint-Leu proposa avant le dîner une promenade à ses hôtes en voiture découverte. Un point de vue de la vallée rappelant à Mme de Staël un paysage d'Italie, elle exprima avec sa vivacité accoutumée son admiration pour la nature et le soleil du midi. « Avez-vous donc été en Italie? » lui demanda la reine Hortense. « Et Corinne, Corinne! » s'écrièrent tout d'une voix les personnes présentes. La duchesse de Saint-Leu rougit en s'apercevant de sa distraction et la conversation prit un autre tour.

Après le dîner on fit de la musique : la reine chanta une romance qu'elle avait composée pour son frère Eugène. Puis on parla de l'empereur Napoléon. Mme de Staël interrogeait assez volontiers et parfois d'une façon intempestive. Elle adressa à la reine Hortense quelques questions de ce genre qui la déconcertèrent visiblement.

Mme de Staël, dont la santé était déjà fort ébranlée, alla passer l'automne à Coppet. Elle avait en 1811 contracté un mariage secret avec un jeune officier de vingt-sept ans, remarquablement beau, du caractère le plus noble, et qui (lorsqu'elle le connut à Genève) semblait mourant des suites de cinq blessures qu'il avait reçues. M. de Rocca, c'est le nom du jeune homme auquel elle s'était unie, l'avait accompagnée dans le long voyage que fit entreprendre à Mme de Staël le besoin d'échapper aux persécutions impériales, et lorsque la chute de Bonaparte lui permit de rentrer en France, elle y revint avec ses enfants et avec M. de Rocca; il se mourait de la poitrine. On ne pouvait voir sans attendrissement ce jeune homme qu'il fallait soutenir et presque porter dans les visites qu'il faisait avec Mme de Staël; il était pourtant destiné à lui survivre une année.

Depuis sa rentrée en France, Mme Récamier entretenait une correspondance suivie avec la reine de Naples (Caroline Murat). Au mois d'octobre de cette année 1814, les souverains qui formaient la Sainte-Alliance se réunirent en congrès à Vienne, pour y régler le sort du monde et y convenir des bases du nouvel équilibre de l'Europe. Murat n'était pas sans inquiétude sur les résolutions qui pourraient être prises au congrès relativement au royaume de Naples, et il désira, non sans raison, que dans cette réunion de souverains où ses droits à la couronne seraient attaqués, ces mêmes droits fussent exposés et défendus. La reine de Naples écrivit à Mme Récamier pour lui demander de la diriger dans le choix d'un publiciste qu'on chargerait de la rédaction d'un mémoire étendu, destiné à éclairer le congrès et à disposer les souverains en faveur du roi Joachim.

Cet écrivain de talent dont la reine de Naples réclamait les services, Mme Récamier le trouvait dans sa société la plus habituelle, parmi les personnes qu'elle voyait sans cesse : elle pensa tout de suite à Benjamin Constant et le proposa. Lorsqu'elle fut assurée que ce choix était accepté par la cour de Naples, elle indiqua à M. de Constant un rendez-vous, afin de lui expliquer ce qu'on demandait de lui, et de lui remettre les documents qui devaient le guider dans son travail.

Mme Récamier connaissait Benjamin Constant depuis plus de dix ans, et je trouve dans une lettre qu'il lui adressait le 18 février 1810 un passage qui exprime bien la nature du rapport qui existait entre eux avant la première restauration.

« Je suis venu passer quelque temps au milieu des
« neiges et de ma famille. Dans le temps où nous vi-
« vons on ne saurait trop s'enterrer. D'ailleurs tous
« mes vœux tendent au repos et les devoirs le don-
« nent. Je travaille comme vous à devenir dévot, et je

« me crois plus avancé : il y a moins de gens qui aient
« intérêt à s'opposer à mes progrès dans ce genre.

« Dans les derniers temps de mon séjour à Paris,
« vous me traitiez bien en étranger. C'est mal, car je
« suis de vos amis le plus désintéressé peut-être, ce
« n'est pas un mérite, mais aussi celui qui aurait
« le plus vif désir de vous voir heureuse, et qui vous
« suit des yeux avec le plus d'émotion, quand vous
« planez, comme vous le faites encore, entre le ciel
« et la terre. Je crois que le ciel l'emportera, et
« n'ayant malheureusement rien à gagner à ce que
« vous soyez mondaine, je suis pour le ciel. Adieu,
« madame, mille vœux et mille hommages.

« BENJAMIN CONSTANT. »

Dans l'entretien que Mme Récamier assigna à Benjamin Constant et dont le trône de Murat était le sujet, elle eut envie de plaire et n'y réussit que trop.

Benjamin Constant était une créature très-mobile, très-inégale, chez laquelle une rare et brillante intelligence n'avait pas rendu les notions morales plus nettes ni plus puissantes. Les passions dans lesquelles il avait usé sa vie avaient beaucoup plus enflammé sa tête que touché son cœur, mais il y avait contracté le besoin et l'habitude des agitations; il les cherchait partout, même dans le jeu.

Après une conversation de deux heures, il sortit de chez Mme Récamier la tête follement montée. Tout l'hiver s'écoula pour Benjamin Constant dans le trouble de ce sentiment insensé, car il n'eut jamais la moindre espérance, et Mme Récamier, qui rendait une entière justice à la supériorité de son esprit, avait l'aversion de son scepticisme.

Les intérêts de Joachim et de Mme Murat, dont Mme Récamier s'occupait avec une active reconnaissance, exigeaient qu'elle conférât souvent avec l'écrivain chargé de faire valoir leur cause, et il est certain que Benjamin Constant se servait de ce prétexte pour obtenir de la voir plus souvent.

Lorsque la rédaction du mémoire fut terminée, le gouvernement napolitain fit offrir à Benjamin Constant vingt mille francs et une décoration; en même temps on lui proposait de se rendre à Vienne pour y défendre les intérêts et les droits qu'il avait exposés avec tant de talent, mais cette mission devait rester secrète. Benjamin Constant à son tour demandait, par l'entremise de Mme Récamier, à être envoyé avec un caractère ostensible. Cette prétention ne pouvait être admise, et voici la lettre par laquelle la reine de Naples expliquait les raisons de son refus.

LA REINE CAROLINE (MURAT) A MADAME RÉCAMIER.

« On ne peut faire tout ce que vous désirez pour l'auteur du manuscrit. Si je pouvais causer un quart d'heure avec vous, je vous en aurais bientôt convaincue. Mais si vous voulez y réfléchir seulement un instant, vous avez trop d'esprit, trop de sens, votre tête est trop parfaitement organisée pour ne pas sentir toute l'importance des raisons qui s'y opposent. D'abord le danger de mécontenter les ministres chargés de cette affaire; de plus, la nation tout entière qui regarderait comme un affront pour elle qu'un étranger fût chargé de ses intérêts; enfin jusqu'au roi de France qui pourrait dire qu'on offre un refuge, un asile, un point de ralliement à tout ce qui a été grand patriote, et en prendre prétexte pour tourmenter; et cela dans un moment où il nous faut absolument du calme.

« J'espère cependant que Benjamin Constant sera content des propositions [1] qui lui seront faites et qu'il ira là-bas, qu'il soutiendra nos intérêts, et que nous vous devrons l'attachement à notre cause d'un homme dont les talents nous seront très-utiles. »

Cependant Bonaparte avait quitté l'île d'Elbe, et la nouvelle de son débarquement à Cannes répandait la consternation dans Paris. J'ai encore le souvenir vif et présent du trouble que cet événement, qui remettait en question le sort de la France, causa parmi les amis de Mme Récamier, et de la matinée

---

[1]. On lui offrait de grands avantages pécuniaires qu'il refusa, ainsi que la mission secrète.

où Mme de Staël venant lui dire adieu et l'exhortant à partir comme elle, à ne point affronter leur commun persécuteur, rencontrait chez elle la maréchale Moreau qui, elle aussi, s'enfuyait en Angleterre, la duchesse de Mouchy, la duchesse de Raguse, etc., etc.

Dans l'émotion d'un pareil moment, la plupart de ces adieux se faisaient dans l'antichambre.

Il est certain, que pour tous ceux qui n'étaient point amis du despotisme militaire, la nouvelle du débarquement à Cannes fut reçue comme l'annonce d'un grand danger pour le pays et pour la liberté.

Benjamin Constant, dont les principes politiques avaient toujours été opposés au gouvernement despotique (son attitude dans le tribunat en témoigne assez ; son beau livre de l'*Esprit de conquête* en témoigne plus encore), Benjamin Constant dont les amis les plus chers avaient été persécutés par Napoléon, devait voir avec aversion le retour de l'ordre de choses qu'il avait toujours combattu. Il fit paraître le 19 mars, dans le *Journal des Débats*, son fameux article, protestation éloquente du droit contre la force, dont la dernière phrase a été si souvent citée : « Parisiens ! non, tel ne sera pas notre langage, « tel ne sera pas du moins le mien. J'ai vu que la « liberté était possible sous la monarchie, j'ai vu le « roi se rallier à la nation. Je n'irai pas, misérable « transfuge, me traîner d'un pouvoir à l'autre, cou-

« vrir l'infamie par le sophisme, et balbutier des
« mots profanes pour racheter une vie honteuse. »

On a beaucoup dit, on a répété, on a imprimé que le désir de plaire à Mme Récamier avait été le seul motif qui fit écrire à Benjamin Constant cet article ; on se trompe et on le calomnie.

Benjamin Constant avait été fidèle aux principes de sa vie entière en exprimant sa répugnance pour la tyrannie; ce qu'il faut regretter, c'est la faiblesse qui l'empêcha de quitter Paris, ou qui l'y fit revenir au bout de quelques heures. C'est en consentant à voir Napoléon, c'est en s'exposant à la séduction du génie par lequel il se laissa fasciner, c'est en se laissant nommer au conseil d'État pendant les cent jours, que Benjamin Constant donna la triste mesure de sa faiblesse.

« Depuis ce moment, a dit M. de Chateaubriand,
« Benjamin Constant porta au cœur une plaie secrète;
« il n'aborda plus avec assurance la pensée de la
« postérité ; sa vie attristée et défleurie n'a pas peu
« contribué à sa mort. Dieu nous garde de triom-
« pher des misères dont les natures élevées ne sont
« point exemptes ! Les faiblesses d'un homme supé-
« rieur sont ces victimes noires que l'antiquité sa-
« crifiait aux dieux infernaux, et pourtant ils ne se
« laissent jamais désarmer. »

Seule peut-être de tous les exilés, Mme Récamier ne voulut point quitter Paris : elle ne croyait pas devoir se condamner elle-même à se séparer une seconde fois de son pays et de ses amis.

Elle reçut presque en même temps le billet qu'on va lire, et une lettre de Naples.

LA REINE HORTENSE A Mme RÉCAMIER.

« 23 mars 1815.

« J'espère que vous êtes tranquille, que vous ne quittez pas Paris où vous avez des amis, et que vous vous reposez sur moi du soin de vos intérêts. Je suis persuadée que je n'aurai même pas l'occasion de vous prouver combien je serais bien aise de vous être utile. C'est bien ce que je désire ; mais dans toute circonstance, comptez sur moi et croyez que je serai heureuse de vous prouver les sentiments que je vous ai voués.

« Hortense. »

LA REINE DE NAPLES A Mme RÉCAMIER.

« Naples 1815, mars.

« Ma chère Juliette, voici encore une occasion de vous écrire particulièrement, quoique je sache que vous avez peu de temps, et que, brillante et recherchée, c'est faire crier tout Paris que de vous dérober quelques moments en vous forçant à lire et à répondre à mes longues lettres. J'ai besoin de compter à jamais sur votre amitié. Je désire aussi que votre petite Amélie se souvienne de moi; parlez-lui en quelquefois, afin que si jamais je la revois, je ne sois pas pour elle une étrangère.

« Je serais très-heureuse de posséder ici votre aimable amie [1] : à ce titre elle aura déjà droit à mon affection, et son esprit et son mérite lui assurent mon estime et ma considération. Pour vous, mon aimable Juliette, si quelques circonstances que je ne désire certainement pas, mais qui peuvent peut-être arriver, vous engageaient à voyager, venez ici, vous y trouverez dans tous les temps une amie bien sincère et bien affectionnée. On dit ici beaucoup de choses : mandez-moi ce qui est, parlez-moi longuement de tout. Nous sommes ici très-calmes, très-tranquilles, et il serait à désirer que tout le monde le fût autant.

« Je rouvre ma lettre. Je viens de recevoir des nouvelles bien alarmantes. On dit Paris tout en révolution, le roi perdu, etc., etc, enfin tout sens dessus dessous. N'oubliez pas que vous, votre famille, votre amie, avez ici des amis qui seront heureux de vous recevoir. Vous y trouverez amitié, service et protection.

---

[1]. Mme de Staël.

Dites à M. de Rohan qu'il sera reçu et traité ici avec sa famille, comme il l'a été quand il était seul.

« Nous sommes extrêmement tranquilles ici. L'état de la France et de tous les autres pays où sont rentrés les anciens souverains nous a fait grand bien. Le peuple nous aimait et nous aime franchement. Il a de plus les exemples des malheurs, des vengeances et des autres infortunes qu'entraîne un changement. Ils redoutent plus que jamais tout ce qui pourrait tendre à leur rendre Ferdinand. D'ailleurs, il faut le dire, les souverains actuels s'occupent du bien de leurs sujets; ils ont de bonnes troupes et un bon chef qu'il ne serait pas facile de déplacer; tout nous fait donc présager un avenir tranquille, et j'en suis d'autant plus heureuse, qu'il m'offre la certitude de pouvoir vous offrir un port assuré contre les orages de la vie. Il me serait doux de faire quelque chose qui puisse vous prouver, ainsi qu'à vos amis, l'étendue et la force de mon attachement.

« CAROLINE. »

Le succès fatal et passager qui, après le débarquement de Napoléon à Cannes, l'amena sans obstacle et presqu'en triomphe au palais des Tuileries, changea les dispositions de Murat. Il était depuis la paix avec son armée dans les Légations romaines, il en sortit pour faire une diversion en faveur de son beau-frère dont il embrassait de nouveau le parti.

Sans cette résolution qui fut sa perte, il est bien présumable que Joachim serait resté roi de Naples comme Bernadotte est mort roi de Suède. Quoi qu'il en soit, les Autrichiens effrayés offrirent à Murat des conditions qu'il refusa ; le baron de Frimont prit alors l'offensive, repoussa les troupes napolitaines et les mena tambour battant jusqu'à Macerata. Les Napolitains se débandèrent, Murat rentra seul et désespéré dans Naples. Le lendemain un bateau le mena vers l'île d'Ischia ; rejoint en mer par quelques officiers de son état-major, il fit voile avec eux pour la France. Il abordait au Golfe Juan le 25 mai 1815, à dix heures du soir.

Napoléon, non-seulement ne voulut pas le voir et ne le laissa pas venir à Paris, mais il le relégua dans une maison de campagne auprès de Toulon en une sorte de captivité.

Après la bataille de Waterloo, et lorsque Napoléon eut pour la seconde fois perdu l'empire dans cette rapide et brillante aventure des cent jours qui coûta si cher à la France, Murat, passé d'abord en Corse avec des contrebandiers, y réunit quelques serviteurs et tenta avec eux un débarquement sur la côte de Naples. Jeté dans le golfe de Sainte-Euphémie par l'orage qui avait dispersé sa flottille le 8 octobre 1815, il essaya de soulever la population; mais trahi, entouré et pris, Murat fut conduit au château de Pizzo.

Une commission militaire le condamna à mort ; et le 13 du même mois, cet homme d'une valeur héroïque terminait en soldat, et avec un noble courage, une destinée dont les circonstances extraordinaires semblent empruntées à quelque récit d'invention.

Mme Murat, qui était restée à Naples avec ses enfants lors du départ de son mari, montra une fermeté d'âme admirable. Les Autrichiens allaient paraître, on attendait la frégate qui ramenait de Sicile le roi Ferdinand ; un intervalle entre les deux autorités pouvait livrer la ville à toutes les horreurs du désordre : la régente persista à y demeurer, et l'aspect du palais illuminé maintint le peuple dans le calme.

Au milieu de la nuit, Mme Murat rejoignit par une issue secrète la frégate qui devait l'emporter loin de ce beau royaume. Elle croisa dans le golfe le bâtiment qui portait Ferdinand.

Quelques années plus tard, Mme Récamier alla visiter à Trieste cette reine exilée dont le souvenir ne s'était point effacé de son cœur. Mais ne devançons pas les temps.

La Providence a infligé aux gens de notre génération le spectacle des plus tristes et des plus fréquentes révolutions. À chacun de ces changements nous avons été témoins de la violence des partis, de l'ardeur des réactions et de l'âpreté avec laquelle l'opinion triomphante cherche à flétrir les vaincus. Il n'en fut pas autrement en 1815, malgré la mansuétude et la magnanimité des princes de la maison de Bourbon.

Mme Récamier resta fidèle à la modération de son caractère ; elle ne souffrit pas plus alors qu'elle ne le permit à aucune époque de nos troubles civils, que son salon eût une couleur exclusive. Royaliste, mais amie de la liberté, elle continua à recevoir tous ceux auxquels les portes de sa maison avaient été une fois ouvertes. Il lui arrivait alors ce qui arrive à tous les esprits impartiaux : chacune des opinions exagérées lui disait alternativement, en lui parlant du parti opposé, *vos amis les libéraux* ou *vos amis les ultrà*.

Benjamin Constant lui écrivait le 19 juin 1815 :

« Les nouvelles paraissent être affreuses pour
« nous, excellentes pour vos amis ; d'après vos prin-
« cipes, c'est le cas d'une visite à la reine Hor-
« tense. C'est encore plus le cas d'être bonne pour
« moi, car je vais être dans une fâcheuse position,
« si tant est qu'une position soit mauvaise quand elle
« n'influe pas sur le cœur. Faites donc votre métier
« de noblesse et de générosité envers moi. »

Il est certain que la disgrâce et le malheur avaient pour Mme Récamier la même sorte d'attrait que la faveur et la fortune en ont d'ordinaire pour les âmes vulgaires, et chez elle cette disposition ne se démentit en aucune circonstance.

Avec les souverains alliés, revenus pour la seconde fois dans notre pauvre pays, était arrivée à Paris une femme qui jouissait à cette époque d'une faveur marquée auprès de l'empereur Alexandre. La baronne de Krüdner, dont la jeunesse avait été très-romanesque, mais qui n'était plus alors dominée que par un mysticisme aussi exalté que sincère, s'était trouvée à une époque antérieure en relation avec Mᵐᵉ Récamier; elle désira la revoir en 1815, et celle-ci, dont la curiosité n'était pas moindre, se rendit avec empressement à ce désir. Mᵐᵉ de Krüdner habitait un hôtel du faubourg Saint-Honoré, voisin de l'Élysée qu'occupait l'empereur de Russie. Chaque jour Alexandre, en traversant le jardin, se rendait incognito chez elle et échangeait avec elle des théories et des pensées où l'illuminisme religieux tenait plus de place encore que la politique; ces tête-à-tête se terminaient toujours par la prière.

Mᵐᵉ de Krüdner avait été fort jolie. Elle n'était plus jeune, mais elle conservait de l'élégance; la bonne grâce de sa personne la sauvait du ridicule que son rôle d'*inspirée* eût facilement pu lui donner. Sa bonté était réelle, sa charité et son désintéressement sans bornes.

Le crédit qu'on savait qu'elle exerçait sur l'esprit de l'empereur de Russie ajoutait à la curiosité qu'on avait de voir et d'entendre cette manière de prophétesse. Tous les soirs son salon s'ouvrait à la foule des adeptes, des curieux et des courtisans. Rien n'était plus singulier que ces réunions qui débutaient par la prière et s'achevaient dans le mouvement et les conversations mondaines.

L'action de Mme de Krüdner était conciliante et secourable. Elle prit en grande compassion Benjamin Constant qu'elle avait connu en Suisse et qu'elle retrouvait à Paris accablé sous le poids d'une réprobation universelle. Un soir, à l'une des réunions les plus nombreuses de ce bizarre sanctuaire, la prière était déjà commencée (c'était Mme de Krüdner qui habituellement l'improvisait et elle ne le faisait pas sans éloquence), tous les assistants étaient à genoux, Benjamin Constant comme les autres. Le bruit d'une personne qui survenait lui fait lever la tête, et il reconnaît Mme la duchesse de Bourbon accompagnée de sa suite. Les regards de la princesse tombent sur le publiciste, et le voilà qui, par embarras de l'attitude et du lieu où il est surpris, inquiet de l'impression que la duchesse de Bourbon ne pouvait manquer d'en recevoir, se prosterne bien davantage, de sorte que son front touchait quasi la terre; en même temps il se disait : A coup sûr, la princesse doit penser et se dire : Que fait là cet hypocrite?

Benjamin Constant vint chez Mme Récamier en

sortant de la réunion, et ce fut lui qui raconta très-gaîment son aventure. Un des défauts de ce rare esprit était de se moquer de tout et de lui-même.

Mme Récamier alla souvent chez Mme de Krüdner, et quelquefois son arrivée y donna des distractions à l'assemblée; Benjamin Constant fut chargé un jour de lui écrire ceci :

« Jeudi.

« Je m'acquitte avec un peu d'embarras d'une
« commission que Mme de Krüdner vient de me
« donner. Elle vous supplie de venir la moins belle
« que vous pourrez. Elle dit que vous éblouissez
« tout le monde, et que par là toutes les âmes sont
« troublées et toutes les attentions impossibles. Vous
« ne pouvez pas déposer votre charme, mais ne le
« rehaussez pas. »

Mme de Krüdner tenait beaucoup pourtant à la présence de Mme Récamier, et une autre fois elle lui adressait ce billet :

« 1815. Mardi soir.

« Chère amie, comme il ne viendra peut-être per-
« sonne ce soir à la prière, puisqu'il pleut, remettriez-
« vous à demain de venir ? Je crois que cela vous

« arrangera aussi à cause du temps. J'aurai le bon-
« heur, j'espère, cher ange, de vous embrasser de-
« main et de causer avec vous.

« Agréez mes hommages.

« B. DE KRUDNER. »

En quittant Paris, Mme de Krüdner se rendit en Suisse; elle écrivit de Berne à la femme dont elle avait toujours apprécié la grâce et la bonté. Je donne ici sa lettre. Le jargon mystique dans lequel elle est écrite, s'il a tous les caractères de la sincérité, est au moins piquant dans la bouche de l'auteur de *Valérie :*

« Berne, le 12 novembre 1815.

« Qu'il me tarde, chère et aimable amie, d'avoir
« de vos nouvelles, et que je suis occupée de vous et
« de votre bonheur qui ne sera assuré que quand
« vous serez entièrement à Dieu.

« C'est ce que je lui demande quand, prosternée
« devant le Dieu de miséricorde, je l'invoque pour
« vous; il a touché votre cœur par sa grâce; et ce
« cœur, que toutes les illusions et tous les biens de la
« terre n'ont pu satisfaire, a entendu l'appel. Non,
« vous ne balancerez pas, chère amie. Les troubles
« que vous éprouvez souvent, le néant du monde,
« le besoin de quelque chose de grand, d'immense

« et d'éternel qui venait tour à tour vous faire peur,
« vous réclamer et vous agiter, tout cela me disait
« que vous vous prononceriez tout à fait.

« Je vous exhorte à être fidèle à ces grands mou-
« vements que vous éprouviez, à ne pas vous laisser
« distraire ; une amertume affreuse serait la suite
« de cette infidélité à la grâce. Demandez, aux
« pieds de Christ, la foi de l'amour divin, deman-
« dez et vous obtiendrez, et une sainte terreur vous
« dira combien la vie est grande, et combien est
« immense cet amour du Sauveur qui mourut pour
« nous arracher à la juste punition du péché que
« chacun de nous a méritée. Ah ! puissions-nous voir
« notre Dieu qui se fit homme pour mourir pour nous,
« puissions-nous le voir avec un cœur brisé, et pleu-
« rer au pied de cette croix de ne l'avoir pas aimé.
« Loin de nous rejeter, ses bras s'ouvriront pour
« nous recevoir; il nous pardonnera, et nous con-
« naîtrons enfin cette paix que le monde ne donne
« pas.

« Que fait ce pauvre Benjamin ? En quittant Paris,
« je lui écrivis encore quelques lignes et lui envoyai
« quelques mots pour vous, chère amie ; les avez-
« vous reçus? Comment va-t-il? Ayez beaucoup de
« charité pour un malade bien à plaindre, et priez
« pour lui. Notre voyage a été heureux, Dieu merci.
« La Suisse me repose, elle est si belle et si calme
« au milieu des troubles de cette Europe si boule-

« versée. J'ai le bonheur d'être avec mon fils à
« Berne, et nous faisons les plus belles promenades
« du monde en nous disant des choses bien ten-
« dres, car nous nous aimons beaucoup. Dieu
« l'a tellement guidé et protégé, qu'il a fait les plus
« belles affaires et les plus difficiles pour les autres,
« à merveille. Il est rare d'avoir à son âge tout ce
« qui distingue et tout ce qui convient aux autres,
« dans une place qui n'était pas facile ; enfin je n'ai
« qu'à remercier le Seigneur. Je ne désespère pas
« de vous voir au milieu des Alpes qui valent mieux
« que tous les salons du monde. Je suis charmée
« d'apprendre par Mme de Lezay que vous la voyez.
« C'est un ange, elle vous aime beaucoup et pourra
« vous être utile, car elle a fait de grands pas dans
« la plus grande des carrières.

« Écrivez-moi à Bâle, chère amie, tout simplement
« mon adresse, puis, à remettre chez M. Kellner.
« Dites-moi bien tout, pensez que je vous aime si
« tendrement. Voyez-vous M. Delbel[1]? c'est un
« homme bien excellent. Je désire beaucoup que
« Benjamin le voie. Je vous recommande ma pauvre
« Polonaise, Mme de Lezay la connaît. Ma fille et
« moi vous prions d'agréer nos tendres hommages.

« Toute à vous,

« B. DE KRUDNER.

1. Curé de Clichy.

« Encore une fois, chère amie, je recommande à « votre âme charitable notre pauvre B., c'est un « devoir sacré. »

M. Ballanche, retenu à Lyon par les devoirs de sa piété filiale et par les intérêts de son imprimerie, vint dans le courant de l'été passer quelques semaines à Paris. Son désir le plus vif, son aspiration de tous les moments tendaient à le fixer dans la ville habitée par Mme Récamier. Il fut présenté par elle à toutes les personnes qui formaient sa société. L'apparition de ce philosophe alors inconnu, de cet écrivain dont la renommée n'avait point encore publié le nom, et dont l'extérieur un peu étrange, l'absence d'empressement et le peu de facilité à se faire valoir ne révélaient pas d'abord la supériorité, causa au premier aspect une certaine surprise dans ce monde élégant, éclairé, mais frivole. Toutefois il y fut mis promptement à la place qui lui appartenait, et il repartit résolu de hâter la conclusion du traité par lequel, son père et lui ayant cédé leur imprimerie à M. Rusand, il serait libre de s'établir dans la capitale.

M. Ballanche écrivait à Mme Récamier qu'il venait de quitter :

« Lyon, ce 30 septembre 1815.

« Vous avez la bonté de m'interroger sur mes af-

« faires particulières. Tout est convenu entre M. Ru-
« sand et nous. Il a été obligé de faire encore un
« voyage à Paris; et nous sommes obligés de gé-
« rer en son absence. A son retour, il nous restera à
« régler nos comptes, à clore nos inventaires, à faire
« mille petites choses qui entrent dans l'ensemble
« d'un établissement aussi compliqué. Mon père et
« ma sœur ne sont éloignés ni l'un ni l'autre de
« transporter ailleurs nos pénates, pourvu que nous
« soyons réunis; c'est tout ce qu'ils désirent. J'a-
« voue néanmoins que je n'envisage pas sans quel-
« que inquiétude un tel changement d'habitudes pour
« eux.

« Parmi les motifs que vous avez la bonté de me
« présenter pour fixer mon séjour à Paris, je n'ad-
« mets point du tout les intérêts de ce que vous ap-
« pelez mon talent. A cet égard je n'ai pas les
« mêmes raisons que je trouve pour Camille Jordan.
« Je ne suis point un écrivain politique. Je ne suis
« pas non plus un érudit ni un peintre de mœurs. Je
« connais la nature de mon talent : il n'a besoin en
« aucune façon du séjour de la capitale. Il existe
« tout entier dans mes affections et dans mes senti-
« ments. Paris n'est pas plus nécessaire à mon talent
« qu'à moi-même. C'est vous, et non point Paris,
« qui m'êtes nécessaire. »

Il n'était point facile en effet à M. Ballanche de

se transplanter. Les affaires, les intérêts de famille la santé de sa sœur, la crainte de troubler les habitudes de son vieux père qu'il aimait tendrement, ces mille liens l'enchaînèrent jusqu'en 1817. La tristesse, en attendant, avait envahi son âme et ses lettres expriment un profond découragement.

Il s'exprime ainsi :

« Le 22 janvier 1816.

« Je vous remercie bien du tendre intérêt que vous
« avez la bonté de me conserver. Vous me deman-
« dez compte de ma manière d'être actuelle. Je vis
« au jour le jour, je laisse mon avenir se faire tout
« seul. Ce n'est point par désintéressement de moi-
« même, c'est par nécessité. La santé de ma sœur
« s'est améliorée sensiblement, mais elle est dans
« un état de tristesse et de susceptibilité qui me fait
« une peine infinie. J'ai tout lieu de craindre que
« cette crise de tristesse et de dégoût du monde ne
« conduise ma pauvre sœur dans un cloître. Si ma
« sœur se retire au cloître, ma place est auprès de
« mon père, et mon père vient d'entrer dans sa
« soixante-neuvième année. Ainsi, comme vous voyez,
« je ne dépends plus de moi, je ne puis former au-
« cun projet, mon avenir ne m'appartient plus.

« Je vous le jure dans toute la sincérité de mon
« âme, il ne reste en moi de sentiment vif que l'a-

« mitié que je vous ai vouée. J'ai besoin de savoir
« par vous, le plus souvent qu'il sera possible, que
« ce sentiment ne fera pas encore mon malheur. J'a-
« voue que, toutes les fois que j'y pense, j'en éprouve
« une sorte de terreur dont je ne suis pas le maître.
« Il me vient souvent dans l'idée que vous croyez
« avoir de l'attachement pour moi, mais que vous
« n'en avez réellement pas. Cette pensée est un
« tourment ajouté à tous mes autres tourments. Vos
« lettres me font un bien infini, mais ce bien ne
« dure pas. Vous êtes si bonne, et vous avez une
« telle bienveillance pour les êtres souffrants, que je
« me range tout de suite dans la classe de ces êtres
« souffrants vers lesquels vous aimez à descendre.
« C'est par pitié et par condescendance que vous
« me témoignez de l'intérêt ; ensuite vous vous faites
« illusion à vous-même, parce que les bons cœurs sont
« sujets à cette sorte de duperie. Pardon et mille
« fois pardon, mais vous avez sollicité ma confiance;
« et même, il faut bien que je vous le dise, pour
« être vrai jusqu'au bout : en commençant cette let-
« tre, je n'ai pas eu le projet de vous écrire tant de
« choses.

« La vie est pleine d'amertumes ; heureusement le
« temps coule, et les douleurs s'en vont avec lui.

« Faites-moi toujours part de vos projets, pour
« que je puisse au moins m'y associer par la pen-
« sée. Je trouverai bien le moyen de faire une pe-

« tite course pour vous entrevoir, si je ne puis vous
« voir tout à mon aise; il n'y a plus pour moi que cet
« espoir : sans cela je ne sais ce que je deviendrais. »

M. Ballanche n'avait raison qu'à demi lorsqu'il disait de lui-même qu'il n'était point « un écrivain politique. » Sans doute il ne fut jamais un publiciste : la disposition de son génie qui lui faisait tout généraliser s'opposait à ce qu'il s'appliquât à la controverse d'un fait actuel ou à une discussion pratique; mais il fut animé toute sa vie du plus sincère patriotisme; il avait pour les hommes un amour immense, et la France à ses yeux ne cessa jamais de personnifier l'humanité. Il la considérait comme chargée par la Providence d'une mission de civilisation et de progrès. Les problèmes de l'ordre social étaient ceux dont sa pensée se préoccupait le plus habituellement, et dans ces années de luttes et de discussions qui suivirent la Restauration et ouvrirent une si large carrière au libre mouvement des intelligences, la nécessité de fonder les institutions et le repos de la France sur l'alliance du passé et de la société nouvelle était devenue pour lui une sorte de conviction religieuse : cette généreuse passion du bien public et ce désir de l'apaisement des partis inspira successivement à M. Ballanche son beau livre des *Institutions sociales*, le *Vieillard et le Jeune Homme*, et enfin *l'Homme sans nom*.

Au milieu de ces préoccupations générales et de ces tristesses particulières, M. Ballanche perdit son père le 20 octobre 1816.

Il annonçait en ces termes cette mort à Mme Récamier.

« Ce 31 octobre 1816.

« Il s'est déjà passé douze jours depuis ce cruel
« événement. Le coup a été terrible sans doute, mais
« le courage ne m'a point manqué. Le devoir qui
« m'était imposé de surveiller l'effet de la douleur
« sur ma pauvre sœur a fait que j'ai moins senti
« ma propre douleur. C'est comme un rêve péni-
« ble, et je commence à me réveiller. Nos amis
« ont été parfaits. Mon père était aimé et vénéré ; on
« le lui a bien montré, ou plutôt on l'a bien montré
« à ses enfants. L'homme le plus modeste et le plus
« dépourvu d'ambition a eu le cercueil le plus en-
« touré d'hommages. Il avait vécu comme un homme
« de bien, il est mort comme un juste. Il s'est connu
« jusqu'au dernier moment ; ainsi pour lui, les portes
« de l'éternité se sont ouvertes en même temps que
« celles de la vie se fermaient. Il est entré dans
« l'autre monde en continuant de prier pour ses en-
« fants qu'il laissait dans celui-ci. Sa mort n'a point
« été douloureuse, son âme s'est détachée paisible-
« ment.

« Je ne voulais pas vous écrire cette triste nou-
« velle. J'avais chargé Dugas-Montbel de vous l'an-
« noncer de vive voix. L'intérêt que vous avez la
« bonté de me porter me faisait craindre de vous
« frapper trop vivement.

« La maladie de mon père a duré cinquante jours.
« Pas un de ces jours n'a été sans inquiétude ; dès le
« premier moment, je fus frappé par l'aspect de la
« mort. Je cherchais bien à me dissimuler à moi-
« même le danger qui m'était évident, mais j'y réus-
« sissais peu. Je n'ai eu réellement de l'espoir que
« dans les derniers jours, c'est-à-dire lorsque la
« mort habitait déjà en lui. Il y a comme un dernier
« épanouissement de la vie qui trompe les plus ha-
« biles. »

Après la mort de son père, M. Ballanche ne fut point libre encore de quitter Lyon ; il passa plusieurs mois auprès de sa sœur, et ne suivit enfin le vœu de son cœur, en venant se fixer irrévocablement à Paris, qu'après avoir assuré autant qu'il était en lui, sinon le bonheur, au moins le repos de cette sœur. Il arriva à Paris dans le courant de l'été de 1817.

Mme de Staël avait passé l'hiver de 1816 en Italie. Elle était vivement inquiète de la santé de M. de Rocca, et avait été chercher pour lui un climat plus doux que celui de la France ou de la Suisse. Sa santé à elle-même déclinait visiblement.

Ce fut à Pise que s'accomplit le mariage de sa fille, Albertine de Staël, avec le duc de Broglie. Elle parlait de cet événement de famille avec une touchante émotion à l'amie dont le dévouement s'était toujours associé à ses joies et à ses douleurs, dans une lettre datée de Pise le 17 février 1816.

« Combien je suis touchée, chère et belle, de la
« lettre que mon fils m'a apportée, et plus encore de
« la lettre qui m'est arrivée ce matin! Ce qui rend
« impossible de ne pas vous aimer, c'est cette source
« d'amitié qui renaît toujours dans le désert, c'est-
« à-dire quand vos amis ont plus besoin de vous que
« de coutume. Mon fils et M. de Broglie sont arri-
« vés, et c'est mardi prochain à midi que nous fai-
« sons la double cérémonie catholique et protestante
« en italien et en anglais.

« Le cœur me bat de la cérémonie : Albertine est
« heureuse, *lui* s'y attache tous les jours plus vive-
« ment, et moi j'ai pris une estime toujours crois-
« sante pour son caractère.

« Je vous écrirai mardi en sortant de la cérémo-
« nie. Et puis-je être émue, sans que votre image
« m'apparaisse ? Adieu. »

Et dans une autre lettre écrite quelques jours plus tard :

« Notre mariage s'est extrêmement bien passé,

« chère Juliette; aucune émotion de la vie ne peut
« se comparer à celle-là, surtout avec la liturgie
« anglaise.

« Mais ce qui vaut mieux que des impressions,
« c'est qu'il n'est pas un moment où je ne m'attache
« plus à M. de Broglie. Toute sa conduite a été
« d'une délicatesse et d'une sensibilité véritables.
« Son caractère est vertueux, et je bénis Dieu et
« mon père, qui m'a obtenu de ce Dieu de toute
« bonté un ami pour ma fille aussi digne d'estime et
« de sentiment. »

Revenue à Paris à la fin de 1816, Mme de Staël effraya ses amis par le spectacle de son changement. Sa faiblesse était excessive; elle n'obtenait le sommeil et on ne calmait ses douleurs que par l'opium.

Mme Récamier, profondément inquiète pour la santé de son amie, n'était pas moins alarmée par l'état de maladie de sa cousine, Mme de Dalmassy. Elle n'eût consenti en pareille situation à s'éloigner ni de l'une ni de l'autre; cependant elle désirait donner à sa cousine le calme de la campagne et la vue d'un jardin, en conservant la possibilité de voir Mme de Staël tous les jours. C'est alors qu'on lui indiqua à Montrouge le pavillon de La Vallière, qui appartenait à M. Amaury Duval, de l'Académie des inscriptions, et dont le parc était encore presque intact; elle le loua pour la saison. On conservait peu d'espérance de sauver Mᵐᵉ de Staël, mais la mort la plus prévue surprend toujours.

Le 14 juillet vers midi, le duc de Laval (Adrien de Montmorency) et sa tante, la duchesse de Luynes, arrivèrent au pavillon de La Vallière. Cette visite, à une heure inaccoutumée, donna à Mᵐᵉ Récamier la pensée qu'un malheur l'avait frappée; en effet Mᵐᵉ de Staël avait cessé de vivre.

Le duc de Laval fit alors lire à l'amie qui voulait douter de son malheur le billet par lequel M. de Schlegel avait deux heures auparavant annoncé à M. Mathieu de Montmorency cette irréparable perte.

M. SCHLEGEL A M. DE MONTMORENCY.

« Monsieur, je suis chargé de vous apprendre une funeste nouvelle. Votre illustre et immortelle amie s'est endormie pour toujours ce matin à cinq heures. Si vous venez chez nous, vous verrez une maison remplie de deuil et de désolation.

« SCHLEGEL. »

Mathieu de Montmorency avait fait passer ce billet à son cousin Adrien et y avait ajouté ces mots :

« Reçu sur les neuf heures ce fatal 14 juillet.
« Cher ami! quelle nouvelle! Hier à onze heures

« j'ai quitté sa maison et sa pauvre fille; on espé-
« rait une nuit tranquille. Je suis bouleversé! J'ai
« absolument besoin de solitude, je ne veux voir que
« toi, et te parler de Mme Récamier.

« Viens et rapporte-moi cela. »

Je n'essaierai pas de peindre la douleur de Mme Récamier; dans ce cœur capable d'affections si profondes, la mort ne pouvait affaiblir la vivacité du dévouement; l'amie enlevée à sa tendresse devenait pour elle l'objet d'un culte. La mort la consacrait par une sorte d'apothéose, et la pensée de Mme Récamier ne cessait de s'attacher à tout ce qui pouvait faire vivre et perpétuer la mémoire qui lui était chère. C'est ainsi qu'elle inspira au prince Auguste de Prusse l'idée de consacrer par le tableau de Corinne, dont nous vous avons déjà parlé, une des créations de Mme de Staël.

Le prince héréditaire de Saxe-Weimar, que Mme Récamier avait rencontré à Ems, étant venu à Paris en 1845, vint la chercher à l'Abbaye-au-Bois, et, ne l'ayant pas rencontrée, prêt à retourner en Allemagne, lui fit demander à lui adresser ses adieux. Le comte de Grave, attaché par le roi Louis-Philippe à la personne du prince pendant son séjour à Paris, écrivait, au nom de Son Altesse Royale, le billet suivant à Mme Récamier :

« Élysée-Bourbon, 21 mai 1845.

« Madame,

« S. A. R. le prince héréditaire de Saxe vou-
« drait, avant de quitter Paris, vous faire ses
« adieux; vous voyez que le souvenir de vos bontés
« et de votre gracieuse réception à Ems a fait sur
« son esprit l'impression la plus durable. Le prince,
« qui assistera aujourd'hui à une séance de la
« chambre des pairs, compte profiter de ce bon
« voisinage pour se rendre chez vous vers cinq
« heures. Je m'empresse de vous en prévenir *cette*
« *fois*, en vous priant d'agréer avec votre bienveil-
« lance ordinaire, Madame, l'expression bien sin-
« cère de mon plus respectueux hommage.

« Le comte DE GRAVE. »

Les souvenirs du séjour de Mme de Staël à Weimar sont encore vivants dans la noble famille du grand-duc, et le jeune prince, fidèle aux traditions de sa maison, avait été heureux de connaître l'amie de la femme illustre à laquelle sa grand'mère avait inspiré une reconnaissance respectueuse. Il s'entretint avec Mme Récamier, comme il l'avait déjà fait à Ems, de ces souvenirs et voulut bien prendre avec elle un engagement qu'il a daigné tenir avec fidélité, celui d'envoyer à Mme Récamier, lorsqu'il serait rentré à Weimar, une copie de la correspondance de la grande-duchesse, sa grand'mère, la même qui fut l'amie de Schiller, de Goethe et de Herder, avec Mme de Staël.

Voici la lettre dont Son Altesse Royale accompagnait l'envoi de cette correspondance :

LE GRAND-DUC HÉRÉDITAIRE DE SAXE-WEIMAR A Mme RÉCAMIER.

« Weymar, ce 28 octobre 1846.

« Madame,

« Ce n'est pas sans une sorte d'inquiétude et d'embarras que je prends de nouveau la liberté de vous importuner d'une lettre accompagnant l'envoi de la correspondance de Mme de Staël. Il y a si longtemps que je vous ai annoncé ces papiers, que je ne trouve pas de paroles pour exprimer la confusion que me fait éprouver ce retard. Tout en espérant en votre indulgence, Madame, je me permettrai cependant de remarquer qu'outre le temps exigé pour une copie très-exacte, la personne chargée de ce travail, désirant le rendre aussi complet que possible, a tâché de ranger les lettres d'après leurs dates. Ce soin, très-nécessaire sans doute parce qu'elles étaient en désordre, nécessita des recherches étendues, et c'est ainsi que plusieurs mois s'écoulèrent. Je tenais enfin ces copies et j'allais vous les expédier, lorsqu'une indisposition survint et me retint. Comme tout le monde a sa dose d'égoïsme, je ne me fais pas de scrupule d'avouer franchement la mienne, en vous disant que je ne voulais ni ne pouvais me refuser le plaisir de vous écrire, Madame, en expédiant les lettres.

« J'éprouve une joie sincère en vous communiquant ces documents qui vous retraceront le souvenir d'une tendre amie et d'une des gloires de notre siècle. Quant à moi, à qui a été refusé le bonheur d'approcher ce génie immortel, j'ai parcouru ces papiers avec un respect que m'inspiraient à la fois ses traces et l'image de ma grand'mère chérie que je retrouvais sans cesse. Les lettres vous parleront de cette Allemagne que Mme de Staël a aimée et appréciée, elles vous parleront de Weimar aussi. Le contentement qu'elle exprime, et qu'elle paraît y avoir éprouvé, semble avoir été tout réciproque. Si la lecture des lettres de Mme de Staël, si votre premier séjour d'Allemagne, vous inspiraient le désir, Madame, de revoir ce pays, veuillez ne pas oublier que si à Weimar nous sommes fiers d'éprouver les sentiments que je viens d'exprimer, nous serions heureux de vous en offrir le témoignage. Laissez-moi penser, Madame, quoique bien peu connu de vous, que je puis cependant espérer que vous croirez à toute la joie que m'a causée la réception de votre lettre ; laissez-moi du moins vous l'exprimer en y ajoutant l'assurance de ma plus profonde reconnaissance. Je ne puis terminer cette lettre sans vous prier de vouloir bien me rappeler au souvenir de M. de Chateaubriand, et d'accepter les compliments dont le chancelier de Müller m'a chargé pour vous. Mais surtout, Madame, je désirerais demander pour moi la continuation de vos bontés et de votre bienveillant intérêt qui m'a rendu si heureux et, j'ose dire, si fier.

« Votre très-humble et très-obéissant serviteur,

« CHARLES-ALEXANDRE,
« Grand-duc héréditaire de Saxe. »

Les regrets que la mort de Mme de Staël inspira à Mathieu de Montmorency ne furent ni moins profonds ni moins durables. J'en retrouve une trace touchante dans les papiers que la duchesse Mathieu de Montmorency, après la mort de son mari et dans le désespoir de cette perte, donna à Mme Récamier.

Je reproduis ici cette note, témoignage admirable de sollicitude religieuse et de fidélité aux affections.

NOTE TROUVÉE DANS LES PAPIERS DE M. DE MONTMORENCY.

« Au Val, 14 juillet 1823, 6e anniversaire de la
« mort de Mme de Staël ; été où j'ai joui de toute la

« liberté que me donnaient ma sortie du ministère
« et le voyage de Madame.

« *Elle* écrivait de Suède à son amie intime qui est aussi la mienne, en parlant de moi :

« Il n'y a point d'absence pour les êtres reli-
« gieux, parce qu'ils se retrouvent dans le senti-
« ment de la prière. »

« *Elle* a dit à sa fille :

« Le mystère de l'existence, c'est le rapport de
« nos fautes avec nos peines. Je n'ai jamais eu un
« tort, qu'il n'ait été la cause d'un malheur. »

« *Elle* a écrit dans son dernier ouvrage :

« La prière est la vie de l'âme... »

« *Elle* a écrit dans les *Dix années d'exil*, en parlant de moi :

« Je ne lève jamais les yeux au ciel sans penser à
« mon ami, et j'ose croire aussi que dans ses prières
« il me répond. »

« Durant les longues insomnies de sa dernière maladie, elle répétait sans cesse l'*Oraison dominicale* pour se calmer ; elle avait appris à goûter l'*Imitation de Jésus-Christ*.

« Mᵐᵉ Necker a dit dans son intéressante notice :

« Le juge suprême évaluera tout. Il sera clément
« envers le génie. »

C'est auprès du lit de douleur de Mᵐᵉ de Staël, et bien peu de mois avant la mort de cette femme illustre, que M. de Chateaubriand rencontra Mme Récamier; mais ce ne fut qu'en 1818, au retour des eaux d'Aix-La-Chapelle, où Mme Récamier avait retrouvé le prince Auguste de Prusse, que M. de Chateaubriand commença à venir assidûment chez elle.

L'admiration enthousiaste que lui inspirait le talent de l'écrivain, le prestige d'une gloire éclatante et pure, ajoutaient à la séduction que la grâce et la distinction des manières de M. de Chateaubriand ont constamment et partout exercée : il eut bientôt conquis la première place dans le cœur, ou tout au moins dans l'imagination de Mme Récamier. Les amis plus anciens, plus dévoués, plus désintéressés, comme M. de Montmorency et M. Ballanche, ne virent pas sans ombrage l'ascendant d'une affection dont la prudente amitié de Mathieu redoutait les orages et les inégalités. M. Ballanche en vrai poëte, en homme que la Muse seule pouvait distraire ou consoler, voulait que Mme Récamier entreprît un travail littéraire. Il proposa une traduction de Pétrarque, et ce travail fut commencé.

Les fragments de cette traduction, qui occupa plusieurs soirées de l'été de 1819, se trouvent dans les papiers de Mme Récamier, écrits par elle-même pour la plupart et quelques-uns de la main de l'auteur de la *Palingénésie sociale*.

Quoiqu'il n'eût point quitté Paris, M. Ballanche

écrivait à cette époque presque chaque matin à M*****Récamier, chez laquelle il dînait tous les jours, et près de laquelle s'écoulaient toutes ses soirées. Je donne ici quelques-uns des billets écrits à cette date; ils feront mieux pénétrer que tout ce que je pourrais dire dans l'intimité des personnages que j'essaie de peindre.

M. BALLANCHE A M*** RÉCAMIER.

« 1818. Jeudi.

« Oui, j'espère encore pour vous de beaux jours, mais point de ceux que vous sembliez regretter, des jours de calme, de repos, de douces occupations. La poésie et la musique charmeront les loisirs que vous vous serez faits. La renommée apprendra à raconter de vous des choses nouvelles. Vous révélerez cette partie de vous-même qui jusqu'à présent est restée inconnue au monde. Peut-être aussi parviendrez-vous à faire trouver en moi des choses qui y sont enfouies. Avec quel bonheur j'accueillerais la pensée de léguer un nom à l'avenir, si c'était à vous que je le devrais! J'en suis certain, s'il y a quelque chef-d'œuvre de caché dans le secret de mon âme, c'est vous seule qui pouvez faire qu'il se réalise. J'ai, comme vous, besoin de calme et de repos : j'ai besoin d'études tranquilles, de paisibles loisirs. C'est vous qui me procurerez tout cela. Votre présence si pleine de charme, les doux reflets de votre âme seront pour moi une inspiration puissante ; vous êtes une poésie tout entière, vous êtes la poésie même. Votre destinée à vous est d'inspirer, la mienne est d'être inspiré. Une occupation vous fera du bien ; votre imagination souffrante et rêveuse a besoin d'un aliment. Soignez votre santé, méfiez-vous de vos nerfs : vous êtes un ange qui s'est un peu fourvoyé en venant sur une terre d'agitation et de mensonge.

« Je vous écrirai tous les jours, vous me ferez un plaisir infini toutes les fois que vous pourrez me répondre. Je ne vous parlerai pas de moi, parce que vous connaissez tous mes sentiments, mais je vous parlerai beaucoup de vous, parce que je veux enfin vous faire connaître à vous-même, vous révéler les trésors que vous avez et que vous ignorez. »

LE MÊME.

« Mercredi.

« Je ne puis assez vous engager à persister dans les bonnes dispositions où vous êtes relativement à un travail littéraire : seulement je voudrais que vous prissiez sur vous de lutter un peu plus contre les difficultés de Pétrarque. Les deux véritables monuments poétiques de l'Italie sont le Dante et Pétrarque. Je dis les deux véritables monuments, dans ce sens, qu'il y a à déchiffrer et à expliquer. Il y a là des choses à révéler et qui ne sont pas vues par tous. Avec la connaissance de la langue, on parvient à connaître l'Arioste, le Tasse, Métastase; cela ne suffit pas pour Pétrarque ni pour le Dante. On trouve dans ces deux poëtes, outre la langue italienne, une autre langue poétique dont l'intelligence est quelquefois refusée aux Italiens eux-mêmes. Le travail que je voudrais que vous fissiez pour Pétrarque a été fait pour le Dante, mais nul n'a osé encore lutter contre les difficultés du premier. Ce travail vous ferait un honneur infini. Je voudrais plus, je voudrais que vous-même vous fissiez le discours préliminaire. Je ne me réserverais qu'un travail d'éditeur, qui, tout modeste qu'il serait, ne laisserait pas de me faire un grand honneur, sans parler même de la portion de gloire qui résulterait pour moi d'une telle association avec vous. Non, vous ne vous connaissez pas; nul ne sait l'étendue de ses facultés avant d'en avoir usé. »

LE MÊME.

« Vendredi.

« . . . .
. . . .
« . . . . J'ai été quatorze ans de ma vie persuadé

qu'il n'y avait en moi aucun talent réel, et alors non-seulement je me tenais fort en arrière, mais même je ne faisais aucun effort pour sortir de cette nullité. Ce n'était point du découragement, c'était la conviction intime et complète que je manquais des facultés nécessaires. Après *Antigone*, j'ai été persuadé de même que ma pauvre petite carrière littéraire était finie; je croyais avoir trouvé cela par hasard. C'était une révélation que j'avais été assez heureux pour saisir, mais que j'aurais pu laisser échapper. Maintenant je suis tout prêt à retomber dans le même état, et vous seule pouvez m'en tirer. L'étude et le travail me pèsent, il faut que vous m'y accoutumiez. Les encouragements que je vous donne doivent me profiter à moi-même; ce n'est qu'avec vous que je puis prendre le goût de l'étude et du travail.

« Comment voulez-vous, en effet, que j'aie quelque confiance en moi, si vous n'en avez pas en vous, vous que je regarde comme si éminemment douée? Le genre de mon talent, je le sais, ne présente aucune surface : d'autres bâtissent un palais sur le sol, et ce palais est aperçu de loin ; moi, je creuse un puits à une assez grande profondeur, et l'on ne peut le voir que lorsqu'on est tout auprès. Votre domaine à vous est aussi l'intimité des sentiments; mais, croyez-moi, vous avez à vos ordres le génie de la musique, des fleurs, des longues rêveries et de l'élégance. Créature privilégiée, prenez un peu de confiance, soulevez votre tête charmante et ne craignez pas d'essayer votre main sur la lyre d'or des poëtes.

« Ma destinée à moi tout entière consiste peut-être à faire qu'il reste quelque trace sur cette terre de votre noble existence. Aidez-moi donc à accomplir ma destinée. Je regarde comme une chose bonne en soi que vous soyez aimée et appréciée lorsque vous ne serez plus. Ce serait un vrai malheur qu'une si excellente créature ne passât que comme une ombre charmante. A quoi servent les souvenirs, si ce n'est pour perpétuer ce qui est beau et bon? »

LE MÊME.

« Lundi.

« Je ne sais, mais il me semble que je dois paraître en ce moment comme un homme préoccupé d'une idée fixe. Mes lettres vous disent toujours la même chose. J'ai, il faut l'avouer, bien de la peine à vous inspirer, au point où je l'ai moi-même, le sentiment de votre supériorité. Cependant il est très-vif en moi, et surtout très-vrai. Il est des femmes qui ont une grande puissance d'imagination, d'autres une grande finesse de tact, d'autres un esprit très-délicat; mais de toutes les femmes qui ont écrit, nulle n'a réuni à la fois toutes ces qualités diverses. Tantôt c'est la raison qui manque, tantôt c'est l'étendue et la profondeur du sens moral; en vous la rêverie, la grâce, le goût, seraient toujours d'accord : je suis séduit d'avance par une harmonie si parfaite. Je voudrais que mille autres connussent ce qu'il m'est si facile de deviner. Il vous sera donné de faire comprendre ce qu'est en soi la beauté; on saura que c'est une chose toute morale : il ne sera plus permis de douter que c'est un reflet de l'âme. Voilà ce qui explique ce qu'il y a d'immortel dans la beauté. Si Platon vous eût connue, il n'aurait pas eu besoin d'une métaphysique si subtile pour exprimer ses idées à ce sujet ; vous lui auriez rendu sensible une vérité qui fut toujours mystérieuse pour lui. Ce rare génie aurait eu un titre de plus à l'admiration des hommes. »

A la même époque, dans les mêmes circonstances et sous l'empire des mêmes inquiétudes, M. de Montmorency écrivait à Mme Récamier :

M. MATHIEU DE MONTMORENCY A Mme RÉCAMIER.

« Lundi soir, à minuit.

« J'ai ouvert avec une grande émotion ce billet qui vaut mieux que cet incroyable silence, cette froideur subite que je ne savais ni qualifier ni expliquer. Pourquoi vous dire tout ce que j'en ai éprouvé? Il me semble que ce n'était pas un mauvais sentiment qui me faisait craindre de provoquer moi-même une explication et me plaindre le premier. Mais quel droit n'avais-je pas cependant de détester les premiers fruits de ces choses mauvaises que je ne veux pas caractériser, soit coquetterie ou sentiment? Avec quelle promptitude elles vous donnent, j'ose le dire, un véritable tort envers un ami vrai et sincère! Ces regards d'hier au soir ont sûrement été involontaires, ils ont échappé à un vif intérêt d'inquiétude, à une profonde occupation de ce qui vous intéresse. Pardon de ces regards, de ces paroles qu'il y a de la bonté à vous à vouloir bien craindre, et dont je me dis quelquefois que je n'ai nullement le droit. Mais je me trompe, j'ai la conscience d'avoir tous les droits, au nom du plus pur des sentiments, au nom d'une amitié qui voudrait être aussi constante que vive, et qui ne désire que votre bonheur sur cette terre et au delà. Peut-être cette affection pure et inaltérable vaut-elle bien toutes ces illusions passagères qui vous fascinent en ce moment.

« J'accepte toutes les promesses que vous daignez me faire, si vous voulez réellement les exécuter; mais je ne sais pas même ajourner mon amitié : que dites-vous de l'avoir déjà perdue?

« Il m'en coûterait, si vous le vouliez absolument, plus que je ne pourrais vous le dire. Mais ce sentiment, qui a plus qu'aucun autre le privilége de quelque chose de constant et d'invariable, ne doit pas connaître ces suspensions, ces variations trop communes dans certaines occupations fugitives.

« J'étais tout peiné, tout honteux aujourd'hui, et vis-à-vis des autres et vis-à-vis de moi-même, de ce changement subit dans vos manières. Ah! Madame, quel rapide progrès a fait en quelques semaines ce mal qui vous fait craindre vos plus fidèles amis! Cette pensée ne vous fait-elle pas frémir? Ah! recourez, il en est toujours temps, à Celui qui donne la force, quand on le veut bien, de tout guérir, de tout réparer. Dieu et un cœur généreux peuvent tout ensemble. Je le supplie du fond de mon âme, et par l'hommage de tous mes vœux, de vous soutenir, de vous éclairer, de vous empêcher, par un secours puissant, d'enlacer de vos propres mains un lien malheureux qui en ferait d'autres encore que vous. »

Il ne faudrait point voir dans le langage attristé et presque sévère des deux amis dont le cœur était si profondément dévoué, une simple jalousie d'affection; leur inquiétude était plus noble et plus désintéressée.

Ce qu'ils redoutaient l'un et l'autre, c'était que le repos de Mme Récamier ne fût troublé par le contact d'une existence sans cesse agitée; ils s'effrayaient des inégalités de caractère d'un homme que les succès mêmes de son talent n'avaient jamais défendu de la plus incroyable mélancolie. Objet d'une sorte d'idolâtrie pour ses contemporains, et plus particulièrement encore gâté par l'enthousiasme des femmes, M. de Chateaubriand, souverain par le génie, avait subi les inconvénients de tous les pouvoirs absolus : on l'avait enivré de lui-même.

Mais ces nuages ne devaient point durer : la parfaite droiture de l'âme de Mme Récamier, les trésors de sympathie et de dévouement dont le ciel l'avait douée, rétablirent la bonne harmonie; j'en trouve le témoignage dans cette lettre écrite quelques semaines après celle que nous avons citée plus haut.

M. DE MONTMORENCY A Mme RÉCAMIER.

« Château de la Forest, ce 27 juillet.

« S'il a jamais été pressant de réparer ses torts, de retirer et d'abjurer ses reproches, c'est lorsqu'on a reçu une lettre aussi parfaite que la vôtre, aimable amie. La mienne était à peine partie par notre courrier ordinaire, que j'ai vu arriver cette charmante petite écriture. Un premier remords m'a saisi; il a augmenté, et s'est emparé de mon âme tout entière, quand j'ai lu les touchantes confidences de votre amitié, les triomphes de votre raison et toutes les pensées mélancoliques que je n'ai pas le courage de vous reprocher, quand elles n'aboutissent qu'à vous faire aimer notre pauvre Val, et à me faire accorder un privilége exclusif d'admission et de consolation. J'en suis fier pour l'amitié, et il me tarde d'aller exercer ce doux privilége. Je vous ai mandé aujourd'hui même que lundi sûrement j'irais vous voir où vous seriez, et je suis ravi que ce soit au Val. Encore une fois, pardonnez ma lettre de ce matin. Mais convenez qu'elle était bien naturelle. Pas un mot de vous, pas un mot de ce qui m'intéressait si vivement. Je n'ai écouté que ces sentiments d'intérêt et de jalousie, que vous pardonnerez à l'amitié. Adieu. Mille hommages à vos pieds, sans oublier Amélie, que je me représente partageant votre solitude. Adieu, adieu. Persistez dans vos généreuses résolutions et adressez-vous à celui qui seul peut les fortifier et les récompenser. »

On peut dire hardiment que Mme Récamier a été l'amie par excellence. Privée par la destinée des affections qui d'ordinaire remplissent et absorbent le cœur des femmes, elle porta dans le seul sentiment qui lui fût permis une ardeur de tendresse, une fidélité, une délicatesse sans égales. La véracité de son caractère et en même temps sa profonde discrétion donnaient à son commerce une sécurité pleine de charmes. Consultée dans les affaires les plus importantes et souvent les plus délicates, son avis était toujours empreint de modération autant que de dignité. Son action sur les esprits fut toujours adoucissante, et le rôle qu'elle voulut constamment remplir fut celui de calmer, au lieu d'exciter ou d'aigrir. Quelquefois irrésolue dans les petites choses, elle avait dans les grandes circonstances une promptitude de décision singulière.

L'automne de 1818 et tout l'été de 1819 s'écoulèrent pour Mme Récamier dans la gracieuse solitude de la Vallée-aux-Loups, qu'elle avait louée de moitié avec M. de Montmorency. Je trouve, dans une lettre de la duchesse de Broglie du 19 juillet 1819, un passage relatif à cette association :

« Je me représente votre petit ménage du Val-de-
« Loup comme le plus gracieux du monde. Mais
« quand on écrira la biographie de Mathieu dans la
« Vie des saints, convenez que ce tête-à-tête avec la
« plus belle et la plus admirée femme de son temps
« sera un drôle de chapitre. *Tout est pur pour les*
« *purs*, dit saint Paul, et il a raison. Le monde est
« toujours juste; il devine le fond des cœurs. Il
« ajoute au mal, mais il ne l'invente jamais; aussi
« je crois que l'on perd toujours sa réputation par
« sa faute. »

M. de Chateaubriand en était réduit à vendre cette petite maison d'Aulnay qu'à son retour de la Terre Sainte il avait pris plaisir à bâtir, ce parc dont il avait planté tous les arbres ; et, à la honte du parti auquel son dévouement avait été si profitable, non-seulement les royalistes ne surent pas s'entendre pour les lui conserver, mais il avait grand'peine à trouver un acheteur. En attendant, M. de Chateaubriand avait été heureux de voir ce riant asile, que malgré son peu d'importance il ne lui était pas possible de garder, occupé par Mme Récamier. Elle-même, charmée de ce lieu, formait le projet d'en devenir propriétaire de moitié avec le vicomte de Montmorency, mais un dernier revers de fortune devait l'atteindre cette même année.

M. Récamier, qui avait recommencé les affaires, n'y fut pas heureux, et cette fois la fortune de sa femme, qu'elle avait engagée généreusement, mais imprudemment, dans ces nouvelles spéculations, subit un échec de cent mille francs. Peu de mois auparavant, confiante dans une position qui, pour être moins considérable que celle dont M. Récamier l'avait fait jouir dans le passé, lui semblait par là même assurée, car elle ne la tenait que de la fortune de sa mère, elle avait acheté un hôtel de la rue d'Anjou et s'y était établie avec son père et le vieil ami de son père, avec M. Récamier et sa jeune nièce Amélie. Cette maison élégante et nullement somptueuse avait un jardin ; M. de Chateaubriand en parle en ces termes dans ses Mémoires.

« Dans ce jardin, il y avait un berceau de tilleuls

« entre les feuilles desquels j'apercevais un rayon de
« lune lorsque j'attendais Mme Récamier : ne me
« semble-t-il pas que ce rayon est à moi, et que,
« si j'allais sous les mêmes abris, je le retrouverais ?
« Je ne me souviens guère du soleil que j'ai vu
« briller sur bien des fronts. »

Mme Récamier n'habita que bien peu de mois cette maison, sa première propriété personnelle, où sa pensée s'était complue et où elle avait cru se préparer tout un long avenir d'existence calme au milieu d'heureuses amitiés. L'impression qu'elle reçut de ce nouveau revers de fortune, à une époque de sa vie qui n'était plus la jeunesse, fut sombre; mais elle ne s'en laissa point abattre et prit immédiatement un parti héroïque.

Elle visitait quelquefois une très-ancienne amie, la baronne de Bourgoing, dont le mari, après avoir été successivement ambassadeur de France à Madrid, à Stockholm et à Dresde, était mort laissant sans fortune, une veuve, et quatre enfants, deux fils sous les drapeaux dont la valeur était chevaleresque, un dans la diplomatie, et une fille non mariée qui devint, en 1825, la maréchale Macdonald. Mme de Bourgoing s'était logée avec sa fille Ernestine dans un appartement à l'extérieur du couvent de l'Abbaye-au-Bois. Ce fut là que Mme Récamier résolut de chercher un asile.

Lorsqu'après avoir généreusement et bien vaincment sacrifié une partie de sa propre fortune pour prévenir une seconde catastrophe dans les affaires de son mari, elle eut la cruelle certitude de n'y avoir pas réussi ; elle sentit qu'il fallait prendre un parti décisif et se faire désormais une existence personnelle et séparée. En rompant avec le monde, en acceptant résolûment une vie de retraite, en s'établissant dans une communauté religieuse, elle se trouvait autorisée à ne plus habiter la même maison que M. Récamier. Elle devait désormais, avec les débris de sa fortune personnelle, le faire vivre, et elle exigeait absolument qu'il n'affrontât plus les chances des affaires qui lui avaient été si fatales. Elle continua à se montrer pour lui l'amie la plus fidèle et la plus sûre, elle pourvut à ses besoins avec une prévoyante et filiale affection, et, jusqu'au dernier moment, fut occupée à lui rendre la vie douce et agréable : résultat que facilitaient singulièrement, d'ailleurs, l'optimisme et la bienveillance de son caractère. C'est donc à partir du jour où elle se fixa à l'Abbaye-au-Bois que commence pour Mme Récamier une existence toute nouvelle, entièrement personnelle et plus exceptionnelle encore, s'il est possible, que ne l'avait été la situation que les événements lui avaient faite jusqu'alors.

Il n'y avait en ce moment à l'Abbaye-au-Bois de vacant qu'un petit appartement au troisième étage, carrelé, incommode, dont l'escalier était rude, et la distribution fabuleuse. La belle Juliette n'hésita point à s'en arranger. Elle établit les trois vieillards dont elle était le bon ange dans le voisinage de l'abbaye, et s'installa elle-même dans cette cellule que tout autre eût trouvée inhabitable. Voici la description qu'en fait M. de Chateaubriand :

« La chambre à coucher était ornée d'une biblio-
« thèque, d'une harpe, d'un piano, du portrait de
« Mme de Staël et d'une vue de Coppet au clair de
« lune. Sur les fenêtres étaient des pots de fleurs.
« Quand, tout essoufflé, après avoir grimpé trois
« étages, j'entrais dans la cellule aux approches du
« soir, j'étais ravi : la plongée des fenêtres était sur
« le jardin de l'abbaye, dans la corbeille verdoyante
« duquel tournoyaient des religieuses et couraient
« des pensionnaires. La cime d'un acacia arrivait à
« la hauteur de l'œil, des clochers pointus coupaient
« le ciel, et l'on apercevait à l'horizon les collines
« de Sèvres. Le soleil couchant dorait le tableau
« et entrait par les fenêtres ouvertes. Quelques
« oiseaux se venaient coucher dans les jalousies
« relevées. Je rejoignais au loin le silence et la
« solitude par-dessus le tumulte et le bruit d'une
« grande cité. »

L'Abbaye-au-Bois a pris, depuis trente ans, une grande notoriété, chacun aujourd'hui sait ce que c'est ; mais, en 1819, ce couvent était si peu connu, au moins des personnes du monde, que la maréchale Moreau, voulant aller voir son amie dans sa retraite aussitôt que Mᵐᵉ Récamier y fut installée, crut devoir avancer son dîner d'une heure pour être en mesure d'accomplir ce voyage en pays lointain.

Le *monde* eut bien vite appris le chemin de la retraite de Mᵐᵉ Récamier. Mais si le *monde* vint l'y chercher, la courageuse recluse, fidèle à la résolution qu'elle avait prise, se refusa constamment à paraître dans aucune réunion du soir. Elle alla encore quelquefois, mais rarement, au spectacle, principalement pour entendre de la musique; elle assista à quelques-unes des dernières représentations de Talma et aux débuts de Mˡˡᵉ Rachel, qui, ayant tenu à grand honneur d'être présentée à Mᵐᵉ Récamier, lui inspira une très-vive admiration et un intérêt réel. Mais, sauf ces exceptions en petit nombre, elle ne sortit plus que le matin.

Du moment où M. de Chateaubriand s'était lié avec Mᵐᵉ Récamier, il prit, je l'ai déjà dit, le premier rang dans ses affections. Personne n'a jamais eu le goût des habitudes méthodiques et réglées au point où le portait cet écrivain de génie chez lequel l'imagination était si brillante et si dominante; ainsi chaque matin il adressait de bonne heure un billet à Mᵐᵉ Récamier, chaque jour invariablement il arrivait chez elle à trois heures; il y venait le plus souvent à pied, et son exactitude était telle, qu'il prétendait que les gens réglaient leurs montres en le voyant passer. M. de Chateaubriand, sauvage par nature et exclusif, n'admettait à *son heure* qu'un très-petit nombre de personnes ; c'était donc après dîner que Mme Récamier recevait, mais sa porte était ouverte tous les soirs. Le dîner réunissait autour d'elle la famille, c'est-à-dire avec sa nièce MM. Récamier et Bernard, leur vieil ami M. Simonard, M. Ballanche et M. Paul David, neveu de M. Récamier, qui dans la bonne et la mauvaise fortune ne sépara jamais son existence de celle de son oncle et chez lequel Mme Récamier trouva le plus entier dévouement.

Le premier dîner fut horriblement triste : toute la petite colonie, comme autant de naufragés après cette nouvelle tempête, n'envisageait le ciel et l'avenir qu'avec effroi. Mme Récamier, bien qu'elle ne fût pas la moins émue, s'efforça sans beaucoup de succès de ranimer les courages. Après le dîner, il vint un certain nombre d'amis fidèles, et la soirée se termina comme elle se terminait chaque jour, par l'arrivée tardive de Mathieu de Montmorency que son service auprès de *Madame* retenait assez tard aux Tuileries. Dès les jours suivants, l'impression lugubre de l'arrivée au couvent s'était effacée. Mme Récamier recueillait non-seulement l'expression de l'entière approbation de ses amis, mais l'empressement très-vif et général des personnes les plus haut placées dans l'opinion lui prouvait que sa conduite était comprise et appréciée. Ce fut encore un moment heureux dans cette vie si souvent troublée.

Tous ces hommages du monde, ce concours des indifférents qui laissent l'âme bien vide, parce qu'ils s'adressent d'ordinaire à la situation, au rang ou à la fortune, prenaient par la circonstance la signification d'un véritable témoignage d'estime uniquement offert à la personne et au caractère; Mme Récamier devait en être aussi touchée que flattée; et comme la mode se mêle à tout dans notre pays, il devint à la mode d'être admis dans la cellule de l'Abbaye-au-Bois.

Les arts ont consacré le souvenir du séjour de Mme Récamier dans la petite chambre de cette communauté : un peintre de talent, Dejuinne, a, très-fidèlement et d'un pinceau plein de délicatesse, reproduit l'intérieur de cette cellule où les moindres détails portent l'empreinte de l'habitation d'une femme élégante, avec un aspect sérieux qu'on retrouverait difficilement ailleurs. Le spirituel écrivain dont la critique à la fois sûre et bienveillante apprécie les productions des arts dans le *Journal des Débats*, M. Delécluze a rendu, à son tour, dans un dessin à l'aquarelle, avec une gracieuse exactitude, la petite chambre de Mme Récamier.

L'établissement dans la petite chambre du troisième dura six ou sept ans; puis, à la mort de la marquise de Montmirail, belle-mère du duc de Doudeauville, qui habitait le grand appartement du premier, M*me* Récamier, à laquelle les religieuses de l'Abbaye-au-Bois avaient cédé la propriété *à vie* de cet appartement, fut logée d'une manière plus large et plus commode, et eut enfin la possibilité de s'entourer des objets qui retraçaient à son souvenir les amis qu'elle avait perdus. Elle plaça dans le grand salon le tableau de Corinne, le portrait de M*me* de Staël, et plus tard le portrait de M. de Chateaubriand, par Girodet.

Les murs de la petite chambre virent donc tous les anciens amis français et étrangers de M*me* Récamier lui apporter le tribut de leur fidélité. On y rencontra successivement la duchesse de Devonshire, son frère le comte de Bristol, le duc d'Hamilton, qui avait accueilli la belle voyageuse avec un chevaleresque empressement, en 1803, lorsqu'il n'était encore que le marquis de Douglas; lady Davy et son illustre époux sir Humphry Davy avec lesquels elle était montée au Vésuve; miss Maria Edgeworth; Alexandre de Humboldt; sans compter tout ce que chaque année apportait d'éléments nouveaux dans une société qui ne cessa de se recruter parmi les personnages distingués ou célèbres de tous les partis et de tous les rangs. M. de Kératry, M. Dubois du *Globe*, Eugène Delacroix, David d'Angers, Augustin Perier, M. Bertin l'aîné, s'y trouvaient avec M. de Chateaubriand et Benjamin Constantin, comme nous y vîmes plus tard M. Villemain, le comte de Montalembert, Alexis de Tocqueville, le baron Pasquier, M. de Salvandy, Augustin Thierry, Henri Delatouche, M. Sainte-Beuve et M. Mérimée.

Parmi les jeunes *arrivants*, introduits dans ce cercle, il en est un auquel je dois une mention distincte, parce qu'il y conquit une place particulière, et qu'il devint, pour ainsi dire, un membre de la famille de Mme Récamier. L'établissement de celle-ci à l'Abbaye-au-Bois ne datait guère que d'une année, lorsque l'illustre géomètre M. Ampère, qu'elle voyait souvent, comme le compatriote et l'ami le plus cher de M. Ballanche, demanda la permission d'amener son fils.

M. J.-J. Ampère avait alors vingt-et-un ans, puisqu'il est de l'âge du siècle; il avait achevé de brillantes études, et la vocation de son talent semblait le porter plus particulièrement vers la poésie, et vers la poésie dramatique. Mais, dès cette époque, l'universalité de ses aptitudes, la curiosité insatiable de sa vive intelligence, le don de saisir vite et nettement, d'exposer avec élégance les conceptions les plus diverses de la science soit philologique, soit historique, étaient le privilége et le caractère le plus frappant de son esprit. L'animation, l'entrain, l'enthousiasme de ce jeune homme qui, grâce aux plus heureuses facultés naturelles et grâce aussi au milieu dans lequel il avait vécu, n'était étranger à aucune des connaissances humaines; la noblesse de ses sentiments, sa tendresse pour son père dont le génie l'enorgueillissait à juste titre, tout cet ensemble donnait à sa conversation un attrait singulier. Mme Récamier accueillit d'abord le fils d'un homme supérieur, celui que M. Ballanche considérait presque comme un fils; mais bientôt elle s'attacha d'une affection vraie à M. J.-J. Ampère, et il prit dans son cœur et à son foyer la place d'un ami, dont les succès et la carrière ne cessèrent d'exciter sa plus vive sollicitude. Je suis sûre de n'être pas démentie par lui, si je rappelle tout ce que M. Ampère a dû à ses conseils et à son amitié.

Ce fut dans cette cellule de l'Abbaye-au-Bois qu'on lut et qu'on admira, avant que le public y fût initié, les premières Méditations de M. de Lamartine; là, qu'une jeune fille d'un talent plein d'élégance, d'un esprit fin et mordant, et dont la beauté avait alors un éclat éblouissant, Delphine Gay, récita ses premiers vers.

Le souvenir de cette soirée m'est resté fort présent; le cercle était nombreux : Mathieu de Montmorency, la maréchale Moreau, le prince Tufiakin, la reine de Suède, M. de Catellan, M. de Forbin, Parseval-Grandmaison [1], Baour-Lormian [2], MM. Ampère, de Gérando, Ballanche, Gérard, se trouvaient avec beaucoup d'autres chez Mme Récamier.

Parmi les sujets de conversation qu'on avait successivement parcourus, on était arrivé à parler d'une petite pièce de vers, vrai chef-d'œuvre de sensibilité, alors dans la fleur de sa nouveauté, *la Pauvre Fille*, de Soumet. Mme Récamier demanda à Delphine Gay, assise auprès de sa mère, de vouloir bien, pour les personnes qui ne la connaissaient pas, réciter cette pièce d'un poëte, leur ami. Elle le fit avec une grâce, une justesse d'inflexions, un sentiment vrai et profond qui charmèrent l'auditoire. Mme Gay ravie du succès de sa fille se pencha vers la maîtresse de la maison et lui dit à demi-voix : « Demandez à Delphine de vous dire quelque chose d'elle. » La jeune personne fit un signe de refus, la mère insistait ; Mme Récamier, n'ayant pas la moindre idée du talent de Mlle Gay, craignait, en la pressant davantage, et en lui faisant réciter ses vers en public, de l'exposer à des critiques plus ou moins malveillantes ; mais Mme Gay persistant, toutes les personnes présentes joignirent leurs instances à celles de la maîtresse de la maison. La jeune muse se leva ; elle récita d'une façon enchanteresse les vers sur les

---

1. De l'Académie française, auteur d'un poëme de Philippe-Auguste.
2. De l'Académie française, auteur d'une traduction du Tasse.

Sœurs de Sainte-Camille, que nous vîmes couronner par l'Académie française quelque temps après. Delphine Gay était grande, blonde, fraîche comme Hébé; sa taille élancée était alors celle d'une nymphe; ses traits étaient forts et son profil tourna plus tard au grand-bronze romain, mais à l'époque dont je parle, la grâce de la jeunesse prêtait à cet ensemble un charme infini. On remarqua combien elle s'embellissait en disant des vers, et combien il y avait d'harmonie entre ses gestes et les inflexions de sa voix.

Voici encore une anecdote des premiers temps de l'Abbaye-au-Bois : j'ai dit quelle était la simplicité, et je devrais dire plus exactement la modestie de la reine de Suède, femme de Bernadotte, que sa santé obligeait à habiter la France, et qui abandonnait sans regrets les pompes du trône pour mener en France la vie privée la plus monotone et la plus solitaire.

Miss Berry était à Paris; c'était une Anglaise qui avait passé la seconde jeunesse, mais belle encore; très-spirituelle, parfaitement amusante, bonne et naturelle, et d'un entrain à tout animer. Miss Berry a dû la célébrité dont elle a joui en Angleterre au sentiment qu'elle inspira, presque au sortir de l'enfance, à Horace Walpole qui avait atteint un âge avancé. Il était dans la destinée de cet homme éminent, et qui craignait tant le ridicule, d'exciter, quand il était jeune, une affection passionnée chez une très-vieille femme, Mᵐᵉ du Deffand, et à son tour, d'éprouver un penchant vif et romanesque pour une très-jeune fille, alors qu'il était lui-même un vieillard. Horace Walpole légua à miss Berry tous ses papiers et une partie de sa fortune ; elle ne se maria point, et jusqu'à plus de quatre-vingt-dix ans conserva une existence entourée de considération et de respect.

Miss Berry venait souvent chez Mᵐᵉ Récamier ; elle y arrive un soir, et la trouvant seule avec sa nièce, se met à lui conter une aventure arrivée le matin même et dont elle riait encore.

Entre quatre et cinq heures du soir, à la chute du jour (on était à la fin de janvier), miss Berry faisait une visite à lady Charles Stuart, femme de l'ambassadeur d'Angleterre à Paris ; elles causaient au coin du feu, sans lumières ; l'ambassadrice attendait une gouvernante dont elle avait besoin et qu'on lui avait recommandée. La porte s'ouvre, un nom quelconque est prononcé par un domestique anglais, et une femme de taille moyenne, un peu ronde et simplement vêtue, se glisse dans le salon.

Lady Stuart se persuade que cette dame est la personne qu'elle attend ; elle indique de la main un fauteuil à la nouvelle arrivée, et avec toute la politesse d'une femme comme il faut, qui sait rendre à chacun ce qui lui est dû, adresse quelques questions à la gouvernante supposée.

La dame interrogée, qui n'était autre que la reine de Suède, s'aperçoit d'une erreur, et pour y mettre un terme, dit tout à coup : « Il fait un froid très-« rigoureux ; le roi mon mari me mande... » Et l'ambassadrice de se confondre, et miss Berry de rire.

A l'instant où elle faisait ce récit, la porte s'ouvre (on n'annonçait pas chez Mme Récamier), et une dame, petite, ronde, se glisse auprès d'elle.

La rieuse et spirituelle anglaise continuait à s'amuser de son histoire et répétait : « C'était la reine « de Suède, comprenez-vous ? »

Mme Récamier avait beau lui dire : « De grâce, « taisez-vous, c'est encore elle. » Miss Berry en riait plus fort : « Charmant, charmant ! s'écriait-elle, vous voulez compléter l'aventure en me faisant croire que c'est la reine. »

Il fut extrêmement difficile de lui rendre son sérieux et de lui faire comprendre qu'elle se trouvait de nouveau et réellement en présence de la reine Désirée de Suède. Heureusement, cette majesté avait autant de bonté que de modestie, elle ne se choqua point.

Avant d'aller plus loin, je demande la permission de revenir en arrière et d'introduire dans l'intimité de Mme Récamier un ami, un parent qui fut toujours étroitement uni d'affection avec elle et avec son mari, quoique ses occupations multipliées, et la rigidité avec laquelle il remplissait les devoirs de sa profession, ne lui permissent guère de se mêler au monde.

Le docteur Récamier, cousin et compatriote du riche banquier dont il portait le nom, après avoir fait ses études à Paris, vint, en 1801, se fixer dans la capitale et y exercer la médecine.

La sincérité de sa foi religieuse, à une époque où les âmes étaient encore ravagées par le doute, inspira même à ses condisciples et sur les bancs de l'école un véritable respect. Passionné pour la science et pour son art en particulier, il était en même temps animé du plus ardent désir de soulager la souffrance. D'autres ont dit les progrès que cet homme de génie fit faire à l'art de guérir, mais il doit être permis à ceux que les liens du sang et de l'affection rapprochèrent de lui, de parler de l'originalité de son esprit, de la douceur et de la tendresse qu'il savait mettre dans ses rapports avec ses parents et ses amis. La nature impétueuse, indépendante, primesautière du docteur Récamier, vraie nature de montagnard, dont l'écorce était parfois rude, renfermait des trésors de dévouement et de fidélité, et sa cousine qui sut apprécier de bonne heure sa supériorité, même quand elle revêtait une autre forme que celle d'un monde frivole, avait pour lui un attachement fondé sur la plus haute estime.

Dans l'été de 1816, Mme Récamier voulut aller voir sa cousine Mme de Dalmassy, dans la terre que celle-ci possédait dans la Haute-Saône ; elle venait d'y arriver, lorsqu'elle reçut du docteur Récamier la lettre suivante. Cette lettre donne une assez juste idée de la tournure d'esprit de l'éminent praticien et de ses rapports avec sa parente.

« 6 juin 1816.

« Madame,

« La promptitude de votre départ, semblable à
« celui du zéphyr, m'a privé d'avoir l'honneur de
« vous voir ; il a fallu me consoler en attendant votre
« retour. Mais ce dont je ne me consolerais pas, c'est
« que vous négligeassiez de profiter du voisinage de
« Plombières pour en prendre les eaux, en bains
« surtout. Vous connaissez ma façon de penser à cet
« égard, puisque je vous en ai parlé plusieurs fois ;
« je vous engage à lever tous les obstacles qui pour-
« raient contrarier ce conseil que je regarde comme
« d'une haute importance pour vous.

« Profitez de votre séjour à la campagne pour
« faire de l'exercice au grand air : c'est là que le
« corps se revivifie et reprend les forces que lui en-
« lève le séjour de la ville ; c'est aussi là que la con-
« templation de la nature ramène l'esprit à la douce
« et satisfaisante philosophie qui en fait aimer et
« admirer l'auteur.

« Si, comme je vous le conseille de nouveau, vous

« allez à Plombières, vous aurez occasion d'y réflé-
« chir sur un des phénomènes les plus singuliers et
« les plus extraordinaires de notre globe, je parle
« de la température des sources d'eaux chaudes qui
« s'y trouvent. Si vos méditations sur les merveilles
« de la nature vous laissent quelques instants pour
« méditer les phénomènes moraux, je vous prie d'es-
« sayer de deviner quelles peuvent être les bases
« les plus délicates, les plus flatteuses et les plus so-
« lides des sentiments d'un homme pour une femme;
« et lorsque vous aurez résolu le problème, je vous
« serai obligé de vouloir bien y rapporter les senti-
« ments d'estime, d'admiration et de respect avec
« lesquels j'ai l'honneur d'être, Madame, votre
« très-humble et très-obéissant serviteur,

« RÉCAMIER. »

Le conseil du docteur fut suivi; Mme Récamier se rendit à Plombières avec sa nièce.

Elle y était depuis une quinzaine de jours, objet de l'empressement et des hommages de tous les baigneurs français ou étrangers, lorsqu'un matin on lui remet la carte d'un Allemand qui, en se présentant chez elle à une heure où elle ne recevait pas, avait vivement insisté pour que Mme Récamier daignât, en l'admettant à la voir, lui accorder un honneur qu'il ambitionnait au plus haut titre.

Mme Récamier était assez accoutumée à l'empressement d'une curieuse admiration pour que la démarche et l'insistance de cet étranger lui parussent naturelles; elle indique une heure dans la matinée du lendemain, et voit entrer un jeune homme de fort bonne mine qui, après l'avoir saluée, s'assied et la contemple en silence.

Cette muette admiration, flatteuse mais embarrassante, menaçait de se prolonger; Mᵐᵉ Récamier se hasarde à demander au jeune Allemand si parmi ses compatriotes il s'en est trouvé qui l'eût connue et qu'elle eût elle-même rencontré, et si c'est à cette circonstance qu'elle doit le désir qu'il a manifesté de la voir.

« Non, Madame, répond le candide jeune homme, jamais on ne m'avait parlé de vous, mais en apprenant qu'une personne qui porte un nom célèbre était à Plombières, je n'aurais, pour rien au monde, voulu retourner en Allemagne sans avoir contemplé une femme qui tient de près à l'illustre docteur Récamier et qui porte son nom. »

Ce petit échec d'amour-propre, cette admiration qui, dans sa personne, cherchait autre chose qu'elle-même, amusa beaucoup Mᵐᵉ Récamier, qui contait fort gaiement sa mésaventure.

Dès l'instant que M. de Chateaubriand eut été introduit dans la société de Mᵐᵉ Récamier, l'apparition de ce *roi de l'intelligence*, ainsi que le qualifiait M. Ballanche dans les inquiétudes de son amitié, eut pour résultat de lui donner sur ce théâtre intime la place prépondérante que son génie lui assurait partout. Avec le besoin de dévouement qui remplissait l'âme de Mᵐᵉ Récamier, dévouement qu'elle portait dans toutes ses affections et dont elle avait donné des preuves si touchantes à Mᵐᵉ de Staël, on comprendra facilement qu'à dater de cette époque, et toutes les fois que M. de Chateaubriand quitta Paris, l'intérêt de la vie dut se concentrer pour la belle recluse de l'Abbaye-au-Bois dans la correspondance de l'ami qui, par son caractère agité, la disposition mélancolique de son imagination et les vicissitudes de son existence, excitait sans cesse chez elle l'inquiétude et la perplexité. Il est certain que l'enthousiaste amitié que Mᵐᵉ Récamier voua à M. de Chateaubriand mit souvent beaucoup de trouble dans son âme. Ses efforts constants, sa préoccupation journalière, avaient pour but de calmer, d'apaiser, d'endormir en quelque sorte l'irritation, les orages, les susceptibilités d'une nature noble, généreuse, mais personnelle, et que l'admiration du public avait trop occupée d'elle-même.

Mais l'amie dont la tendresse avait assumé ce rôle bienfaisant ne le remplissait qu'aux dépens de son propre repos et, sous ce rapport, les prévisions de Mathieu de Montmorency et de M. Ballanche furent trop justifiées.

La persistance, la fidélité d'une affection si profonde et si pure finirent par dominer M. de Chateaubriand ; en lisant les lettres qu'il adressa à Mme Récamier, on sera frappé combien le langage va s'en modifiant : le respect, la vénération, on peut le dire, pénètrent son cœur à mesure que l'affection y jette de plus profondes racines ; la préoccupation personnelle cède petit à petit, et on sent qu'il dit vrai lorsqu'il lui écrit ces mots : « Vous avez transformé ma nature. »

Une révolution s'était donc opérée dans les sentiments de Mme Récamier. L'intérêt nouveau qui la dominait devait la pousser à prendre une part plus vive que par le passé à la marche des événements. La phase où nous entrons imprimera désormais plus d'unité à ces souvenirs.

LIVRE IV

De graves événements s'étaient accomplis et avaient modifié la politique de Louis XVIII. Le 13 février 1820, M. le duc de Berry périssait sous le couteau d'un assassin ; le 29 septembre de la même année, le ciel accordait à la maison de France plongée dans le deuil la naissance d'un héritier; M. le duc de Bordeaux venait au monde, et, comme le dit M. de Chateaubriand : « Le nouveau-né fut nommé l'enfant du miracle en attendant qu'il devînt l'enfant de l'exil. »

L'assassinat du duc de Berry avait amené la chute de M. Decazes, qui ne se fit pas sans déchirements. Le duc de Richelieu ne consentit à affliger son vieux maître que sur une promesse de M. Molé de donner à M. Decazes une mission importante : il partit pour l'ambassade de Londres. Une combinaison ministérielle fit entrer dans le conseil les deux hommes placés à la tête du parti royaliste dans la chambre des députés, MM. de Villèle et Corbière; le premier sans portefeuille, le second comme président de l'instruction publique. M. de Chateaubriand avait trop contribué à ce triomphe de ses amis pour être laissé par eux en dehors ; et cependant la répulsion que le roi éprouvait pour lui était si forte, qu'il n'était pas encore possible de lui donner l'entrée au conseil. On négocia pour lui obtenir une ambassade; M. de Montmorency se mêla avec un grand zèle aux démarches qui devaient assurer ce résultat. Il écrivait à Mme Récamier, le 20 novembre 1820 :

M. MATHIEU DE MONTMORENCY A Mme RÉCAMIER.

« Lundi, 20 novembre 1820, 1 heure.

« Je suis sorti de chez vous hier soir, aimable amie, bien touché d'abord de votre charmante amitié à laquelle la mienne répond bien parfaitement; et puis frappé, comme cela m'arrive souvent, de cette justesse d'esprit et noblesse de caractère qui font que vous saisissez tout de suite le véritable intérêt de vos amis à travers toutes les nuances d'opinions, et même à travers toutes les petites passions. Plus je réfléchis *aux idées* qui doivent rester *entre nous*, plus j'ai la conviction qu'elles peuvent seules nous tirer, et *lui*[1] surtout, d'une position embarrassante. J'ai du reste, revu ce matin *Jules*[2] qui m'a donné la certitude que celui que nous appelons *notre général*[3] approuve tout à fait cette idée, et verrait avec peine qu'elle fût rejetée. Il a aussi des raisons très-fortes de ne pas douter du succès.

« Mille tendres hommages. Je serai chez vous avant cinq heures. »

Ici commencent les confidences presque journalières de M. de Chateaubriand.

LE VICOMTE DE CHATEAUBRIAND A Mme RÉCAMIER.

« Novembre 1820, mercredi matin.

« Voilà la *Quotidienne* qui parle de mon départ pour Berlin. Les insinuations répétées vont bientôt amener une crise : tant mieux, il faut que cela finisse. »

LE MÊME.

« Vendredi matin, 30.

« Mme de Chateaubriand s'oppose. Elle dit qu'elle a

---

1. M. de Chateaubriand.
2. Le prince de Polignac.
3. Monsieur le comte d'Artois.

pensé mourir à Bruxelles et à Gand; que moi-même j'y ai été extrêmement malade; et qu'au moins, puisqu'il s'agit d'*un exil*, il faut que cet exil soit agréable. Je ne crois pourtant pas impossible de la ramener, mais alors ce sont nos amis qui doivent se charger de ce travail. Quant à moi, je n'y puis rien, et je ne veux pas même insister puisqu'il s'agit d'une autre destinée que la mienne.

« Vous sentez bien que de mon côté je n'ai pas la tête tournée de la proposition; mais je ferai ce que voudront ma femme et mes amis. Cependant il y a un point sur lequel je ne serai jamais d'accord. Je veux, si la chose a lieu, que le ministère d'État me soit rendu le jour que l'on me donnera l'ambassade, et que les deux ordonnances paraissent ensemble dans le *Moniteur*. Je regarde mon honneur engagé à cela. Je ne demande pas que le ministère d'État soit rendu le premier, ce qui devrait être (je sens bien que les ministres seraient embarrassés de la réparation), mais je demande que la *place* arrive avec l'autre *place*, parce que j'ai le droit de vouloir que le ministère d'État ne soit pas une *conséquence* de l'ambassade, mais simplement une chose que l'on me rend comme on me l'avait ôtée. J'ai bien réfléchi à ce que vous m'avez dit, si je refusais tout. Plus j'y pense, moins je m'effraie. Je trouve la place que j'ai excellente; je consens très-volontiers à n'être jamais autre chose que ce que je suis. Je ne demande rien, je ne sollicite rien ; je ne veux mettre ni passion, ni orgueil, ni taquinerie à refuser, mais aussi je sentirai une vraie joie le jour où il sera arrêté que je ne suis bon à rien et qu'il faut me planter là. Voilà bien de longs raisonnements ; mille excuses et mille hommages. »

LE MÊME.

« Samedi matin.

« Comment avez-vous passé la nuit ? souffrez-vous encore ? Que je voudrais savoir tout cela ! J'irai l'apprendre à quatre heures. Je voudrais que vous fussiez aussi charmée que moi de notre plan pour cet été. Depuis que cette maudite ambassade est allée à vau-l'eau, je me sens déchargé du poids d'une montagne. J'ai maintenant Mme de Chateaubriand pour moi, parce qu'elle a vu hier M. de Serre pour une affaire de l'Infirmerie[1] et qu'elle en a été très-mécontente ; de sorte qu'elle dit que tous les ministres sont des *menteurs, des gueux et des scélérats !* Moi je défends les ministres et soutiens qu'ils ont *du bon*, ce qui la met encore plus en fureur. Voilà pourtant ce que je deviens avec vous. Je ne vis que quand je crois que je ne vous quitterai de ma vie. A quatre heures. »

1. L'Infirmerie de Marie-Thérèse, qu'elle avait fondée.

LE MÊME.

« Lundi matin.

« Vous aurez vu Mathieu de Montmorency hier soir. Il vous aura dit qu'il n'y a encore rien de décidé ; cela me fait mourir d'impatience.

« Nous avons aujourd'hui chambre des pairs. Je ne sais à quelle heure nous sortirons. J'ai bien peur de ne pas vous voir à 5 h. 1/2, et cependant je n'ai que ce bonheur dans le monde entier. »

Malgré les impatiences que les lenteurs de la négociation causaient à M. de Chateaubriand, l'affaire marchait pourtant et arriva enfin à sa conclusion. Mathieu de Montmorency, qui en suivait la solution avec persistance et dévouement, écrivait :

M. MATHIEU DE MONTMORENCY A Mme RÉCAMIER.

« Paris, ce mardi 10 novembre 1820.

« Je crois être sûr de notre succès, aimable amie ; je dis *nôtre*, car vous y avez mis un sentiment très-aimable dont le premier intéressé doit être touché. Vos conseils nous ont parfaitement guidés, et je m'associe de tout mon cœur à cet intérêt commun d'amitié. M. Pasquier, préparé sûrement à cette idée, m'a déclaré vouloir la suivre comme *sienne* : je dois à la justice de vous dire qu'il y a mis très-bonne grâce et se fait honneur en y mettant de l'intérêt, ne doutant pas du succès, ce qui prouve qu'il a tâté la disposition du roi sur l'idée générale. Mais pour aller plus vite, il a désiré que j'allasse sur-le-champ chez M. de Richelieu, et que je forçasse sa porte avant qu'il allât au château. J'ai trouvé la même disposition, le même désir d'obliger notre ami, et surtout d'opérer la réconciliation avec le roi, ce qui est l'essentiel. Tous deux ont dit que la place de ministre d'État ne devait pas faire difficulté, qu'elle serait rendue; que pour l'époque précise, on ne disputerait pas, mais qu'il fallait ménager une certaine répugnance d'en haut à défaire précisément ce qu'on avait fait.

« Mais tout semble indiquer que les procédés seront assez gracieux pour que le reste s'arrange et se simplifie. Tous deux sentent la nécessité de ne pas perdre un moment, et de finir d'ici à huit jours.

« Vous serez contente, je crois, de ces détails. Dites à Chateaubriand que je m'estimerai toujours heureux d'avoir rendu tout à la fois au roi et à lui un véritable service, en les replaçant dans des rapports convenables.

« Recevez tous mes hommages. »

M. de Chateaubriand avait donc enfin cause gagnée.

LE VICOMTE DE CHATEAUBRIAND A Mme RÉCAMIER.

« Paris, 21 décembre 1820, 11 heures et demie.

« Tout est fini. J'ai accepté selon vos ordres. Je vais à Berlin ; on promet le ministère d'État. Dormez donc. Au moins le tourment de l'incertitude est fini. A demain matin. »

LE MÊME.

« Vendredi.

« L'affaire est arrangée. *Monsieur* m'a dit lui-même hier que je ne serai absent que *quelques mois*. Mathieu m'a dit la même chose. Soyez donc tranquille. Je passerai ma vie près de vous à vous aimer, et cette courte absence nous laissera sans souci de l'avenir.

« Je serai chez vous entre quatre et cinq heures, peut-être plus tôt. »

LE MÊME.

« Samedi matin.

« Corbière est venu me dire adieu hier au soir ; il est resté si tard, et il m'a dit tant de choses qui m'ont fait mal, que je n'ai pu vous écrire. Je m'en désole en pensant que vous vous en serez monté la tête, et cette idée m'a empêché de dormir. Je vous verrai ce soir entre huit et neuf heures. Vous seule remplissez ma vie, et quand j'entre dans votre petite chambre, j'oublie tout ce qui m'a fait souffrir.

« La parure a tourné la tête à Mme de Chateaubriand, elle nage dans la joie ; mais la forme du chapeau est trop étroite : nous le changerons. »

Le nouvel ambassadeur quitta Paris le 1er janvier.

M. DE CHATEAUBRIAND A Mme RÉCAMIER.

« Mayence, 6 janvier 1821.

« Je suis arrivé ici hier au soir. Je crains d'y être arrêté quelques jours par le Rhin dont le passage n'est pas en ce moment praticable. J'ai employé une partie de la matinée à visiter la ville ; elle en vaut la peine par ses souvenirs et ses antiquités gothiques. Voilà au reste un jour des Rois bien triste pour moi ; je le passe seul, loin de ce qui m'est cher. Quand finirai-je mes pèlerinages sur la terre ? Je suis comme le vieux voyageur Jacob : *Mes jours ont été courts et mauvais, et n'ont point égalé ceux de mes pères.* Une seule chose m'a fait grand plaisir, c'est de très-beaux chants que j'ai entendus ce matin dans une vieille église, à la messe. De vieilles femmes allemandes, couvertes de manteaux d'indienne à grandes fleurs, et des soldats, chantaient beaucoup mieux que nos belles dames des salons de Paris. Au reste, tout ce pays me paraît calomnié. J'ai trouvé de très-bons chemins, des postes très-bien servies, d'excellentes auberges. Il est vrai que la France s'est étendue jusqu'ici; nous verrons de l'autre bord du Rhin. Les Allemands feraient mieux d'y établir des ponts; car, dans l'état actuel des mœurs, ce fleuve les défend moins de la guerre que de la civilisation. Ils ont toujours bien fait de commencer, comme les Thraces, par Orphée; le reste viendra après.

« Si je passe le Rhin ce soir, je vous le dirai avant de fermer cette lettre. N'oubliez pas de tourmenter nos amis pour le retour. Je voudrais déjà être à Berlin: la moitié du chemin serait faite.

« Je pars et vais passer le Rhin, à quatre lieues d'ici, à Oppenheim; je coucherai à Francfort. Je vous écrirai mieux de là, tout me manque ici. »

LE MÊME.

« Francfort, 7 janvier 1821.

« Le roi de Prusse part pour Laybach; je l'avais prévu, et je l'avais dit même au ministre des affaires étrangères. Au lieu de m'arrêter ici un moment, où je comptais vous écrire à loisir, je remonte en voiture, je me rends à Berlin où je saurai ce que j'ai à faire. Si je puis aller à Laybach, je vous le dirai de suite; mais je ne puis maintenant vous écrire que de Berlin. »

LE MÊME.

« Berlin, samedi 13 janvier 1821.

« Je suis arrivé jeudi matin ici: j'ai été désolé de ne pas pouvoir vous écrire de la route aussi longuement que je l'aurais voulu. La crainte que le roi ne fût parti pour Laybach avant mon arrivée à Berlin m'a fait précipiter mon voyage, et ne m'a pas laissé un moment. J'ai passé entières les quatre dernières nuits. Me voilà arrivé au milieu des plaisirs du carnaval; quand ce temps sera passé tout retombera dans le silence, et comme je souffre beaucoup, ces joies d'un moment n'existeront pas même pour moi.

« J'attends les promesses de mes amis, et c'est sur vous que je compte pour les obliger de les remplir. D'ailleurs, s'ils manquaient de parole, j'aurais bientôt pris mon parti.

« Je crains bien d'être peu utile ici : il n'y point d'affaires; j'ai écrit hier ma première lettre officielle. Vous devez croire avec quelle impatience j'attends de vos nouvelles : je me figure des choses étranges. Me voilà dans l'ombre! tant mieux si l'on a beaucoup de gens qui servent mieux que moi.

« Je n'ai point encore vu M. d'Alopéus[1] à qui j'ai porté votre lettre. Il donne ce soir une grande fête où se trouve la famille royale, mais je ne puis y assister parce que je n'ai point encore vu le roi. Je lui serai présenté lundi ou mardi. Je vais écrire à Mathieu.

« Le courrier est arrivé, mais il était du 2, lendemain de mon départ, et il ne m'a rien apporté de vous. »

LE MÊME.

« Berlin, 20 janvier 1821.

« Enfin j'ai reçu un premier petit mot de vous! Que vous êtes loin de la vérité. Je vous assure, sans aucune de *mes modesties*, que cette révolution que vous voyez est une chimère. S'il est vrai que nul n'est prophète dans son pays, il est vrai aussi qu'on n'est bien apprécié que dans son pays. Sans doute on me connaît ici, mais la nature des hommes est froide, ce que nous appelons enthousiasme est inconnu. On a lu mes ouvrages ; on les estime plus ou moins ; on

---

[1] Ambassadeur de Russie à Berlin, que Mme Récamier avait connu en 1818, à Aix-la-Chapelle, lors du congrès.

me regarde un petit moment avec une curiosité fort tranquille, et on n'a nulle envie de causer avec moi et de me connaître davantage. M. d'Alopéus ne vous dira pas autre chose; c'est la pure vérité, et je vous assure encore que cela me convient de toute façon. Il n'y a ici nulle société hors des grandes réunions de carnaval qui cessent au commencement du carême, après quoi on vit dans la plus entière solitude. Le corps diplomatique n'est reçu nulle part, et je serais Racine et Bossuet, que cela ne ferait rien à personne. Si j'ai été un peu distingué, c'est par la famille royale qui est charmante et qui m'a comblé d'égards et de prévenances. J'eus l'honneur mardi, à une grande fête chez le ministre d'Angleterre, d'être choisi par la grande-duchesse Nicolas, fille chérie du roi, et par S. A. R. Mme la duchesse de Cumberland pour leur donner la main dans une marche polonaise. Hier j'ai eu une longue conversation avec le grand-duc Nicolas. Voilà mes honneurs et ma vie dans toute sa vérité. Tous les jours je vais me promener seul au parc, grand bois à la porte de Berlin; quand il n'y a pas de dîners ou de réunions, je me couche à neuf heures. Je n'ai d'autre ressource que la conversation d'Hyacinthe[1]; nous parlons des petites lettres; que puis-je dire autre chose? Je suis à ma troisième dépêche diplomatique.

---

1. Hyacinthe Pilorge, son secrétaire, dont le dévouement était absolu.

Tâchez de savoir par Mathieu si on est content. Le congé est sûr au mois d'avril, mais c'est à vous de le presser. Je n'ai pas cessé de vous écrire par tous les courriers. C'est ici ma troisième lettre de Berlin; les deux premières ont dû vous être remises par mon bon Lemoine [1]; je vous adresse celle-ci directement.

« Les quatre petites lignes ont parfaitement réussi; elles n'étaient pas du tout visibles, et elles ont paru au feu comme par enchantement. Vous verrez que tout ce que j'ai prévu s'accomplira. Je reviendrai au printemps et vous me retrouverez avec le même dévouement. »

LE MÊME.

« Berlin, 23 janvier 1821

« Depuis que je suis parti, je n'ai reçu qu'une lettre de vous... mais que servent les plaintes? Laissons donc le passé et parlons de l'avenir.

« Au moment où je vous écris, l'affaire de Laybach doit être décidée pour moi, et l'on doit avoir résolu affirmativement ou négativement la question de mon

---

1. M. Lemoine était un ancien secrétaire de M. de Montmorin, légué par Mᵐᵉ de Beaumont à M. de Chateaubriand, et qui chaque soir venait passer quelques heures avec M. et Mᵐᵉ de Chateaubriand. Leur affection pour lui ne se démentit pas jusqu'à sa mort.

voyage à la suite du roi. Si le voyage n'a pas lieu, songez au congé. Le temps marche; nous serons déjà au mois de février, lorsque vous recevrez cette lettre. Je suis absolument perclus. Le climat me fait un mal affreux. Tout est toujours et sera toujours ici comme je vous l'ai mandé dans ma dernière lettre : même grâce de la cour, même bienveillance au dehors, rien de plus. Excepté les jours de réunions *obligées diplomatiquement*, je vis dans la plus profonde solitude; et comme je souffre, je ne puis même travailler. Au reste, je sais déjà mon métier, et je vous assure que c'est chose aisée. Je connais trente imbéciles qui seraient d'excellents ambassadeurs. Dites souvenirs et amitiés à Mathieu. Mme de Chateaubriand se plaint qu'elle ne voit aucun de mes *prétendus* amis, c'est son mot, tandis que la petite opposition la soigne et ne la quitte pas. C'est une gaucherie et une ingratitude de nos amis, mais je m'y attendais. J'espère demain une lettre de vous.»

LE MÊME.

« Berlin, 27 janvier 1821.

« J'ai reçu votre petit billet avec la lettre de Mathieu. Je souffre horriblement; occupez-vous avec Mathieu de mon congé. Je n'irai pas à Laybach : cela paraît certain par le peu de bonne volonté de nos ministres. Le roi de Prusse, s'il va au congrès, n'ira que dans les premiers jours du mois prochain. Quand il sera parti, tout deviendra désert à Berlin, et j'y serai fort inutile. Je n'ai pas fait une seule connaissance ici. Le jour je me promène au parc, le soir je vais à des bals obligés où je suis tout aussi solitaire que sous les arbres. Je m'occupe de mon métier que je tiens par amour-propre à bien faire, précisément parce qu'il est commun. Le reste du temps je rêve à la France et j'attends les beaux jours. »

LE MÊME.

« Berlin, 10 février 1821.

« Voilà que je suis obligé de vous trouver légère et un peu *étourdie*. Je reçois ce matin votre n° 5 (c'est toujours un numéro de perdu). Dans ce n° 5, vous grondez dans une page, et vous faites amende honorable dans une autre, parce que vous venez de recevoir une lettre de moi; et puis vous dites que vous ne pouvez pas tout lire. Cependant mon écriture est belle comme vous voyez, et quoique ma dernière encre fût pâle, vous auriez dû pourtant avec vos beaux et bons yeux me lire à merveille. Autre chicane : vous me dites que vous recevez une lettre de moi, mais vous ne me dites pas de quelle date; de sorte que je ne puis juger s'il vous manque une lettre. Je vous répète pour la dernière fois que je vous ai écrit et que je continuerai à vous écrire chaque courrier. Ainsi, en comptant ma lettre d'aujourd'hui 10 février, voilà dix lettres de Berlin : seriez-vous capable de cela?

« Passons à autre chose : je viens d'écrire vivement au ministre au sujet de cette chicane dont vous me parlez, ainsi que mes autres amis. Je n'ai pas écrit un mot au prince de Hardenberg, et je ne sais ce que signifie cette tracasserie. J'ai déjà de tout ceci cent pieds sur la tête. On ne m'a pas tenu une seule des paroles qu'on m'avait données. On n'a rien fait pour les royalistes. On n'a pas voulu m'envoyer à Laybach, où nos grands diplomates ont fait de belles œuvres; le ministère d'État qui devait me suivre ici s'est perdu en chemin. Comme toute la loyauté a été de mon côté, comme j'ai fait tous les sacrifices personnels et amené les royalistes au ministère, je suis dans la position la plus noble pour me retirer. Tous les royalistes et même tous les *libéraux* m'appellent. Qu'on me fasse encore une tracasserie, et vous me verrez quinze jours après. Je suis d'ailleurs très-inquiet de Mme de Chateaubriand : elle vient de m'apprendre par une lettre fort triste qu'elle a été très-malade. Elle l'est peut-être encore. Ah! il n'y a de bon que de vivre dans sa patrie au milieu de ses amis. Si je suis quelque chose, une ambassade n'ajoute rien à ce que je suis.

« Voilà une lettre pour Mathieu. Je vous en ai envoyé une de M. d'Alopéus. »

Des devoirs et des intérêts de famille ayant obligé la marquise de Catellan, cette amie qui la première avait visité Mme Récamier à Châlons lors de son exil, à passer l'hiver à la campagne, celle-ci s'était résolue à lui consacrer le mois de février : elle le passa en effet avec Mme de Catellan à sa terre d'Angervilliers. C'est là que lui fut adressée la lettre de M. de Montmorency qu'on va lire ; il ne redoutait pas moins que M. de Chateaubriand que Mme Récamier y prolongeât son séjour.

M. MATHIEU DE MONTMORENCY A Mme RÉCAMIER.

« Paris, ce 12 février 1821.

« Vous avez été bien aimable de m'écrire, vous qui n'aimez pas beaucoup l'écriture : je suis aussi bien touché de votre occupation relative à moi dans cette triste affaire. Elle nous a occupés samedi d'une manière bien grave et affligeante sous quelques rapports. Je ne sais si je dois vous dire que j'ai voté dans le sens que vous pouviez désirer, après un discours très-remarquable d'un jeune duc de vos amis. Ma conscience l'a permis, ou plutôt ordonné[1]. Car positivement je ne veux rien accorder à la con-

---

1. Il s'agit de l'acquittement du colonel Fabvier.

descendance, ni même à un motif, le plus propre à influer sur moi, le désir de vous plaire. Adieu, on a de bonnes nouvelles de Berlin ; le roi n'était pas parti, mais on en parlait encore.

« Adieu, voilà l'heure qui me presse. Je vous regrette chaque jour, à chaque moment. La meilleure nouvelle à me donner, c'est le jour de votre retour. Ne vous laissez pas engager par vos perfections de générosité ou d'amitié. »

LE VICOMTE DE CHATEAUBRIAND A Mme RÉCAMIER.

« Berlin, 20 février 1821.

« Vous allez à Angervilliers : et mes pauvres lettres ! je vous y ai trop accoutumée, et vous n'en faites plus de cas ; j'ai envie de les supprimer, puisque vous les traitez si légèrement ; qu'en pensez-vous ? L'hymne de M. d'Alopéus est un compliment pour vous et mes amis, pas autre chose : on a ici beaucoup de bontés pour moi, mais l'*admiration* ne met personne *à mes pieds*. Je ne la demande pas ; je ne la mérite point, et l'on me traite comme je le désire, car je suis un bon garçon. Je suis parfaitement tranquille, parce que j'ai pris mon parti. Que j'aie le congé ou non, je vous verrai au printemps ; peu m'importe le reste. Je vous ai envoyé une nouvelle lettre pour Mathieu ; j'ai peur qu'elle n'arrive pendant votre séjour à Angervilliers; elle est assez pressée. Je suis en querelle[1].

« Je ne sais si on est content de mes dépêches, mais moi j'en suis très-content. Ce n'est pas là de l'amour-propre, mais un juste orgueil : car, dans ces dépêches, je n'ai cessé de défendre les libertés des peuples européens et celles de la France, et de professer invariablement les opinions que vous me connaissez; vos libéraux en feraient-ils autant dans le secret de leur vie? J'en doute.

« J'ai dû insister pour aller à Laybach, par honneur et parce qu'on me l'avait promis, mais c'est ma bonne étoile qui m'a empêché de faire ce voyage. Je vous dirai un succès : j'avais écrit certaines choses et blâmé certains hommes dans une dépêche à propos de ce congrès; il s'est trouvé que dans le conseil de nos ministres, on avait aussi été mécontent. En croira-t-on mieux ma politique? Pas davantage.

« J'attends bientôt une lettre de vous. »

LE MÊME.

« Berlin, 27 février 1821.

« Voilà enfin une bonne lettre écrite sur les quatre pages et jusqu'au bas! Vous ne voulez rien devoir à

---

[1]. Avec le ministère.

mes vertus; mais je croyais qu'un attachement profond, sincère, durable, était une vertu. Je suis en grande querelle. Vous savez tout. J'ai reçu une réponse vive à un *post-scriptum* très-franc dont j'avais envoyé copie à Mathieu dans une lettre mise sous votre adresse. Cette lettre sera arrivée lorsque vous étiez encore à la campagne, et cela aura occasionné quelque retard. Il est assez clair que nous nous brouillerons. Nous ne nous entendons sur rien. J'ai aussi des vertus en politique : je veux les libertés publiques, un système noble et généreux, l'accord de tous les sentiments indépendants avec la fidélité au trône légitime, toutes choses qui déplaisent aux uns et ne sont pas du goût des autres. Joignez à cela toutes les paroles que l'on a violées, tout ce qu'on m'avait promis et tout ce qu'on n'a pas tenu.

« Le congé, je l'aurai, car je suis mon maître, et Mme de Chateaubriand m'a écrit hier qu'elle me laissait maître de reprendre, si je le jugeais à propos, mon indépendance. J'agirai avec modération et jugement. Je ne briserai rien que dans le cas où on me refuserait tout. Mathieu est d'avis qu'on ne demande le congé qu'au moment. Il a raison; mais il faut calculer les distances et le temps que les courriers mettent à porter les lettres et à rapporter les réponses. Pour avoir un congé le 15 avril ou le 1er mai, il faut le demander au plus tard le 20 mars. Faites connaître cela à Mathieu. Il doit être bien effarouché de ma querelle.

« Dans votre n° 8 daté d'Angervilliers, 14 février, vous me dites que vous passerez encore huit jours à la campagne ; ainsi vous devez être à Paris depuis huit jours quand vous recevrez cette lettre. Dites-moi donc encore une fois si vous m'avez écrit à Francfort. Nous sommes ici dans les dernières fêtes du carnaval, après quoi silence et solitude ; c'est ce qui me convient. »

LE MÊME.

« Berlin, 3 mars 1821.

« Nous touchons au dénoûment. Le 15 de ce mois, je vais demander le congé pour le 15 d'avril ou le premier mai. Si on me le refuse, je donnerai ma démission motivée. J'ai reçu une lettre de Villèle, fort triste et fort découragée ; il a fait, selon moi, de grandes fautes, surtout en ne se déclarant pas pour mon système *de la Charte et des honnêtes gens*, en ne se prononçant pas à la fois pour les libertés publiques et contre les pervers de la Révolution ; mais comme je suis comme don Quichotte, l'homme aux justices, j'ai pris le parti de Villèle dans une lettre que j'ai écrite à Fiévée sur son ouvrage qu'il m'avait envoyé. Vous voyez tout ce que je retire de cette loyauté. Je vais répondre à Villèle, et lui dire que c'est à lui à obtenir le congé. Au reste, comme mon parti est pris, c'est comme ils voudront; et je désire plus pour eux que pour moi que tout se passe poliment, gracieusement, sans éclat, sans rupture.

« J'ai vu chez le prince Auguste le dessin d'une femme appelé l'*Exil*, d'après votre portrait. Ce n'est pas vous, mais il y avait assez de vous pour me faire faire des réflexions tristes sur l'exil. »

LE MÊME.

« Berlin, 10 mars 1821.

« Votre lettre me tourmente; elle m'apprend que vous souffrez. Je suppose que vous êtes maintenant à Paris, et je le désire, car il me semble que vous vous êtes rapprochée de moi.

« Nous touchons au dénoûment. Il est assez singulier que Mathieu parle de l'humeur que prennent certaines gens quand je leur parle comme je dois leur parler. A-t-il cru que c'était à moi à tout supporter? Je n'ai besoin de personne, on a besoin de moi. Il faut bien que je pense à ce que je puis, quand on l'oublie. Cela serait aussi trop fort que l'on m'eût trompé aussi grossièrement, et que je fusse encore le très-humble serviteur de ces messieurs. Mes ennemis sont bien ignobles, et mes amis bien faibles. Au reste, il est possible qu'à la fin du mois je me décide à envoyer Hyacinthe à Paris; alors tout s'expliquera mieux et plus clairement.

« J'attends avec bien de l'impatience une lettre de vous pour m'apprendre que vous ne souffrez plus. Je suis bien aise que mon exactitude vous prouve au moins que je suis homme de parole et ami fidèle. »

LE MÊME.

« Berlin, 17 mars 1821.

« Vous grondez et vous avez tort : mes lettres vous l'ont prouvé. J'ai reçu toutes les vôtres et je vous en remercie. C'est ma seule joie dans mon exil. J'ai su aussi officiellement qu'on était content de mes dernières dépêches; mais ce sera, comme de coutume, un contentement stérile. Je ne m'attends à rien. Je ne demande rien, sauf le congé. Je n'ai point fait encore la demande officielle, parce que je veux attendre la nouvelle de l'entrée des Autrichiens à Naples. La principale affaire étant alors terminée, on ne pourra pas m'objecter l'importance des événements. J'expédierai alors Hyacinthe, à moins, comme je vous l'ai déjà dit, que la chose ne soit décidée en ma faveur par le crédit de nos amis; ce qui n'est nullement probable. Si vous êtes, comme vous le comptiez, arrivée le 7 à Paris, et que vous m'ayez écrit le 8, le 9 ou même le 10 au matin, je recevrai votre lettre lundi par le prochain courrier.

« Nous voilà déjà au 17 mars! le temps marche vite; je le trouve pourtant bien long!

« M. d'Alopéus me parle toujours de vous. Dites-moi donc quelque chose d'aimable pour lui. »

LE MÊME.

« Berlin, 20 mars 1821.

« Pour vous éviter la politique, je vous envoie ouverte la lettre pour Mathieu. Vous pourrez la lire ou ne pas la lire comme il vous plaira, mais cependant vous y trouverez l'explication de cette bête d'idée que je compte revenir sans congé. En vérité, je n'aurais pas cru que mes amis fussent si sots ou me crussent si fou.

« Vous dites que je ne vous parle pas de mes succès. En voici un. Il y a ici un prédicateur morave qui a fait dimanche dernier l'éloge le plus pompeux de moi *en chaire*. Qu'en dites-vous? Il m'a opposé à Voltaire qui habita comme moi ce pays; lui pour le corrompre, moi pour réparer le mal qu'il a fait.

« Je vous ai dit cent fois que je vous lis à merveille, malgré votre petite écriture. Soyez donc tranquille sur ce point.

« Vous ne sauriez croire la joie dont je suis en apprenant que vous êtes rentrée dans votre cellule. Avant deux mois, je vous verrai, cette idée me rend le courage et la vie. »

LE MÊME.

« Berlin, 24 mars 1821.

« Le gant est jeté. Voilà une lettre que vous remettrez sur-le-champ à Mathieu, où je le prie formellement de demander un congé. Je me suis déterminé à agir d'après les nouvelles que j'ai reçues par estafette de l'affaire de Turin[1]. Il est de toute nécessité que, dans des circonstances aussi graves, j'aille chercher des instructions à Paris. J'espère qu'on fera droit à ma demande, car on est content de mes dépêches, et on doit aussi avoir besoin de m'entendre. Dans tous les cas, si mes amis refusent de demander, ou que le ministre rejette la demande, comme je vous l'ai dit, mon parti est pris. Je vous quitte, ayant aujourd'hui à écrire une longue et importante dépêche.

« Si on m'avait écouté sur le congrès de Laybach, on n'en serait pas là. Que sert de louer mes dépêches, si l'on ne fait rien de ce que je dis? »

---

1. Conspiration des carbonari piémontais, en février 1821.

LE MÊME.

« Berlin, 27 mars 1821.

« Mme de Chateaubriand va vite en besogne. Elle a demandé elle-même le congé à M. Pasquier [1], et, ce qu'il y a de plus singulier, elle en a obtenu la promesse immédiate. Ainsi je vais vous revoir. J'écris à M. Pasquier aujourd'hui pour fixer l'époque. Je demanderai le congé pour le 20 avril, avec la réserve de ne l'employer que le 1er mai, si le bien du service du roi l'exige. Je ne vous parle point de politique; je sais toute l'affaire d'Italie. J'écris par le courrier à Mathieu pour lui dire que Mme de Chateaubriand a prévenu la demande que je le chargeais de faire. Je suis au désespoir de la maladie de Fontanes [2]. Je tremble de l'arrivée du

---

1. Ministre des affaires étrangères.
2. Louis de Fontanes était né à Niort, le 6 mars 1757, d'une famille protestante ruinée par la révocation de l'édit de Nantes. Sa mère était catholique et avait élevé ses enfants dans sa religion.

Par ses opinions toutes monarchiques, par les qualités de son esprit que distinguaient et le bon sens et un goût exquis, M. de Fontanes, poëte d'un ordre élevé et prosateur élégant, appartenait au parti qui, au sortir de la révolution, s'efforça de relever en France les saines traditions sociales et littéraires. Condamné à la déportation au 18 fructidor, il chercha un asile en Angleterre où il retrouva M. de Chateaubriand émigré; ils s'étaient connus précédemment à Paris, en 1790.

Rentré en France, M. de Fontanes fut chargé par Bonaparte, premier consul, de l'éloge de Washington que le jeune et illustre général voulut faire prononcer dans le temple de Mars (chapelle des Invalides), le

prochain courrier. J'aimais tendrement Fontanes. Il avait l'air de devoir me survivre de longues années. Que nous sommes peu de chose! et que cela va vite! A bientôt. »

LE MÊME.

« Berlin, 3 avril 1821.

« Point de lettres de vous par le courrier d'hier. Je ne ferai pas comme vous; je ne vous accuserai pas, mais je souffre.

20 pluviôse an VIII, février 1800. Cette fantaisie libérale du héros qui devait si peu imiter Washington fut l'origine de la fortune politique de M. de Fontanes.

L'amitié de M. de Fontanes et de M. de Chateaubriand formée dans l'exil ne se démentit et ne se refroidit pas un seul jour, quelle que fût leur diverse fortune. M. de Fontanes avait le premier deviné le génie de son ami. Sa muse pleine d'un dévouement étonné, c'est M. de Chateaubriand qui l'a dit, le dirigea dans les voies nouvelles où il s'était précipité.

Au moment où M. de Chateaubriand, nommé ambassadeur à Berlin, partait pour son poste, après avoir formé avec le duc de Richelieu le premier ministère royaliste où étaient entrés MM. de Villèle et de Corbière, il avait voulu faire rétablir, pour M. de Fontanes, la grande maîtrise de l'Université : la chose ne s'était pas arrangée à cause des combinaisons politiques qu'il avait fallu satisfaire, et M. de Fontanes lui écrivait ce dernier billet :

« Je vous le répète, je n'ai rien espéré, ni rien désiré Ainsi, je n'é-
« prouve aucun désappointement, mais je n'en suis pas moins sensible
« aux témoignages de votre amitié; ils me rendent plus heureux que
« toutes les places du monde. »

M. de Fontanes mourut le 17 mars 1821. Il a été remplacé à l'Académie française par M. Villemain.

« Je vous ai mandé par mes dernières lettres que j'espérais un congé pour le 20 d'avril; je l'attends; s'il arrive, je vous verrai à la fin du mois. Cela me semble une espèce de rêve.

« Je n'entends plus parler de Mathieu ni de Jules[1], mais je vais bientôt me retrouver avec eux, et tout s'éclaircira.

« Vos libéraux ont-ils été bien odieusement triomphants? ils se sont bien grossièrement trahis. Il est fâcheux après cela, pour eux, de voir ce qui se passe en Italie. Comment avaient-ils jamais compté sur l'héroïque Naples? Pauvres gens! Quelle misère aussi de notre côté! Quelle faiblesse! quelle pusillanimité à l'apparence du péril! Il faut sortir de tout cela.

« Je pleure encore tous les jours la mort de mon pauvre ami. C'est le dernier talent littéraire que la France possédât. A présent il n'y a plus personne; mais je suis sûr que l'on ne pense plus à Fontanes, et que j'ai l'air de radoter en vous en parlant. Quelle folie de ne pas vivre pour soi dans une vie si courte! »

LE MÊME.

« Berlin, 7 avril 1821.

« Je serais un peu inquiet, si je ne connaissais votre défaut de mémoire. La lettre que j'ai reçue hier de

---

[1]. Le prince de Polignac.

vous porte le n° 15 ; or je n'avais précédemment que le n° 12, ce qui supposerait qu'il me manque deux numéros, 13 et 14 ; mais, comme dans le n° 15, vous avouez que vous avez reçu cinq lettres de moi sans me répondre que *quelques lignes*, il faut que cela soit inexact, et que vous vous soyez trompée sur les numéros.

« Comment vos libéraux vous disaient-ils qu'il était impossible d'aller à Naples ? Les insensés ! Ils voulaient faire des lazzaroni des Spartiates. Vos amis ont perdu la cause de la liberté par leurs folies et par les crimes des révolutionnaires. La partie est perdue pour eux en Europe. En voilà pour 50 ans ; nous n'y serons plus. Mes *pauvres* amis sont bien *pauvres*, le danger les abat, mais au moindre succès, ils ne doutent plus de rien. C'est la légéreté et la mobilité la plus complète.

« J'attends le congé presque sans y croire. Mais qu'importe puisque mon parti est pris? Je suis d'un calme parfait. Voilà le baptême de M. le duc de Bordeaux : l'occasion est belle pour le ministère d'État ; on n'y pensera seulement pas. Tout cela m'est égal. J'ai reçu une lettre très-amicale de Villèle. Toutes les lettres me redemandent à genoux et me disent de tout quitter.

« Cette lettre vous arrivera le 16 ou le 17. Ne m'écrivez plus après avoir reçu cette lettre ; c'est moi qui irai chercher la réponse.

« Qui vous a donc rendue si malheureuse? Vous ne voulez pas me le dire; serait-ce quelque propos, quelque histoire [2]? Moquez-vous-en. »

LE MÊME.

« Berlin, 14 avril 1821.

« J'ai reçu les deux petites lettres retardées n°˚ 13 et 14. Elles sont de vieille date, l'une est du 15, l'autre du 22 mars; elles ont été évidemment gardées, surtout votre n° 13 qui est passablement indiscret pour vos amis les libéraux. Vous nommez Benjamin [1] en toutes lettres, et vous dites qu'il vous avait dit six semaines auparavant que le Piémont se soulèverait. Je le crois bien ; il était prophète à coup sûr! Le prince de la C*** était à Paris où il faisait imprimer ses proclamations et machinait toute son affaire. Il voyait Benjamin et compagnie. Et ce vaillant conspirateur, ce prince qui voulait l'indépendance de l'Italie, a été le premier à fuir et à laisser ceux qu'il avait séduits dans l'abîme, lors même que ceux-ci n'étaient pas dispersés et se battaient encore. Tout cela est d'une canaillerie abominable, et les libéraux sont désormais déshonorés. L'indépendance de l'Italie peut être un rêve généreux,

---

1. Il s'agit très-probablement ici de la duchesse de Cumberland. V. les *Mémoires d'Outre-Tombe*, t. vii, p. 321.
2. Benjamin Constant.

mais c'est un rêve, et je ne vois pas ce que les Italiens gagneraient à tomber sous le poignard souverain d'un carbonaro. Le fer de la liberté n'est pas un poignard, c'est une épée. Les vertus militaires qui oppriment souvent la liberté sont pourtant nécessaires pour la défendre ; et il n'y a qu'un béat comme Benjamin et un fou comme le noble pair qui ouvre votre porte[1], qui aient pu compter sur les exploits du polichinelle lacédémonien. Qu'ont fait vos incorrigibles amis? Ils ont attiré 120 mille Autrichiens et 100 mille Russes dans le pays qu'ils prétendaient délivrer, c'est-à-dire *livrer* à toutes les horreurs révolutionnaires. Croyez-moi, voyez si je vous ai jamais trompée, si je ne vous ai pas constamment dit que tout ce bruit n'était rien, lors même qu'à Paris tout semblait perdu à mes pauvres amis. Ah! ceux-ci sont bien pauvres, j'en conviens, bien faibles, mais au moins ce sont d'honnêtes gens.

« Voilà une terrible lettre politique. Je l'ai écrite de colère. »

LE MÊME.

« Berlin, 17 avril 1821.

« J'ai reçu le congé. Je partirai à la fin de la semaine ; je vous verrai à la fin de l'autre, peu de jours après que vous aurez reçu ce billet qui est le

---

[1]. Le marquis de Catellan.

dernier que je vous écrirai d'ici. C'est comme un rêve ; j'y crois à peine. Pourtant combien de fois vous l'ai-je dit ! Mathieu sera-t-il bien aise de me voir ? J'en doute. »

M. MATHIEU DE MONTMORENCY A Mme RÉCAMIER.

« Vallée-aux-Loups, ce 27 avril 1821.

« J'en étais aux excuses, surtout aux regrets de ne pas vous voir ces deux jours-ci, aimable amie. J'étais hier, comme je vous en avais prévenue, livré à une petite fête de proverbes où je rencontrai un ami de Chateaubriand, qui ne soupçonnait pas même son arrivée. Pour plus d'extraordinaire, j'étais à cinq heures de l'après-midi chez Mme de Duras, qui calculait le nombre de jours après lesquels elle espérait cette même arrivée. Je pars ce matin pour la Vallée avec mes lettres qu'on venait de me remettre et le journal que je n'avais pas encore lu.

« Je ne voulais pas croire d'abord à cette nouvelle du *noble ami* arrivé. Le doute commence, quand je lis une lettre de Berlin qui avait l'air d'être apportée par lui. Enfin ma mère qui vient d'arriver pour dîner me donne la certitude et le regret que j'aurais pu voir ce matin mon illustre voisin chez lui. C'est vraiment piquant ! car on m'ajoute qu'il a été hier au soir chez vous, où j'aurais été bien étonné de le trouver.

« Dites-lui d'avance, aimable amie, tous mes tendres compliments et mes regrets de ne le voir que demain : car je reste ici ce soir pour profiter de mes seuls congés avant les fêtes et le procès.

« Le printemps est ravissant ! Mais vous pensez à bien autre chose. Je voudrais savoir comment vous avez supporté la surprise, la joie, etc. Il faudra vous voir pour en avoir le récit. Une autre personne qui aimerait mieux écrire à ses amis m'aurait adressé un petit billet dès hier au soir. Je vous ferais bien d'autres questions, mais à demain soir.

« Fauteuil ou chaise, je meurs d'envie d'avoir quelque chose de vous ici. Adieu, aimable amie. »

On sait quel fut le nombre des procès politiques pendant les années 1821 et 1822. Le fléau du *carbonarisme* avait envahi la France, et l'armée était plus particulièrement travaillée par les sociétés secrètes : on ne compta pas moins de cinq conspirations militaires dans ce court espace de temps.

Qu'il nous soit permis de condamner avec toute l'énergie de la conscience les hommes importants, les chefs de l'opposition dans la chambre qui, manquant de foi dans l'exercice légal des institutions de leur pays, et emportés par la passion, s'affilièrent à de ténébreuses associations et contribuèrent à entraîner à leur perte des jeunes gens obscurs, lesquels, pour la plupart, n'avaient point conscience de leur crime.

Mais en même temps nous ne saurions assez regretter et déplorer la rigueur que le gouvernement crut devoir déployer dans ces tristes circonstances. Mme Récamier, dont le cœur était sympathique à toutes les infortunes, avait horreur de la peine de mort en matière politique. On eut recours à elle en faveur des condamnés Roger, Coudert et Sirejean ; elle mit tout en œuvre pour adoucir leur sort, et elle eut le bonheur de contribuer à sauver la vie des deux premiers, mais elle échoua pour le troisième.

Coudert et Sirejean étaient compromis l'un et l'autre dans le premier complot de Saumur qui éclata au mois de décembre 1821. L'affaire fut jugée en février 1822 par le second conseil de guerre de la 4ᵉ division militaire siégeant à Tours. Les accusés étaient au nombre de onze : trois furent condamnés à la peine de mort, les huit autres furent acquittés. Le principal accusé dans ce procès, celui qui semblait le chef du complot, Delon, était en fuite. L'accusation reposait principalement sur les révélations des deux sous-officiers, Duzas et Alix, et sur les aveux de la plupart des accusés qui déclaraient avoir été initiés par Delon et Sirejean à un complot destiné à rappeler Napoléon II, et à rétablir la constitution de 1791. Sirejean lui-même reconnaissait avoir été reçu *chevalier de la liberté* par Delon, mais il croyait, ajoutait-il, n'entrer que dans une société analogue à la franc-maçonnerie. Les deux maréchaux des logis condamnés à mort se pourvurent en révision, et dans l'intervalle qui sépara les deux jugements, les familles des condamnés essayèrent quelques démarches. Coudert fut le premier pour lequel on eut la pensée d'invoquer l'assistance de Mme Récamier. Dès le commencement de mars, M. Eugène Coudert, frère aîné du sous-officier compromis, se présenta à l'Abbaye-au-Bois sans autre recommandation que le malheur de son frère Charles, et Mme Récamier, émue de la plus sincère pitié, la fit partager à tous ses amis et usa de leur crédit pour obtenir en faveur du condamné l'indulgence du conseil de révision. Ces efforts furent couronnés de succès : le conseil, cassant l'arrêt des premiers juges, condamna seulement Coudert à cinq ans de prison, comme non révélateur.

Quant au malheureux Sirejean, le plus intéressant sans aucun doute des deux accusés, et par son extrême jeunesse et par sa candeur, ce ne fut que beaucoup plus tardivement que ses parents atterrés par sa condamnation cherchèrent à lui susciter des protecteurs.

Il appartenait à une très-honorable famille de la bourgeoisie de Châlons, famille royaliste, et c'est avec une lettre de Mme de Jessaint, femme de l'inamovible et respectable préfet de la Marne, que Mme Chenet, tante du jeune sous-officier condamné à mort, vint implorer l'appui et la sympathie de Mme Récamier. L'avocat du prévenu écrivait à Mme Chenet, le 3 avril :

« Je vous ai laissée jusqu'ici dans l'incertitude
« du jour où le 1er conseil statuerait sur le sort de
« M. Sirejean; maintenant je crois pouvoir vous as-
« surer que le conseil sera convoqué le 15 de ce
« mois. Hier, M. le rapporteur est parti pour Sau-
« mur où il doit faire une nouvelle information. Les
« élèves de l'école licenciée qui doivent être enten-
« dus comme témoins, ont reçu l'ordre de séjourner
« à Tours indéfiniment. S'il était possible de faire
« savoir aux juges qui composent le conseil que le
« gouvernement ne tient pas à avoir une condamna-
« tion capitale, cela nous aiderait beaucoup, mais il
« faudrait que cet avis fût donné d'une manière
« semi-officielle. Il me semble que maintenant vous
« pourriez borner vos sollicitations à engager mes-
« sieurs les ministres dans une démarche de ce genre.

« M. Julien et moi, nous sommes toujours con-
« vaincus qu'il serait bon que les accusés fussent
« entourés de quelques personnes de leurs familles.
« Nous n'assurons pas que cette démarche aura quel-
« que résultat, mais il suffit que nous pensions
« qu'elle pourrait en avoir, pour que nous ayons
« dû en faire part aux familles de nos malheureux
« clients.

« M. Coudert s'est déterminé à se rendre ici pour

« assister au jugement. Je ne puis que vous réitérer
« les observations que je vous ai adressées : vous
« verrez si la présence de M. Coudert au jugement
« n'est pas un motif de plus pour vaincre les ré-
« pugnances bien fondées que vous éprouvez à
« l'imiter.

« Recevez, Madame, etc.

« FAUCHEUX,
« Avocat. »

Le malheureux enfant qu'un entraînement irréfléchi avait fait entrer dans le complot, Sirejean, à son tour, écrivait à Mme Récamier le 8 avril :

« Madame,

« Comment trouver des termes assez significatifs
« pour vous exprimer le vif sentiment de reconnais-
« sance que je ressens pour l'intérêt que vous avez
« bien voulu prendre à un malheureux qui n'est pour
« vous qu'un étranger, et qui s'est rendu coupable
« d'un crime que la confiance du vil Delon m'avait
« fait considérer comme un devoir. Mon âge, mon
« inexpérience ont été cause que je n'ai pas aperçu
« le piége qui m'était tendu, et je suis tombé dans
« un abîme d'où je ne pourrai jamais me retirer.

« Ce qui me console et m'aide à soutenir mes re-
« mords, c'est de savoir qu'il y a encore des âmes

« comme la vôtre, Madame, qui connaît ma faute
« involontaire et qui ne doute pas de mon repentir.

« Sirejean.

« Prison de Tours, ce 8 avril. »

« *P. S.* Le conseil s'assemblera lundi prochain. »

Je n'ai pas besoin de dire avec quel zèle, quel actif dévouement Mme Récamier s'employa à sauver cette tête de vingt et un ans, et en même temps à soutenir le courage d'une famille anéantie sous le coup qui la frappait. Sirejean avait deux sœurs à peine sorties de l'enfance; son père et sa mère étaient vivants, et leur désespoir était tel qu'il leur avait enlevé même la faculté de faire les démarches nécessaires au salut de leur fils. Mais on avait déjà épuisé en faveur de Coudert tous les moyens d'influence dont on disposait, et peut-être était-il impossible de réussir pour les deux condamnés. Le conseil de révision, réuni le 18 avril, confirma l'arrêt de mort de Sirejean.

Le pauvre jeune homme écrivit encore, après sa seconde condamnation, une lettre à sa protectrice. Malgré la fermeté dont il fit preuve, l'écriture de cette lettre est visiblement altérée. Il annonce qu'il vient de signer un pourvoi en cassation fondé sur l'adhérence qu'il y avait entre son affaire et celle de l'apparition

de Berton et Delon qui devait se juger à Poitiers; il implore un sursis afin qu'on ait le temps de former un recours en grâce; il termine en disant : « Le frère
« de Coudert va se rendre à Paris, il sera porteur
« de la demande en grâce qu'il remettra à ma tante.
« Veuillez, je vous prie, faire ce qui dépendra de
« vous pour qu'elle ne soit pas infructueuse. Je vous
« supplie encore d'avoir la tâche pénible d'ap-
« prendre à ma malheureuse tante mon arrêt fatal.

« Je suis soutenu par mon courage, par un espoir
« (pas très-grand à la vérité), et par les démarches
« et les sollicitations que vous voulez bien faire pour
« un malheureux qui vous devra une éternelle re-
« connaissance.

« Agréez l'assurance de mon respectueux hommage.

« SIREJEAN.

« Ce 20, à 10 heures du soir. »

Le sursis promis à Mme Chenet avant son départ de Paris, dans les bureaux de la guerre, ne fut pas expédié, et le 2 mai 1822, à quatre heures et demie du matin, Sirejean terminait courageusement et religieusement sa courte vie.

Mme Récamier, confiante dans le sursis promis à la famille, s'occupait encore de cet infortuné jeune homme quand déjà il avait cessé de vivre.

M. de Montmorency avait fait le 20 une démarche personnelle auprès du garde des sceaux. Il rendait compte en ces termes de l'inutilité de ses efforts :

M. DE MONTMORENCY A Mme RÉCAMIER.

« Ce 21 avril 1821.

« Je n'ai rien de bon à vous mander, aimable amie, quoique j'aie fait scrupuleusement toutes vos commissions. Le garde des sceaux a fait tout ce qu'il avait promis, a parlé au roi, a remis la supplique. Le roi me semble n'avoir pas été plus décidé dans aucune occasion. Il a dit que son devoir l'obligeait. Il n'a renvoyé aucune décision ni consultation au conseil et ne m'en a pas parlé à moi personnellement.

« Je suis triste pour vous, pour cette malheureuse tante que vous êtes destinée à affliger et à consoler, pour toute cette famille. Adieu, mille tendres hommages. »

Mme Récamier reçut la plus douloureuse impression de cette cruelle affaire, et on verra par les lettres de M. de Chateaubriand, combien elle avait peine à se consoler de n'avoir pas, en sauvant ce jeune homme, épargné au gouvernement royal une rigueur inutile.

Roger faisait avec Caron partie du complot de Béfort; il fut jugé par la cour d'assises de la Moselle, et condamné à mort, le 23 février 1823. Recommandé à la clémence royale, il vit sa peine commuée en vingt années de travaux forcés.

Il écrivait à Mᵐᵉ Récamier, dont l'active compassion avait beaucoup contribué à obtenir la commutation de sa peine :

« Madame,

« Mon frère, qui est accouru près de moi pour
« déplorer mon infortune et me donner des consola-
« tions dont j'ai tant besoin, ne m'a pas laissé ignorer
« le vif intérêt que vous avez daigné prendre à mon
« terrible sort. Je sais, Madame, que c'est à vos dé-
« marches et à votre persévérante bonté que je dois
« de n'être pas tombé sous le couteau fatal, et je
« serais digne du supplice dont le roi m'a fait grâce,
« si je ne conservais dans mon cœur, et tant que
« je vivrai, la reconnaissance la plus vive pour ma
« bienfaitrice.

« En me conservant la vie, le roi m'a condamné à
« en passer vingt années, c'est-à-dire le reste, dans
« l'opprobre et dans l'ignominie, confondu avec les
« plus vils fléaux de la société; c'est une doulou-
« reuse et bien longue agonie à laquelle la mort qui
« ne frappe qu'un instant serait sans doute préfé-

« rable. Mais je suis soutenu par l'espoir consolant
« que vous daignerez un jour vous souvenir de votre
« bienfait, et saisir l'occasion favorable de le cou-
« ronner d'un succès complet. »

Roger ne se trompait pas dans son espérance :
en 1824, sous le ministère de M. de Chateaubriand, il lui fut fait remise entière de sa peine.

Pendant le ministère de M. de Montmorency, et dans cette même année 1822, la comtesse de Survilliers, femme de Joseph Bonaparte et sœur de la reine Désirée de Suède, maria sa fille unique, Zénaïde, au fils aîné de l'ex-roi de Hollande, Louis Bonaparte, et de la reine Hortense. Le mariage fut célébré à Bruxelles, le 29 juin 1822.

Les traités de 1815 avaient mis la famille Bonaparte en dehors de toutes les législations; aucun membre de cette famille ne pouvait voyager, changer de résidence, être autorisé à séjourner dans aucun État de l'Europe, sans l'autorisation collective des cinq grandes puissances. Beaucoup d'entre eux trouvèrent un refuge en Italie, la plupart s'établirent à Rome, ville d'asile, où, en tous temps, les royautés déchues ont trouvé, sous la bienveillante protection du chef de l'Église, une noble hospitalité!

Joseph Bonaparte avait cherché un asile aux États-Unis d'Amérique. Sa femme, la comtesse de Survilliers, devait conduire le nouveau ménage auprès de lui dans le courant de l'année suivante. Mais auparavant, elle désirait garder quelques semaines encore auprès d'elle son gendre et sa fille; et en même temps elle craignait d'exposer Charles-Napoléon Bonaparte à quelque désagrément pour rupture de ban, si son séjour à Bruxelles se prolongeait sans autorisation.

Mme Récamier fut invoquée : elle reçut, à deux jours de distance, une lettre d'Aix-la-Chapelle où la reine Désirée avait été voir son fils, le prince Oscar qui maintenant règne en Suède, et la communication d'une autre lettre, sur le même sujet, écrite par l'ex-reine d'Espagne.

Je donne ces deux lettres, et je consigne ici le succès de la négociation dont on priait Mme Récamier de se charger, non point pour enregistrer un acte d'obligeance de plus de la part d'une personne dont la bonté était sans limites, mais parce que ces lettres et les circonstances qui les motivèrent sont curieuses par les noms des personnes intéressées, et comme détail de mœurs. Dans la sorte d'*interdit* que les souverains de l'Europe faisaient peser sur les Bonaparte, ces lettres constatent que la maison de Bourbon et les hommes d'État qui se succédèrent dans les conseils de ces princes, mirent toujours de l'empressement à adoucir, vis-à-vis des membres de la famille de Napoléon, la rigueur des traités. A cet égard, M. de Montmorency, quand il arriva aux affaires, ne fut pas moins facile que ne se montra plus tard M. de Chateaubriand.

LA REINE DE SUÈDE A Mme RÉCAMIER.

« Aix-la-Chapelle, le 28 juin 1822.

« Madame,

« C'est avec bien du regret que j'ai dû quitter Paris sans vous voir, mais je reçus un courrier de mon fils qui me prévenait de sa prochaine arrivée à Aix-la-Chapelle, et je n'eus que le temps de me préparer au départ. Depuis ce moment, je suis occupée des chagrins des autres : c'est un délassement qui n'est pas trop salutaire à la santé, aussi je suis très-souffrante depuis quelques jours. Je suis bien fâchée que le hasard ne vous ait pas amenée ici cette année; quel plaisir j'aurais eu de vous y voir et de vous présenter mon fils qui réunit quelques avantages d'esprit et de caractère, et qui aurait été bien charmé de faire votre connaissance ! Quant à sa figure et à sa tournure, c'est son père à vingt-trois ans; il n'a rien voulu de moi, il a bien fait, car il n'y aurait pas gagné grand'chose. En venant ici, j'ai passé quelques jours à Bruxelles, et j'ai trouvé ma sœur dans un état de santé effrayant et dans un chagrin qui, je le crains bien, la mènera au tombeau. L'idée de quitter sa fille la tue, et elle est dans un état de faiblesse tel qu'elle ne pourrait certainement pas atteindre Rome sans danger. Jugez de mon désespoir d'être forcée de la quitter dans ce moment, de ne pouvoir même pas assister au mariage de sa fille. Dans cette anxiété, je viens vers vous; comme tous ceux qui souffrent sont toujours sûrs d'y trouver des consolations, je vous prie de faire en sorte que ma sœur jouisse tranquillement de ses enfants jusqu'au moment où ils doivent se rendre à Rome, et ce sera pour les premiers jours d'août, à cause des neiges du Tyrol qu'ils doivent traverser pour se rendre en Italie.

« Ce terme, si court pour l'amitié, doit l'être aussi pour la politique, et il me semble que M. de Montmorency pourrait bien prendre sur lui de fermer les yeux là-dessus : car ce ne serait pas la peine d'assembler le grand congrès pour un si petit séjour. Le roi de Hollande ne dira rien si on ne le presse pas, et je voudrais du moins pouvoir être auprès de ma sœur et tâcher d'adoucir sa douleur, si c'est possible, au moment d'une séparation si cruelle ; c'est ce qui me serait impossible en ce moment, étant retenue auprès de mon fils. Je me repose entièrement sur votre amitié et sur la bonté aimable que M. le vicomte de Montmorency a bien voulu me témoigner quelquefois. Je réclamerais aussi l'intérêt de M. le duc de Laval qu'il a eu la grâce de m'offrir, et je vous prie de lui dire mille choses aimables.

« Adieu, Madame, donnez-moi de vos nouvelles, conservez-moi votre amitié : j'en attends une bien grande preuve en ce moment. Je vous prie de croire que je me trouverais heureuse de vous prouver la mienne dans toutes les occasions.

« Désirée. »

LA COMTESSE DE SURVILLIERS (Mme JOSEPH BONAPARTE)
A SA SŒUR LA COMTESSE DE VILLENEUFRE.

« Bruxelles, ce 30 juin 1822.

« Ma chère sœur, le mariage de Zénaïde a eu lieu hier ; tu conçois que j'ai eu une journée qui a été pour mon cœur toute d'émotion et d'anxiété en pensant à la séparation prochaine de ma fille. Son départ sera le 15 d'août. Elle ne peut l'entreprendre plus tard, voulant passer les Alpes avant les neiges ; cette époque est si rapprochée qu'il me semble inutile de faire des démarches à Paris pour qu'on autorise Charles à passer ce peu de temps près de moi. Cependant comme je tiens beaucoup à le conserver jusqu'au 15 août, je voudrais savoir s'il ne sera pas inquiété jusqu'à cette époque. Dans le cas contraire, je suis disposée à faire ce qu'on me conseillera. Rends-moi le service, ma chère sœur, d'entretenir les personnes qui peuvent par leur avis me diriger dans cette circonstance : j'aime à croire qu'elles jugeront comme moi que, pour si peu de semaines, il est inutile d'occuper de nous les ministres des cinq puissances à Paris. Je désirerais me ménager leur intérêt pour le printemps prochain, époque à laquelle Charles et Zénaïde doivent venir me prendre pour nous embarquer tous les trois pour les États-Unis. Si tu pouvais me donner la certitude qu'on ne s'y opposera pas, je passerais l'hiver plus calme, puisque je serais assurée de revoir mes enfants au commencement du printemps prochain pour les conduire à mon mari.

« Je crois inutile de te recommander ces deux affaires, connaissant l'intérêt que tu prends à tout ce qui a rapport à moi ; tu dois sentir le prix que j'attache à posséder encore mes enfants pendant quelques semaines et à conserver l'espérance de les revoir après l'hiver.

« La reine [1] m'écrit d'Aix-la-Chapelle ; elle me paraît fort contente d'être auprès de son fils qu'elle a trouvé à merveille sous tous les rapports.

« Embrasse pour moi l'aimable Juliette [2]. Zénaïde lui a écrit il y a deux jours. Adieu, ma chère sœur, tu connais mes sentiments pour toi, ils sont inaltérables.

« JULIE. »

---

1. De Suède.
2. Mlle de Villeneufre, plus tard Mme Clary.

Le prince Charles-Napoléon Bonaparte, dont il est ici question, est le même qui périt dans l'insurrection de la Romagne en 1831. Il était frère aîné du prince Louis-Napoléon, aujourd'hui empereur des Français.

Les détails dans lesquels nous avons cru nécessaire d'entrer sur les circonstances où le généreux intérêt de Mme Récamier trouva à s'exercer, nous ont fait devancer le temps; il faut revenir à l'époque du retour de M. de Chateaubriand à Paris, après son ambassade à Berlin.

Un nouveau changement de ministère amenait définitivement les royalistes au pouvoir.

Une ordonnance du 15 décembre 1821 donnait à M. de Villèle les finances, l'intérieur à M. de Corbière, la justice à M. de Peyronnet, les affaires étrangères à M. Mathieu de Montmorency.

M. de Chateaubriand, nommé, dans le courant de janvier, ambassadeur à Londres en remplacement du duc Decazes, partit pour son poste le 2 avril 1822.

Ici commence une nouvelle série de ses lettres.

LE VICOMTE DE CHATEAUBRIAND A Mme RÉCAMIER.

« Mardi matin, 2 avril.

« Vous trouverez ce mot à votre réveil, comme de coutume. Vous verrez que rien ne changera, si vous ne changez pas.

« Je monte en voiture à l'instant : il est huit heures et demie.

« A bientôt ; j'écrirai de Calais. »

LE MÊME.

« Calais, mercredi 3 avril.

« Me voilà à Calais. Demain je serai à Douvres. Vous connaissez mon exactitude, vous savez que je tiens ma parole et que je n'ai jamais trompé personne. Ce petit mot, mis à la poste tout simplement, vous arrivera vite. A Berlin, l'éternité se passait avant que l'on reçût des nouvelles de ses amis. Je vous écrirai de Douvres, et puis de Londres, à l'adresse de M. Lemoine. »

LE MÊME.

« Douvres, ce vendredi.

« Vous voyez que j'ai passé la mer. Je serai ce soir à Londres. Je vous écrirai. Je ne me vois pas dans ce pays où j'ai été si malheureux et si jeune sans avoir le cœur serré. »

LE MÊME.

« Londres, mardi 9 avril 1822.

« J'ai grand besoin de recevoir une ligne de vous. Je vous ai écrit de Calais et de Douvres. Me voilà à Londres, où je n'ai que de bien tristes souvenirs, et où je suis bien seul, quoi que vous en pensiez et en disiez. Je ne fais pas un pas ici sans reconnaître quelque chose qui me rappelle mes souffrances et ma jeunesse, les amis que j'ai perdus, le monde qui a passé, les espérances dont je me berçais, mes premiers travaux, mes rêves de gloire, et enfin tout ce qui compose l'avenir d'un jeune homme qui se sent né pour quelque chose. J'ai saisi quelques-unes de mes chimères, d'autres m'ont échappé, et tout cela ne valait pas la peine que je me suis donnée. Une chose me reste et tant que je la conserverai, je me consolerai de mes cheveux blancs et de ce qui m'a manqué sur la longue route que j'ai parcourue depuis trente années.

« Je ne puis rien vous dire de la société et de la politique, car je ne sais rien encore. Je n'ai vu personne et je suis au milieu des embarras d'une maison que l'on meuble et que l'on peint. Je suis un peu souffrant de la peinture, du charbon et du brouillard.

« J'attends un *billet* de vous. Vous n'écrivez que des mots. Mandez-moi pourtant tout ce que vous saurez. On parle fort de guerre et de congrès. Vous voyez mon exactitude, c'est comme à Berlin. Soyez sûre aussi que tout s'accomplira comme je vous l'ai dit. »

LE MÊME.

« Londres, 12 avril 1822.

« Depuis que j'ai quitté Paris, je n'ai pas reçu un mot de vous. Je vous ai constamment écrit, et vous aurez reçu toutes mes lettres. M. Lemoine vous aura porté les dernières. C'est le lundi et le jeudi avant une heure qu'il faut envoyer vos lettres chez Mathieu. Mais peut-être ne voulez-vous pas envoyer vos lettres chez lui. Dans ce cas, écrivez-moi simplement par la poste. Mais souvenez-vous alors qu'il faut affranchir vos lettres jusqu'à Calais.

« Je suis plongé dans les affaires. J'ai vu lord Londonderry, et j'ai mandé à Mathieu la conversation importante que j'ai eue avec lui. Je serai présenté au roi le 19. Au milieu de tout cela, je suis bien triste. Je n'entends pas parler de vous, je ne sais ce que deviennent mes amis, ce qu'ils font. Hélas! il est trop vrai qu'il n'y a de bonheur que dans une vie indépendante, et auprès de ceux à qui le cœur est attaché. Écrivez-moi. Vous êtes bien coupable et vous avez bien à réparer. »

LE MÊME.

« Londres, ce mardi 16 avril 1822.

« Enfin voilà un billet de vous. Vous avez reçu ceux que je vous ai écrits de Calais et de Douvres. Ceux que je vous ai écrits de Londres vous seront sans doute aussi parvenus par l'entremise de ce bon M. Lemoine. Vous retrouvez là mon ancienne exactitude et cette parole qui n'est jamais violée. Je viens d'écrire à M. de Montmorency. Je n'ai pas été étonné de ce qu'on lui avait dit. Les gens qui aiment à brouiller sont fort communs. J'espère qu'il sera content de ma lettre.

« Je suis sur les nouvelles du jour comme j'étais à Berlin. Vos amis les libéraux n'ont qu'une fausse joie. Nous les battrons, et si nous ne nous désunissons pas, notre triomphe est certain.

« Je commence à voir des symptômes de faveur ici dans les hauts cercles politiques ; je ne sais rien encore de la société. Elle va commencer. Ce sera mon tourment.

« Pensez à moi, écrivez-moi. Vos lettres m'arriveront par la poste, si elles sont affranchies jusqu'à Calais. »

LE MÊME.

« Londres, ce 19 avril.

« Mille remercîments de votre billet du 14. Je ne vous écris aujourd'hui que deux mots. Je sors de l'audience royale. J'ai été reçu avec une rare bienveillance. Je commence à réussir, politiquement parlant, dans ce pays. J'y fais beaucoup de bien à nos amis, et je pense que de leur côté ils doivent être assez contents de ma correspondance.

« Maintenant la société va s'ouvrir pour moi. Mais c'est là que je vais sentir ce que j'ai perdu en vous quittant. Écrivez-moi.

« A l'avenir numérotez vos billets. »

LE MÊME.

« Londres, 23 avril 1822.

« Deux petits billets de vous valent mieux que les éternelles lettres dont je vous ennuie. Les affaires m'accablent si fort ici, que je n'ai pas le temps de respirer. Je commence à réussir en politique, et j'ai donné à notre diplomatie un caractère qui convient à ce beau nom de Français que je porte. Je ne m'occupe qu'à nous relever. On nous avait mis bien bas. J'exerce autant que je puis l'hospitalité. Je fais rechercher tous les voyageurs français qui arrivent, quelle que soit leur opinion, et je les invite chez moi. J'ai fait hier mon entrée dans le monde. Je me suis fort ennuyé à un *rout*. Je n'ai pas cessé de souffrir depuis que je suis ici. J'ai des nuits affreuses. Le climat est détestable. S'il n'y a pas guerre, il y aura *congrès :* vous savez que c'est là notre secret et notre espérance. Je vous ai dit que le roi m'a reçu merveilleusement. J'attends jeudi un mot de vous. Puisque vous ne pouvez pas me dire tout ce que je voudrais, dites-moi au moins des nouvelles de votre monde de France. Lord Bristol n'est pas encore arrivé. Du moins il me parlera de vous. »

LE MÊME.

« Londres, ce 25 avril.

« Je suis ici uniquement occupé d'affaires. Elles sont graves et immenses. Une partie de mon rôle consiste à aller dans le monde, et quand j'ai travaillé toute la journée, il faut que je m'habille pour sortir à onze heures et demie du soir. Jugez quel tourment pour moi. Je presse les arrangements de mon ménage afin de pouvoir ouvrir ma maison le 1ᵉʳ mai. Je doute encore de tout mon succès, car tout me manque.

« Je devine aisément qui vous a fait votre ministère. Cela n'a pas le sens commun, et quand nous tomberions, ce ne seraient pas les hommes que vous nommez qui nous remplaceraient. Mais croyez-moi, nous battrons nos ennemis, si toutefois on veut m'écouter. J'ai écrit fortement à Paris. Je regrette tous les jours la petite cellule. Si j'y rentre jamais, je n'en sortirai plus.

« J'ai fait ma paix avec Mathieu. »

LE MÊME.

« 30 avril 1822.

« Vous ne m'écrivez que de petits mots froids. Cela me désole. Ne pouvez-vous au moins me parler de ce que vous faites, de ce que vous dites! moi, je vous raconte longuement mes journées. Elles sont en effet bien longues sans vous. Je m'occupe à gagner les suffrages anglais pour les royalistes. Je crois que je réussirai. On m'annonce MM. de Broglie, de Staël et d'Argenson. Cela est assez amusant. Je les comblerai de politesses, surtout les deux premiers. C'est une innocente malice que vous me pardonnerez. Je trouve, ne vous en déplaise, que le plaisir d'avoir sauvé *Coudert* devrait vous rendre moins cruel le sort de *Sirejean*.

« Tâchez donc de m'écrire un peu plus longuement. Songez au congrès et à tout ce qui peut me rappeler. J'ai grande envie de savoir ce que voulait la dame mystérieuse. Elle pourrait puissamment nous servir. »

LE MÊME.

« 3 mai 1822.

« Je suis réellement désolé de vous voir si affligée du sort de cet infortuné jeune homme [1] que vous en oubliez tous vos amis. Hélas! nous avons assez de causes de souffrance à nous, sans y joindre encore des causes étrangères. Je vois par ce que vous me dites et par ce que m'écrivent tous mes amis, que tandis que j'arrange les affaires des royalistes au dehors, on les défait au dedans. J'y fais cependant ce que je puis. J'ai écrit à Mathieu, à Villèle, à Corbière. Je les ai avertis du danger; ma conscience est en paix. S'ils tombent, j'en serai très-fâché pour eux. Quant à moi, je rentrerai avec joie dans la vie privée et je vous promets de n'en sortir de ma vie. Ce sera du moins le moyen de ne plus vous quitter.

« On parle toujours d'un congrès pour le mois de septembre, veillez bien à cela. Il faut que j'y

1. Sizejean.

aille pour revenir à Paris. Tous nos plans, comme vous le savez, sont établis sur le congrès.

« Je continue à être très-bien vu ici. Je voudrais que mes amis de Paris sentissent un peu le prix de mes services, non pour ce que ces services valent en eux-mêmes, mais parce qu'ils auraient moins d'envie de me tenir éloigné. »

LE MÊME.

« 7 mai 1822.

« On attend demain, ici, M. de Broglie et M. de Staël. Ils me donneront de vos nouvelles. Je vous en prie, soyez un peu discrète avec Adrien. Vous n'avez pas d'idées des lettres que m'écrit Mme de D.....

« Je suis accablé de travail. Nos affaires vont merveilleusement ici ; si elles allaient aussi bien en France, vos amis les libéraux ne seraient pas si hargneux. Quoi qu'il en soit, ma prédiction s'accomplira, et ils seront battus par le pauvre petit ministère royaliste qui n'a l'air de rien du tout. Cependant ce ministère a fait bien des sottises depuis mon départ, et les royalistes ont raison de se plaindre. J'ai écrit pour tout raccommoder. Les correspondances privées qu'on imprime dans les journaux anglais me font aussi sans cesse rappeler en France pour être premier ministre. Je ne sais ce qui peut donner naissance à ces sots bruits.

« Je vous quitte ; je tombe de fatigue. J'ai écrit aujourd'hui une longue dépêche de la plus haute importance.

« Que ne suis-je dans la petite cellule ! »

LE MÊME.

« Londres, ce 10 mai 1822.

« Je vous envoie copie de la lettre que j'écris par ce courrier à Laborie. Vous la montrerez à la personne que je devine aisément. Cet homme (Laborie) est très-bon, mais c'est un tripotier éternel.

« Je ne sais ce qui a pu vous blesser dans mon billet. Je n'aime point les explications différées. Si c'est vous blesser que d'être malheureux et à plaindre loin de vous, alors vous devez être très-blessée.

« Je n'ai plus rien à vous dire de ce pays. La première impression est faite, et comme elle m'est, je crois, favorable, je suis maintenant hors de danger. Je porte bonheur aux royalistes. Je ne puis m'empêcher de remarquer que leurs affaires s'arrangent partout où je vais et se dérangent partout où je ne suis pas. Cela ne tient nullement à mon mérite, mais à un sort qui semble s'attacher pour eux à ma personne. Et ce qu'il y a de très-malheureux pour moi, c'est que je ne les sers qu'aux dépens de la paix de ma vie ; je suis à contre-sens de toutes mes habitudes et de tous mes goûts pour les servir.

« Votre billet m'a rendu triste. Je vous quitte pour ne pas vous ennuyer de mes lamentations. »

LE MÊME.

« 14 mai 1822.

« Voulez-vous aussi me faire maudire les courriers ? Toutes les lettres que je reçois de Paris sont des plaintes ; tandis que je reçois parmi les étrangers un bon accueil que je n'ai recherché que pour mes amis de France, ces amis semblent d'accord pour me désoler. Les amis politiques m'écrivent des fureurs, et veulent que je quitte tout pour les sauver. Mᵐᵉ de D. est à moitié folle, Mᵐᵉ de Chateaubriand grogne, et voilà que vous vous mettez à gémir. Allons, il ne me reste plus qu'à me noyer.

« C'est pourtant dommage. Je commençais à être en pleine fortune. J'ai donné hier mon premier dîner diplomatique avec plein succès. Le 26, le duc d'York vient dîner chez moi, et le roi en meurt d'envie. Je calcule cette faveur croissante avec plaisir, parce que tout ce qui m'élève me rend nécessaire, et qu'en devenant nécessaire, j'ai une chance plus prochaine de vous revoir.

« Vous ne méritez pas tous ces calculs, puisque vous grondez aussi. Au nom du ciel, ne vous mettez pas dans la foule, et écrivez-moi de manière à me consoler. »

LE MÊME.

« 17 mai 1822.

« Le courrier d'hier ne m'a point apporté de lettre de vous. Il n'y a que moi dans le monde dont l'attachement soit toujours le même, et dont l'amitié soit toujours exacte. On me fait, quand on m'oublie, une peine que je ne veux faire à personne.

« Voilà les élections à peu près finies. Les libéraux sont battus, et en vérité ils avaient bien des chances pour eux! Croient-ils encore qu'ils sont populaires, qu'ils sont les plus nombreux et les plus habiles? Le *petit ministère* triomphera ; je l'ai prédit.

« Je suis toujours très-bien ici, et je prends chaque jour plus d'empire. J'espère pourtant, quoi qu'il arrive, vous voir bientôt, soit en congé, soit en allant au *congrès*, s'il y a congrès, soit en devenant ministre ; enfin je vous verrai *quand vous voudrez*. M. de Staël et M. de Broglie sont venus me voir.

Je les ai priés à dîner pour mercredi prochain. J'espère que dimanche j'aurai un mot de vous. J'en ai grand besoin. »

LE MÊME.

« Londres, ce 20.

« J'ai adressé par le dernier courrier une lettre pour vous à M. Lemoine. Je vous envoyais dans cette lettre la copie d'une autre longue lettre que j'écrivais à M. de Montmorency relativement au congrès, et je vous priais d'appuyer ma demande.

« Je crois savoir aujourd'hui que M. Lemoine est allé faire un voyage en Champagne, et j'ai grand peur que mon paquet arrivant pendant son absence, ce qui était pour vous ne vous soit pas parvenu.

« Je meurs d'envie d'apprendre que vous avez reçu *la lettre et la copie* dont je vous parle. Vous ne m'avez pas dit si vous aviez dit à Mme de Boigne ce que j'ai eu le bonheur de faire pour elle.

« Je suis très-bien avec M. de Staël, mais je n'aime pas à me souvenir de ce château des bords de la Loire. »

LE MÊME.

« 31 mai 1822.

« Avec quelle joie j'ai revu la petite écriture. Tous les courriers qui arrivaient sans un seul mot de vous me crevaient le cœur. Suis-je assez fou de vous aimer ainsi, et pourquoi abusez-vous tant de votre puissance! Pourquoi avez-vous cru un moment ce qu'on a pu vous dire? Je hais mortellement ceux qui m'ont fait tant de mal, quels qu'ils soient. Nous nous expliquerons; mais, en attendant, aimons-nous, c'est le moyen de nous défaire de nos ennemis. Si vous étiez allée en Italie, je vous y aurais suivie.

« A propos d'Italie, le congrès paraît plus probable que jamais. Je vais avoir besoin de vous pour attaquer Mathieu. Je vous donnerai le signal. Le prince d'Esterhazy, ambassadeur d'Autriche à Londres, ira au congrès. Vous sentez combien nous pourrons faire valoir cette circonstance. Ce congrès a l'immense avantage de me ramener à Paris; et toute cette politique ne signifie autre chose, sinon que je meurs du besoin de vous voir. Je ne vous ai point écrit par le dernier courrier, j'étais trop triste et trop malheureux de votre silence; vous le verrez bien par les lettres que vous aurez reçues avant celle-ci.

« Je tiens toujours que nos amis triompheront malgré leurs innombrables fautes. J'aime beaucoup l'abbé Frayssinous, mais je crois que l'opinion n'est pas encore mûre pour mettre un prêtre à la tête de l'éducation publique. On mécontente Delalot, et Delalot est une puissance dans la chambre. Une division dans le côté droit peut seule perdre nos amis. »

Qui ne se rappelle, comme d'un tableau exquis, la peinture que M. de Chateaubriand fait, dans ses *Mémoires*, de l'intérieur du révérend M. Ives, de Bungay, ministre du saint Évangile, grand helléniste et grand mathématicien?

La chaste et gracieuse figure de sa fille unique Charlotte, âgée de quinze ans, esquissée en quelques traits, est un des portraits les plus vrais et les plus aimables que l'auteur des *Mémoires d'Outre-Tombe* ait montré à ses lecteurs.

Présenté dans cette maison pendant une excursion dans le comté de Suffolk, le jeune émigré y fut mieux reçu que partout ailleurs. Il se laissa aller, fort imprudemment sans doute, à la séduction du sentiment qu'il inspirait et qu'il éprouvait lui-même : la main de miss Ives lui fut offerte. Il faut lui laisser raconter cette scène. « Je voyais venir avec con-
« sternation le moment où je serais obligé de me
« retirer. La veille du jour annoncé comme celui de
« mon départ, le dîner fut morne. A mon grand
« étonnement, M. Ives se retira au dessert en em-
« menant sa fille, et je restai seul avec Mᵐᵉ Ives;
« elle était dans un embarras extrême, je crus qu'elle
« m'allait faire des reproches sur une inclination
« qu'elle avait pu découvrir, mais dont jamais je

« n'avais parlé. Elle me regardait, baissait les yeux,
« rougissait; enfin, brisant avec effort l'obstacle qui
« lui ôtait la parole : « Monsieur, me dit-elle en an-
« glais, vous avez vu ma confusion. Je ne sais si
« Charlotte vous plaît; ma fille a certainement
« conçu de l'attachement pour vous. M. Ives et moi,
« nous nous sommes consultés : nous croyons que
« vous rendrez notre fille heureuse. Vous n'avez plus
« de patrie; vous venez de perdre vos parents; vos
« biens sont vendus; qui pourrait vous rappeler en
« France? En attendant notre héritage, vous vivrez
« avec nous. »......................

« ....

« Je me jetai aux genoux de Mme Ives, je couvris
« ses mains de mes baisers et de mes larmes. Elle
« croyait que je pleurais de bonheur, et elle se mit à
« sangloter de joie. Elle étendit le bras pour tirer
« le cordon de la sonnette, elle appela son mari et
« sa fille. « Arrêtez, m'écriai-je; je suis marié ! » Elle
« tomba évanouie. »

Vingt-sept ans plus tard, le proscrit obscur devenu le premier écrivain de son siècle, et remplis-
sant, en Angleterre, les fonctions d'ambassadeur du
roi de France, revit cette Charlotte dont le souvenir
avait dû lui rester charmant et sacré : elle était belle
encore, et selon la poétique expression de M. de
Chateaubriand « les années qui avaient passé sur sa
« tête ne lui avaient laissé que leurs printemps; » elle

était mariée, mère de deux beaux jeunes hommes, et réclamait pour l'un d'eux la protection de l'ambassadeur de France.

Lady Charlotte Sutton a adressé deux lettres à M. de Chateaubriand : la première, pendant qu'il était encore ambassadeur en Angleterre, la seconde au mois de juin 1825. Avant de lui écrire cette seconde lettre, lady Sutton avait fait un voyage en France, et nous devons fixer l'époque de ce voyage à l'année 1824, quoique M. de Chateaubriand dans ses *Mémoires* le place en 1823, et pendant son ministère. La disposition d'esprit dans laquelle Charlotte le trouva devait être sombre, puisqu'elle reçut de son accueil une impression pénible, et que lui-même, dans ses *Mémoires*, il exprime un regret et presque un remords de la froideur dont elle fut blessée.

En laissant ces deux lettres à Mme Récamier, M. de Chateaubriand voulait certainement rendre un témoignage de respect à la personne dont il avait paru imparfaitement accueillir le noble et touchant souvenir; si nous les reproduisons ici à la date de la première, c'est que nous croyons répondre à l'intention de M. de Chateaubriand. L'essai de traduction dont nous accompagnons le texte anglais de ces lettres ne rend sans doute qu'imparfaitement la simplicité pénétrante de l'original.

PREMIÈRE LETTRE.

Ditchingham Lodge near Bungay, 17th June 1823.

« Occupied with the fate of empires, and stationed on so lofty an eminence that the petty concerns of humbler life can scarcely be visible, your Excellency cannot easily imagine how much the mind of a private individual may dwell on a single thought until it becomes painful from intensity.

« Unwilling to be guilty of intrusion (especially on *you*), yet equally reluctant to appear ungrateful, you perhaps would smile, could you fully know the embarrassment even this letter has occasioned me. But your kind words : « puis-je être bon à quelque chose pour vous? » and the kind tone in which they were attended, have echoed in my heart, until perhaps they have disturbed my head. Twelve long months have now elapsed since I heard them, during which time I have often painfully regretted having very inadequately expressed my deep-felt sense of your kindness; but in truth, it was so blended with other feelings, that I could not dwell on the subject. The hope too, which your Excellency permit to entertain of seeing you here (a hope so pleasing that I overlooked the impossibilities of its accomplishment), awakened my maternal vanity to fancy that my sons might win some portion of your approbation for themselves.

« When I had last the honor of seeing you, you were proceeding to Gloucester Lodge, with the kind intention of speaking in favor of one of my sons to M. Canning, whose accession to the ministry gives him perhaps as much influence with respect to India now, as his own personal destination thither would have done. Assuredly, my own feelings would not lead me to desire such a banishment for any of my children; but my eldest son, Samuel Ives Sutton, now in his seventeenth year, has expressed so decided and steady a wish for some civil appointment in India, that it is my duty to do all in my power to promote it.

« A writer-ship to *Madras*, for next year, is the summit of his ambition. It is not in itself a very great thing, yet so numerous are the competitors, that it is absolutely unattainable, excepting by the hand of power.

« This then, Mylord, is the point; *and how much it has cost me to come to it, you can never know.*

« With the most earnest wishes for your health and happiness, and with every sentiment of the highest consideration and respect, in which admiral Sutton begs to be permitted to join, I have the honor to be Your Lordship's most obedient humble servant,

« CHARLOTTE SUTTON. »

LADY CHARLOTTE SUTTON A M. DE CHATEAUBRIAND.

« Ditchingham Lodge, près Bungay, 17 juin 1822.

« Occupée du sort des empires et placée à une telle hauteur qu'elle peut à peine s'apercevoir des soucis d'une existence plus humble, Votre Excellence ne saurait aisément concevoir avec quelle douloureuse intensité l'esprit d'une personne privée peut s'absorber dans une seule pensée.

« Je ne voudrais pas me rendre coupable d'indiscrétion, surtout auprès de vous; je crains également de me montrer ingrate, et vous souririez peut-être si vous connaissiez à quel degré cette lettre elle-même me cause d'embarras.

« Mais vos bienveillantes paroles, « puis-je être bon à quelque chose pour vous? » et le ton plein de bonté avec lequel vous les avez prononcées, ont retenti dans mon cœur, assez peut-être pour troubler ma tête. Depuis que j'ai entendu ces paroles, il s'est écoulé douze longs mois pendant lesquels j'ai souvent et amèrement regretté d'avoir exprimé d'une façon si incomplète l'émotion profonde que m'avait causée votre bienveillance. Mais, à dire vrai, tant d'autres sentiments se mêlaient à celui-là qu'il m'eût été impossible de m'appesantir sur ce sujet.

« L'espoir, que Votre Excellence m'avait permis

de nourrir, de vous voir ici, espoir si doux qu'il m'empêchait d'apercevoir toutes les impossibilités qui s'opposeraient à son accomplissement, avait éveillé ma vanité maternelle, et je rêvais que mes fils pourraient gagner pour eux-mêmes une part dans votre estime.

« La dernière fois que j'ai eu l'honneur de vous voir, vous partiez pour Gloucester Lodge avec la bienveillante intention de parler à M. Canning en faveur de l'un de mes fils : l'avénement au ministère de cet homme d'État lui donne aujourd'hui une influence non moins grande sur les affaires de l'Inde que ne l'aurait fait son envoi sur les lieux mêmes.

« Sans nul doute, mes sentiments personnels ne me pousseraient pas à souhaiter un semblable exil pour aucun de mes enfants; mais mon fils aîné, Samuel-Ives Sutton, qui est maintenant dans sa dix-septième année, a exprimé un désir si formel et si invariable d'obtenir un emploi civil dans l'Inde, qu'il est de mon devoir de faire tout ce qui dépend de moi pour l'aider à y parvenir. Une place d'expéditionnaire à Madras, obtenue pour l'année prochaine, serait l'objet de toute son ambition. C'est peu de chose en soi ; cependant les compétiteurs sont si nombreux, qu'on n'y saurait atteindre que soutenu par une main puissante.

« Voilà, mylord, ce dont il s'agit; *et vous ne saurez jamais ce qu'il m'en a coûté pour en arriver là.*

« J'ai l'honneur d'être, avec les vœux les plus ardents pour votre santé et votre bonheur, et avec les sentiments de la plus haute et la plus respectueuse considération, dans lesquels l'amiral Sutton se joint à moi, de Votre Seigneurie, la très-humble et obéissante servante,

« CHARLOTTE SUTTON. »

SECONDE LETTRE.

« 14th June 1825.

« Mylord,

« Permit me to assure your Lordship that I am not guilty of the presumption of intending to inflict an annual letter upon you; and sincerily do I regret that my thoughts cannot be open to your view instead of these lines; as, could you know them, I venture to believe, you would readily forgive what otherwise may appear intrusive. Once, since I left Paris, I have presumed to trouble your Lordship with a few lines, requesting that the manuscript I had so cherished during twenty seven years might be returned to me. But as it has not been your pleasure to comply with this request, I suppose I ought to forbear a repetition of it.

« Mylord, I may perhaps not again intrude on

you, never perhaps I see you more on this side of the grave; forgive me then this once, if I avail myself of the opportunity afforded by admiral Sutton, who is going to Paris with the intention of leaving my eldest son there, in order that he may attain some facility in speaking the French language, an acquirement which will perhaps be useful to him whatever may be his future destiny. When I had the honor of seeing you at Paris, I felt the impropriety of trespassing upon your Lordship's occupied time, and therefore could not venture to explain myself on some points, in which I saw by your glance (which language it is impossible to misunderstand) what your politeness would kindly have concealed.

« But if, in the endeavour to promote the welfare of her child, a mother should say a few words too much, it is, I trust, an error that in some measure pleads its own excuse, particularly in time like the present, when interest is *every thing*, and scarcely any situation in which a young man may struggle through life can be obtained, *even* by *purchase*, unless patronage smooth the way.

« But I will not presume further to detain your attention. Let it be permitted me only to say, Mylord, that feelings too keen to be controled rendered the first few minutes I passed under your roof most acutely painful. The events of seven and twenty previous years all rushed to my recollection ; from the early period when you crossed my path like a meteor, to leave me in darkness, when you desappeared, to that *inexpressibly* bitter moment, when I stood in your house an uninvited stranger, and in a character as new to myself as perhaps unwelcome to you.

« Farewell, Mylord. May you be happy ! is the deeply felt, the earnest wish of Your Lordship's devoted and obedient servant,

« Charlotte Sutton. »

LADY CHARLOTTE SUTTON A M. DE CHATEAUBRIAND.

« 14 juin 1825.

« Mylord,

« Permettez-moi de donner à Votre Seigneurie l'assurance que je ne suis pas coupable de la présomptueuse pensée de lui infliger une lettre annuelle.

« Je regrette sincèrement qu'au lieu de parcourir ces lignes, vos yeux ne puissent pas pénétrer dans ma pensée. Si elle vous était connue, j'ose croire que vous pardonneriez volontiers ce qui peut en ce moment vous sembler indiscret.

« Déjà depuis que j'ai quitté Paris, je me suis

permis d'importuner Votre Seigneurie par quelques mots où je sollicitais que le manuscrit, auquel j'ai attaché tant de prix pendant vingt-sept ans, me fût rendu. Mais puisque votre bon plaisir n'a point été de satisfaire à cette requête, je pense que je dois m'interdire de la renouveler.

« Mylord, je ne vous importunerai sans doute jamais plus, jamais peut-être je ne vous reverrai de ce côté de la tombe. Pardonnez-moi donc, si cette seule fois je me prévaux de l'occasion qui m'est offerte par le départ de l'amiral Sutton qui va à Paris, dans l'intention d'y laisser mon fils aîné, pour qu'il y acquière quelque facilité à parler le français, ce qui peut offrir un avantage pour son avenir, quel qu'il soit.

« Lorsque j'ai eu l'honneur de vous voir à Paris, j'ai trop senti combien il eût été inconvenant d'abuser des moments si occupés de Votre Seigneurie, pour me permettre de m'expliquer sur quelques points, au sujet desquels je lisais dans votre regard, dont le langage ne saurait être méconnu, tout ce que votre gracieuse politesse cherchait à me cacher.

« Si dans ses efforts pour assurer le bonheur de son enfant, une mère avait prononcé quelques paroles de trop, cette faute, j'en ai la confiance, porterait en elle-même son excuse : et surtout dans un temps comme celui-ci, où les protections *sont tout*, où l'on ne peut obtenir, même à prix d'argent, aucune des fonctions dans lesquelles un jeune homme a chance de faire son chemin, si un puissant patronage ne lui aplanit les voies.

« Mais je ne veux pas occuper plus longtemps votre attention. Qu'il me soit seulement permis de vous dire, milord, combien des sentiments trop vifs pour être maîtrisés me rendirent douloureusement pénibles les premières et courtes minutes que j'ai passées sous votre toit. Les souvenirs d'événements antérieurs de vingt-sept années se pressaient dans ma pensée, depuis le premier instant où, semblable à un météore, vous traversâtes mon chemin, pour me laisser dans les ténèbres lorsque vous disparûtes, jusqu'à ce moment d'*inexprimable* amertume où je me trouvai chez vous, étrangère non conviée, et jouant un rôle aussi inaccoutumé pour moi qu'il était peut-être importun pour vous !

« Adieu, milord. Puissiez-vous être heureux ! c'est le vœu profondément senti, le vœu ardent de la très-humble et dévouée servante de Votre Seigneurie,

« Charlotte Sutton. »

Nous avons encore anticipé sur l'ordre des temps pour épuiser ce qui concerne la touchante miss Ives : il faut maintenant reprendre la correspondance de l'ambassadeur de France en Angleterre.

M. DE CHATEAUBRIAND A Mme RÉCAMIER.

« 4 juin 1823.

« Je ne vous demande plus d'explication, puisque vous ne voulez pas en donner. Je vous ai écrit par le dernier courrier (31 mai) une lettre dont vous aurez dû être contente, si vous m'aimez encore. Nous nous reverrons, et bientôt, quoi que vous en disiez. Ne dites pas que ce que vous appelez de misérables tracasseries d'amitié doivent n'être rien dans ma vie actuelle. Les tracasseries sont tout, et il n'y a de sérieux dans la vie que ce qui la rend heureuse. Pouvez-vous croire que je suis ébloui, occupé même du rôle que le ciel me fait jouer presque malgré moi ? Vous me connaissez alors bien peu. J'aurais été fâché pour mon parti de ne pas réussir ici. J'aime à faire aussi bien que je le puis tout ce que j'entreprends, mais quant à ce qui me regarde, je n'attache aucun prix à tout cela. Être aimé de vous, vivre en paix dans une petite retraite avec vous et quelques livres, c'est là tout le fond de mes vœux et de mon cœur. Écrivez-moi donc un peu plus longuement, si vous pouvez. Songez au *congrès :* il en sera question bientôt. »

LE MÊME.

« jeudi 6 juin 1822.

« Je pars pour Windsor où je suis invité à coucher et à dîner chez le roi. Je ne puis vous écrire qu'un mot pour vous dire que le courrier ne m'a rien apporté de vous. Mais j'espère que vous m'écrirez bientôt. Le moment du congrès approche. Quel bonheur si je pouvais vous voir dans un mois! »

LE MÊME.

« Londres, ce 11 juin 1822.

« Voici la grande affaire commencée. Je vous envoie copie de la lettre que j'écris à Mathieu.

« J'espère presque qu'il se rendra. Il n'y a pas une objection raisonnable à faire, et certainement la lettre est d'un bon ami. J'ai soigné les blessures de son amour-propre comme celles de son cœur. Vous pouvez maintenant lui dire tout franchement que je parais avoir un vif désir d'aller au congrès, et vous conduirez cela avec votre prudence et votre empire accoutumés. Jugez quel bonheur si nous réussissons, et comme cela arrange tout! J'ai de l'espoir, car j'ai toujours réussi dans un plan *suivi*, et vous savez que j'ai toujours cru que pour accomplir nos destinées, il fallait passer d'abord par l'Angleterre et ensuite par le congrès. Alors j'aurai devant moi la retraite la plus honorable, ou le ministère le plus utile à la France. J'ai toujours pensé que je n'étais pas mûr pour les sots, tant que je n'avais pas occupé une grande place hors du ministère. En montant par échelons, je suis bien plus sûr de rester au sommet. Déjà mon séjour de trois mois en Angleterre m'a fait, politiquement, un bien immense. A propos d'Angleterre, savez-vous que j'ai donné à dîner à Carle et à Horace Vernet, et que ces deux enragés libéraux paraissaient très-contents de moi? M. de Broglie est maintenant à Paris. M. de Staël nous est resté. Dites-moi donc quelques douces paroles. »

M. DE CHATEAUBRIAND AU VICOMTE MATHIEU DE MONTMORENCY.

« 11 juin 1822.

« Je viens vous demander, noble vicomte, ce qui est le but de mon ambition diplomatique, et ce que j'aimerais à obtenir de vous.

« Je désire aller au congrès. Je pense qu'il est bon pour vous et pour moi que vous me mettiez en rapport direct avec les souverains de l'Europe; vous compléterez ainsi ma carrière, et vous m'aurez toujours sous la main pour vous faire des amis et pour repousser vos ennemis. Voici mes raisons plus générales.

« Vous devez savoir maintenant par l'examen des cartons de votre ministère que toute la diplomatie de vos prédécesseurs est *ennemie*. M. de Caraman est un des membres les moins bienveillants de l'ancien corps diplomatique, et à ce grand inconvénient il en joint un autre, celui d'être l'instrument de M. de Metternich. La Ferronnays, excellent d'ailleurs, n'a pas du tout réussi au congrès, et il avait surtout déplu à son empereur. Des trois plénipotentiaires français à Laybach, il n'y a que M. de Blacas qui ait été agréable aux souverains, et si le congrès a lieu en Italie, il est naturel que M. de Blacas s'y trouve. Si je suis auprès de lui, je l'empêcherai de tomber dans la politique *obséquieuse* où il avait été entraîné.

« Vous savez peut-être que vos prédécesseurs m'auraient eux-mêmes envoyé à Laybach, si l'obstination et en même temps l'hésitation du roi de Prusse à rester ou à ne pas rester à Berlin, n'avaient fait perdre un temps qui amena la fin du congrès. Je vous demande de faire pour moi ce que vos prédécesseurs auraient fait, et ma position pour obtenir cette faveur est bien meilleure aujourd'hui qu'elle ne l'était alors.

« Je suis *ambassadeur* auprès de la première puissance de l'Europe ; j'ai acquis une prépondérance que je n'avais pas, lorsque je n'étais que *ministre* à Berlin. Il est très-utile pour vous que vous ayez au congrès un homme qui connaisse la politique anglaise, et qui puisse découvrir quelle est enfin l'espèce de relation secrète qui existe entre la cour de Vienne et la cour de Londres. Pendant le congrès, je vous serai en Angleterre d'une parfaite inutilité. Tous les rapports arriveront à Paris avant d'arriver à Londres, et la cour de Londres ne m'apportera pas les dépêches officielles à lire et à extraire, comme le faisait la cour de Berlin. Dans un mois, vous savez que toutes les affaires cessent à Londres ; les ministres mêmes s'en vont à la campagne, on ne peut plus les joindre. Cet état de mort dure presque huit mois ; aussi à cette époque, presque tous les ambassadeurs s'en vont en congé sur le continent, ou voyagent en Angleterre. On ne peut pas m'objecter l'éloignement des lieux et la longueur du chemin. Vienne pour M. de Caraman est aussi loin de Florence que Londres l'est de cette ville, et quant à M. de La Ferronnays, aller de Pétersbourg à Florence, c'est aller d'un bout de l'Europe à l'autre.

« Je ne vois donc, noble vicomte, aucune objection raisonnable. Nous pouvons et nous devons avoir trois ambassadeurs au moins au congrès de Florence, comme nous en avions trois au congrès de

Laybach. On y agitera les plus grandes questions du monde, et un seul ambassadeur n'oserait prendre sur lui de les décider. Alors pourquoi ne serais-je pas un de ces trois ambassadeurs? Pourquoi donneriez-vous la préférence sur moi à M. de Caraman? Ne suis-je pas votre ami, le représentant au dehors de votre ministère, l'homme qui connaît votre politique, et qui peut vous faire des amis au congrès, comme je vous en fais à Londres? Peut-être penserez-vous au duc de Laval? Eh bien, je vous demande d'y aller avec lui, et de remettre ainsi en rapport d'amitié deux hommes entre lesquels un nuage politique s'est si malheureusement élevé. Voici mon calcul : pour le roi, M. de Blacas, pour vous, le duc de Laval, et pour votre opinion et votre ministère, moi. Si vous jugiez qu'on peut être quatre, je vous demanderais Rayneval, comme sachant bien le *matériel* et répondant à une autre partie de l'opinion. Pour ma nomination au congrès, vous aurez un antécédent remarquable : le prince d'Esterhazy y va; il est ambassadeur comme moi à Londres.

« Noble vicomte, j'agis toujours avec franchise : quand on vous a dit que je *n'étais pas bien pour vous* et que je *voulais votre place*, je vous ai écrit pour vous dire que c'était un ignoble mensonge. Je n'abandonne point mes amis dans la disgrâce, et je ne les envie jamais dans la prospérité.

Restez où vous êtes ; je suis heureux et fier de servir sous vous. Avec la même loyauté, je vous demande d'aller au congrès, et je ne vous cache point une prétention raisonnable. Vous devez chercher à m'élever ; je dois être votre bras droit. Il n'y a point d'arrière-pensée dans ma demande. Je veux aller au congrès pour revenir plus fort en Angleterre, où je me plais et où j'ai réussi au delà de mes espérances.

« Si un jour vous jugez que je vous suis utile dans l'intérieur, vous trouverez toujours bien où me placer ; mais, quant à présent, je ne demande qu'à suivre et parcourir ma carrière diplomatique. J'ai détruit à Berlin et à Londres les préjugés qu'on nourrissait contre nous ; vous ne pouvez pas m'envoyer passer trois mois dans toutes les cours ; il faut donc saisir l'occasion d'un congrès, pour me faire faire d'un seul coup, pour notre cause, ce que je n'ai pu faire que séparément et imparfaitement. Enfin, il importe que vos représentants au congrès ne soient pas ceux du vieux ministère.

« En voilà bien long, noble vicomte, et j'en aurais encore bien plus à dire. J'ai examiné à fond la chose, parce que je l'ai très à cœur et la désire vivement. Je me suis fait toutes les objections possibles, et je vous l'avouerai, pas une ne m'a paru raisonnable. Si le roi d'Angleterre allait sur le continent, raison de plus : je le suivrais comme MM. de

Caraman et de La Ferronnays ont suivi les empereurs d'Autriche et de Russie.

« J'attends, noble vicomte, votre décision. Vous ne me refuserez pas ce que je vous demande au nom de l'amitié et de la politique. »

M. DE CHATEAUBRIAND A Mme RÉCAMIER.

« Londres, ce 21 juin 1822.

« Il me serait impossible, sans la plus inexcusable inconvenance, de demander un congé dans ce moment; les affaires sont trop graves pour que je puisse les quitter. La longue lettre que m'a écrite Mathieu est bien peu raisonnable, et il me dit des choses bien faciles à réfuter. Mais il y avait un mouvement d'humeur dans son fait, et quoiqu'il ne dise pas *oui*, il ne dit pourtant pas *non*. Ainsi, avec de l'adresse et de la prudence, nous pouvons venir à bout de notre affaire. Dans tous les cas, je serai en mesure de demander un congé dans six semaines, après le renvoi du parlement et le départ du roi. Je vois que Mathieu a envie lui-même d'aller au congrès. Il aurait grand tort. Un ministre, dans un gouvernement représentatif, ne peut assister à un congrès où il s'agirait de laisser l'Italie au pouvoir des Autrichiens. Mathieu se perdrait et deviendrait impopulaire dans les chambres et en France. Je suis très-mécontent d'Adrien, sa vanité blessée l'a rendu méchant; je me repens d'avoir été si bien pour lui; je sais qu'il fait cent paquets et cent tripotages.

« N'allez pas vous mettre en tête que vous pouvez me fuir. J'irai vous chercher partout. Mais si je vais au congrès, ce sera l'occasion de vous mettre à l'épreuve, et de voir enfin si vous voulez tenir vos promesses. »

LE MÊME.

« 23 juin 1822.

« J'avais appris la démission de M. de Blacas[1] par la voie la plus prompte, avant tout le monde, et il m'avait été aisé de deviner que le duc de Laval le remplacerait. Ainsi, vous voyez que je sais la destination de ce dernier. Mathieu même me l'a écrit; et dans sa lettre, qui est fort amicale, il me dit gracieusement en parlant de Blacas : *Vous voilà délivré d'un puissant concurrent pour le congrès.* D'après ces mots, ma nomination serait certaine, si Mathieu lui-même ne voulait pas aller au congrès : il le voudra peut-être, si lord Londonderry y va. Il aurait grand tort et se compromettrait beaucoup, mais je ne puis pas lui dire cela, et s'il y veut aller, il

---

1. Le duc de Blacas, ambassadeur de France à Rome, donna sa démission et fut remplacé dans ce poste par Adrien de Montmorency, duc de Laval.

n'y a plus qu'une ressource, c'est qu'il m'emmène avec lui. Ou bien voici une contre-idée que je vous confie dans le plus grand secret, pour en faire ce que vous voudrez. Si Mathieu va à Vienne ou à Florence, pourquoi dans son absence ne me confierait-on pas le portefeuille des affaires étrangères par *interim*? Mathieu doit connaître ma loyauté, et il sait que rien au monde ne m'empêcherait de lui remettre le portefeuille à son retour. Peut-il en dire et en penser autant d'un des ministres ses collègues à qui ce portefeuille serait confié? Cette preuve d'amitié et de confiance de la part de Mathieu me toucherait sensiblement, et il doit savoir quel ami politique je suis.

« Voilà mon idée. Pensez bien à cela; mais j'aimerais mieux le congrès. »

LE MÊME.

« 5 juillet 1822.

« Ne pourriez-vous écrire d'une manière un peu moins sèche? J'aimerais mieux un mot de vous, comme autrefois, que toute votre politique. Cependant je tiens au congrès, parce que je vous reverrais, s'il y a lieu, dans six semaines. Ainsi, si vous êtes comme autrefois, c'est autant votre affaire que la mienne ; soignez donc cela, et c'est pour cela qu'il faut bien ménager *Sosthènes et ses amis*. Il faut bien leur mettre dans la tête que si Mathieu lui-même ne va pas au congrès (et il aurait tort politiquement d'y aller), il n'y a personne à y envoyer que moi. Mais si Mathieu allait au congrès, pourquoi n'aurais-je pas le portefeuille des affaires étrangères par *interim* ?

« Voilà une idée à jeter en avant auprès de *Sosthènes et de ses amis*, en recommandant la discrétion et le secret. Mais il ne faudrait pas en dire un mot à Mathieu ; il prendrait l'épouvante, et tout cela ne veut dire autre chose, sinon que je meurs d'envie d'être dans votre cellule.

« Remerciez pour moi M. Arnault ; quand j'aurai lu sa tragédie, je vous en écrirai.

« Je ne conçois pas comment on vous a fait arriver l'affaire de M. Laffon-Ladébat. Tout le monde m'assomme de cette affaire à laquelle je m'emploie très-volontiers et à laquelle je ne peux rien. Mais sûrement, si ce que vous voulez est possible, cela sera fait. »

LE MÊME.

« Ce 9 juillet 1822.

« Point de billet de vous par le dernier courrier. Vous m'accoutumez à cette manière. Quatre lignes vous coûteraient tant Me voilà arrivé à une époque où il me semble que les obstacles sont surmontés et que je me rapproche de vous. J'ai donné cette nuit même mon dernier bal de la *saison*; aujourd'hui, ma porte est fermée. Je ne recevrai plus personne; tout le monde s'en va, et en voilà pour huit mois. Les affaires vont également finir. Le parlement est au moment de se séparer. Que ferais-je donc en Angleterre? C'est à vous de me rappeler. Mon dernier billet vous a tout dit sur le *congrès* et l'*interim*. Il y a trois mois que je vous ai quittée : ces trois mois m'ont vieilli de trois siècles. Que ne suis-je pour toujours dans la petite cellule! »

LE MÊME.

« Vendredi 12 juillet 1822.

« Allons! j'aime mieux savoir votre folie que de lire des billets mystérieux et fâchés. Je devine ou je crois deviner maintenant. C'est apparemment cette femme dont l'amie de la reine de Suède vous avait parlé? Mais, dites-moi, ai-je un moyen d'empêcher Vernet, Mlle Levert qui m'écrit des déclarations, et trente artistes, femmes et hommes, de venir en Angleterre pour chercher à gagner de l'argent? Et si j'avais été coupable, croyez-vous que de telles fantaisies vous fissent la moindre injure, et vous ôtassent rien de ce que je vous ai à jamais donné? On vous a fait mille mensonges ; je reconnais là mes bons amis. Au reste, tranquillisez-vous : la dame part et ne reviendra jamais en Angleterre ; mais peut-être allez-vous vouloir que j'y reste à cause de cela ? Soin bien inutile, car quel que soit l'événement, congrès ou non congrès, ministère ou non ministère, je ne puis vivre si longtemps séparé de vous, et je suis déterminé à vous voir à tout prix.

« Je n'écris jamais à Berlin ; Laborie quelquefois remet une lettre de moi à Villèle, et je ne m'explique de rien avec lui. Je désire toujours le congrès, quelle que soit la chose traitée, parce que je suis sûr de m'y faire honneur, et de n'agir que dans l'opinion de la France. Je suis sûr que c'est la meilleure marche pour moi ; c'est par là que je puis arriver au ministère. Vous vous flattez en vain, et on se trompe, et on vous trompe, si l'on vous fait entrevoir qu'il y a un moyen plus prompt d'arriver. Je veux certes bien le moyen le plus prompt, mais je n'y crois pas. Enfin, je suis sur tout cela fort paisible. J'ai un plan fixe dans ma tête : à présent que j'ai montré que je pouvais réussir sur un grand théâtre d'affaires et de politique, mon amour-propre est en sûreté, et je n'aspire qu'à vivre en paix auprès de vous. A la moindre chicane, je prendrai mon parti. Je ne dis pas cela ; je ne menace pas, je suis cordial et ami dans ma correspondance, mais je guette l'occasion ; si on me l'offre, je la saisirai.

« Tandis que vous me faites une querelle d'Allemand pour je ne sais qui, Mᵐᵉ de D... me tourmente pour l'Abbaye. Sur ce point, je me sens coupable. Récompensez-moi donc, par de douces paroles et un aveu de vos injustices, des maux que vous me faites souffrir. Tant que je vivrai, je vivrai pour vous. »

LE MÊME.

« Londres, ce vendredi 2 août 1822.

« Toutes mes lettres du 23 ont retardé d'un jour, et vous n'avez reçu que le samedi 27 juillet la lettre que vous auriez dû recevoir le vendredi 26 ; mais tout cela est déjà une vieillerie. Votre lettre du 29 ne m'a point surpris, et vous aurez vu par mes deux lettres subséquentes à celles du 23, que j'avais prévu toutes les objections de Mathieu. Il ne me reste qu'une chance, c'est que Villèle et vos amis l'emportent, et ils paraissent très-décidés. Dans tous les cas, je ne prendrai, moi, de parti sur mon avenir que quand je connaîtrai la dernière résolution relative à ce congrès. Je ne suis nullement choqué que Mathieu prétende y aller. C'est son droit ; je pense seulement qu'il ferait une faute et une telle faute qu'elle pourra le renverser : le renverser dans l'opinion nationale de la France, le renverser par les intrigues qui vont s'ourdir pendant son absence. Mais quand Mathieu parle de M. de Caraman, je suis choqué, blessé. Il me paraît inconcevable qu'on craigne plus de blesser un ennemi médiocre qu'un ami capable ; c'est là une véritable infatuation.

« Attendons. Mais souvenez-vous que je veux vous voir bientôt.

LE MÊME.

« Mardi, 6 août 1822.

« Nous touchons à la conclusion de toutes parts. Lord Londonderry part le 15 pour Vienne, et passera par Paris. Il faut donc que le conseil à Paris fasse la nomination, et peut-être, au moment où je vous écris, est-elle faite. Le parti que prend Mathieu est très-noble, mais il se présente pourtant une chance : lord Londonderry emmène avec lui le sous-secrétaire d'État, lord Clanwilliam. Ce serait un exemple pour Mathieu, s'il allait au congrès et s'il voulait m'emmener avec lui. Je n'ai que le temps de vous dire ces deux mots. J'arrive de la séance royale pour la clôture du parlement, et le courrier part. Enfin nous allons sortir des incertitudes. Je saurai au moins, quel que soit l'événement, ce que j'aurai à faire. Votre première lettre m'apprendra peut-être mon sort.

LE MÊME.

« Londres, vendredi 9 août 1822.

« Cela me fait un certain plaisir de penser qu'au moment où vous recevrez cette lettre, l'affaire du congrès est décidée. On supporte tout, hors l'incertitude. J'ai toujours cru, malgré vos espérances, que la décision serait contre moi et que Mathieu irait à Vienne. M'a-t-on adjoint à lui comme on a adjoint ici lord Clanwilliam à lord Londonderry? Je ne le crois pas. Ainsi je me retrouve tout simplement ambassadeur à Londres. Reste à savoir ce que j'ai à faire, et c'est à vous à me le dire.

« Voulez-vous venir me rejoindre ici ou voulez-vous que j'aille vous trouver? Donnerai-je ma démission? demanderai-je un congé ou une simple permission? resterai-je où je suis? Tout cela a mille ennuis et mille inconvénients. Il n'y a de bon que d'être avec vous. Si je me retire, j'ébranle tout le système royaliste; si je demeure patient sous le traitement qu'on me fait essuyer, je mourrai du spleen et de chagrin ici. Conseillez-moi donc, ou plutôt commandez : je suis votre humble esclave. »

LE MÊME.

« Le mardi 13 août 1822.

« Voilà une étonnante nouvelle et un grand changement de fortune [1]! Hyacinthe est plus heureux

[1]. La mort de lord Castlereagh, marquis de Londonderry, ministre des affaires étrangères d'Angleterre qui, le 12 août 1822, se coupa la gorge dans un accès de fièvre chaude. Voici le récit que le journal ministériel du temps, *the Courier*, donnait de ce funeste événement :
« Les fatigues extraordinaires de la dernière session du parlement et
« les négociations importantes avec les différentes cours de l'Europe
« occupaient tellement le temps de lord Londonderry, que ses amis re-
« marquaient avec une vive inquiétude que son esprit n'avait aucun
« intervalle de repos, et que l'effet d'une tension aussi continuelle com-
« mençait à opérer sur ses facultés morales et physiques. Vers la fin
« de la session, et alors que les occupations vinrent à diminuer, son
« esprit, qui avait été maintenu en haleine par le travail même, laissa
« apercevoir des symptômes de cette lassitude qui suit toujours les ef-
« forts trop prolongés. On désira pour lui un changement de scène et
« d'occupations, et il fut décidé qu'il représenterait l'Angleterre au con-
« grès de Vérone; son départ avait même été fixé à la fin de la semaine.
« Lord Castlereagh espérait lui-même que le voyage lui procurerait de
« la distraction et quelque soulagement.
« Vendredi dernier, 9 août, en prenant congé de S. M., un tremblement
« nerveux et une extrême anxiété répandue sur la personne du noble
« lord frappèrent les yeux de tous ceux qui l'entouraient. Le docteur
« Bankhead, appelé le soir, trouva le marquis dans un état qui exigeait
« des soins; il y avait beaucoup de fièvre et la tête ne paraissait pas
« libre; il ordonna l'application de ventouses. Cependant lord Londonderry
« partit le même soir, accompagné de sa femme, pour sa maison
« de campagne de North-Cray. Le médecin alla le voir le samedi, et le
« trouva mieux, quoique obligé de garder le lit. Le dimanche, il paraît que
« les symptômes furent plus apparents, et que l'aliénation mentale, dont

que moi ; il vous aura vue ! Ce moment, si vous l'employez bien, peut arranger tout. Il est probable que la mort de lord Londonderry aura changé les dispositions de Mathieu pour le congrès : car le nouveau ministre ici n'est pas près d'être nommé, et, quand il le serait, il est plus que probable qu'il n'ira pas à Vienne. Il ne resterait plus aucune objection contre moi, ni aucun rival, si Mathieu à son tour se désistait. Vous me direz : vous avez donc une terrible fureur de ce congrès? Pas du tout. Mais c'est le chemin qui me ramène le plus naturellement, sans démission, sans scène, dans la petite cellule. Voilà tout mon secret. Je vais attendre le cœur bien ému vos premières nouvelles. Écrivez! écrivez!

« Prenez garde à l'objection *que je suis utile en Angleterre dans ce moment*. Je ne suis bon à rien du

---

« il avait été atteint par moments depuis le vendredi, devint plus carac-
« térisée. On présume cependant qu'il se trouva mieux le soir, car il dor-
« mit dans sa chambre à coucher sans qu'on eût pris d'autres précautions
« que d'enlever ses pistolets, ses rasoirs et tous les instruments avec les-
« quels il aurait pu chercher à attenter à sa vie. Le médecin s'était retiré
« tard et reposait dans la chambre voisine. La nuit paraît avoir été
« calme. Vers sept heures du matin, un domestique appela M. Bank-
« head, et lui dit que le marquis désirait le voir. Le médecin se
« rendit aussitôt dans le cabinet de toilette où il trouva le marquis
« debout, en robe de chambre; il dit quelques mots, et au bout d'une
« seconde, tomba dans les bras de M. Bankhead. On s'aperçut alors
« qu'il s'était ouvert l'artère carotide avec un petit couteau. Cet instru-
« ment se trouvait dans un porte-lettre qui avait échappé aux re-
« cherches des domestiques.

« Le marquis de Londonderry était né le 18 juin 1769. »

tout. Les étrangers ici n'influent en rien sur le choix des ministres, et Marcellus[1] et les journaux raconteront les *on dit* et les nouvelles aussi bien que moi. »

LE MÊME.

« Londres, vendredi 16 août 1822.

« Quand je pense que je suis peut-être au moment de vous voir, je suis ravi de joie; puis toutes les craintes et les incertitudes reviennent, et je me désole. Avec le caractère de nos amis, la chose la plus difficile à prendre, c'est une résolution. Ce qui devrait les décider à m'envoyer est peut-être ce qui les décidera à ne rien faire. Ils diront : il faut voir ce que fera l'Angleterre. C'est comme si je les entendais d'ici.

« Mais l'Angleterre, que fera-t-elle? Qui enverra-t-elle au congrès? Très-certainement pas le nouveau ministre des affaires étrangères, qui n'est pas nommé et qui ne le sera pas de longtemps. Cependant l'empereur de Russie arrive à Vienne, et il est plus que temps que l'on se décide à Paris à nommer promptement l'ambassadeur au congrès.

« J'attends de vos nouvelles dimanche. Il y a des siècles que je n'ai rien reçu de vous. Travaillez pour moi, et ramenez-moi dans la petite cellule! »

1. Premier secrétaire de l'ambassade de France à Londres.

LE MÊME.

« Mardi 20 août 1822.

« Hyacinthe ne revient pas. On le garde peut-être pour m'apporter une réponse définitive. Ah! puisse-t-elle me rappeler auprès de vous. J'ai reçu du roi de Prusse une lettre et une boîte avec son portrait enrichi de diamants. Voici ce que M. de Bernstorff m'écrit en même temps : *si la perspective que votre cour vous nommât pour le prochain congrès venait à se réaliser, le roi aurait un plaisir très-véritable à vous y rencontrer. Je ne crois pas avoir besoin de dire à Votre Excellence que ma satisfaction en serait extrême; il n'est point d'augure qui me paraîtrait plus favorable pour le succès des travaux de ce congrès.*

« Faites usage de cela selon votre sagesse. Vous savez que Pozzo va au congrès; c'est encore en ma faveur. Si la Russie envoie au congrès son ambassadeur en France, la France peut bien envoyer à ce même congrès son ambassadeur en Angleterre. Les chances sont ici pour le duc de Wellington, mais il paraît lui-même faire des difficultés ou imposer des conditions. On vous dira que je suis utile ici; repoussez cela comme une absurdité. Jamais ambassadeur étranger n'a influé sur *un choix* en Angleterre, et les gazettes diront tout ce que je puis dire.

« Vraiment, je rabâche, et je vous assomme de ce congrès. Mais, dans le fond, tout est là pour moi. Villèle est toujours très-bien dans la question ; il me fait dire *qu'il ne pense qu'à moi.* Cela est-il vrai ? Je ne suis pas dans le cœur de l'homme et je ne puis dire que ce que je vois. Ah ! si je vous voyais dans huit jours ! Cela se peut, quel bonheur !

« Quelle horreur que cette mort ! J'ai assisté ce matin aux funérailles [1]. Vos amis les *radicaux* ont insulté le cadavre. Le peuple a été très-décent. J'ai vu pleurer le duc de Wellington. »

LE MÊME.

« Mercredi soir 1822.

« J'envoie Marcellus à Paris porter deux nouvelles agréables : la nomination du duc de Wellington au congrès et la remise de vaisseaux que j'ai obtenue.

« Hyacinthe est arrivé ce soir même. La lettre de Mathieu et la lettre.... [2] disent *oui* et *non.* C'est comme

1. Celles de lord Castlereagh.
2. Probablement : *de M. de Villèle.* Il y a des mots oubliés dans l'original.

on veut. Si Marcellus ne finit pas cette affaire, il est très-possible qu'à son retour j'envoie ma démission. Mieux vaut n'être rien que de servir des hommes aussi peu capables de juger des événements et d'apprécier des amis. Votre petit mot m'a consolé, parce que c'est au moins votre écriture! Écrivez-moi. »

LE MÊME.

« Londres, 27 août 1822.

« Vous ne m'avez point écrit par le dernier courrier, et moi je ne vous ai point écrit! Dans ce moment où mon sort se décide ou est décidé, tous les raisonnements, les suppositions, les conjectures sont inutiles. Je n'ai pour ma part aucun doute sur le fait : je n'irai point au congrès. Ce n'est pas un homme comme moi que l'on veut, et Mathieu et Villèle m'auront également trompé. Je les plains, car je leur prédis qu'avec ces manières ils ne se soutiendront pas; ils tomberont aux applaudissements de toutes les opinions et de tous les partis. Soit jalousie, soit confiance dans leur propre force, ils ont mal compris ce que j'étais pour eux; ils ne savent pas que, tous les courriers, je reçois des lettres de la gauche et de la droite qui me pressent de les abandonner. J'ai loyalement résisté à tout, et vous voyez ce qui m'arrive.

« Je désirais vivement aller au congrès, et je l'ai dit franchement et hautement. J'avais deux raisons pour cela : une raison de parti et une raison personnelle !

« Une raison de parti : je sais, par ce que j'ai vu à Berlin et à Londres, comment les royalistes ont été traités en Europe, et je croyais être sûr d'effacer, dans l'esprit des souverains et des ministres étrangers, la trace des calomnies si souvent répandues sur nous. J'ai réussi à Berlin et à Londres ; ma tâche n'eût pas été plus difficile au congrès, et je pouvais raisonnablement espérer obtenir quelque succès auprès de l'empereur Alexandre : car il ménage les hommes qui peuvent diminuer ou augmenter sa renommée. Il restera toujours incompréhensible qu'un parti remette ses intérêts au congrès entre les mains de ceux qui, comme M. de Caraman, ont détruit, calomnié ce même parti pendant six ans ; l'absurde ne va pas plus loin.

« Je désirais pour moi-même aller au congrès, parce que cela achevait ma carrière diplomatique. J'en serais revenu *grandi* dans l'opinion publique, et conséquemment plus utile à mes amis, en France ou en Angleterre, si on avait jugé à propos de m'y envoyer.

« Voilà mes raisons d'*affaires* pour désirer le congrès. Vous savez ma raison secrète. Le voyage me ramenait auprès de vous, et c'est là l'idée qui m'occupe éternellement.

« Je vous écris tout ce fatras, pendant que Marcellus est encore à Paris, tant je doute peu de ce qu'il va m'apporter. Quant à ma résolution, elle n'est pas encore tout à fait prise. Elle dépendra de ce que m'apprendra Marcellus. Vous savez que, dans de pareilles circonstances, un mot de plus, une blessure de plus, décident des plus grandes questions. Je sais qu'en donnant ma démission, j'amène inévitablement dans quelques mois la chute du ministère, et je suis trop honnête homme pour jouer légèrement le sort de ces mêmes hommes qui s'embarrassent si peu de m'offenser. D'un autre côté, l'idée qu'ils sont si peu loyaux pour moi, précisément parce qu'ils comptent sur ma loyauté, me met malgré moi en colère, et me donne envie de leur rendre procédé pour procédé. Mais si je ne donne pas ma démission, que ferai-je? Ah! si vous vouliez venir à Londres, mon parti serait bientôt pris! Allons, encore quelques jours de tourment, cela ne peut pas passer la semaine, et il est possible que dans huit ou dix jours je sois dans la petite cellule. »

« Samedi 27, 3 heures du soir.

« Une lettre que je reçois de Paris me donne quelques espérances, mais je n'y crois pas. J'attends jeudi une lettre de vous. »

LE MÊME.

« Londres, mardi 3 septembre.

« L'affaire est faite ; mais avec quelle mauvaise grâce de la part de Mathieu [1] ! Villèle a été excellent et par conséquent tout votre côté. Je ne puis plus partir que dimanche prochain 8 septembre. Je ne vous verrai donc que le 11 ou le 12. Mais, dites, ne pourriez-vous venir au-devant de moi à Chantilly? J'aurai soin de vous faire connaître juste le jour et l'heure auxquels je pourrais y arriver. Je vous verrais avant tout le monde, nous causerions ! Que j'ai de choses à vous dire, et que de sentiments je renferme dans mon cœur depuis cinq mois ! L'idée de vous voir me fait battre le cœur. »

Au moment où M. de Chateaubriand arrivait à Paris, ayant enfin obtenu la mission, qu'il ambitionnait si vivement, de se rendre au congrès, M. de Montmorency en était parti pour aller à Vienne, et le roi donnait à M. de Villèle la présidence du conseil.

1. Les plénipotentiaires désignés par la France pour assister au congrès de Vérone étaient le vicomte Mathieu de Montmorency, ministre des affaires étrangères, le vicomte de Chateaubriand, le comte de La Ferronnays et le duc de Caraman, ambassadeurs de S. M. à Londres, à Saint-Pétersbourg et à Vienne.

Les souverains alliés, d'abord réunis en effet à Vienne, ne tardèrent pas à se transporter à Vérone où notre ministre des affaires étrangères les suivit ; il y fut l'objet d'une faveur toute particulière de la part de l'empereur de Russie, et mit une bonne grâce, une courtoisie, une bienveillance extrême à présenter aux souverains étrangers l'illustre écrivain dont le séjour à Vérone devait se prolonger après que lui-même serait retourné en France. M. de Chateaubriand écrit, le 3 décembre, après le départ de M. de Montmorency : « J'ai hérité de ses succès ici. »

Nous laisserons aux lettres des deux diplomates à faire connaître leur situation respective.

LE VICOMTE MATHIEU DE MONTMORENCY A Mme RÉCAMIER.

« Vienne, le 15 septembre 1822.

« J'ai des torts à réparer envers vous, aimable amie : je ne vous ai pas écrit par les premières occasions d'ici. La terrible quantité de lettres d'affaires qui m'étaient imposées avait presque mis ma main hors d'état de tenir la plume.

« Je viens de recevoir votre aimable lettre du 11, datée de cette Vallée où j'aurais tant aimé à aller passer quelques moments avec vous, au lieu de courir les grandes aventures de la politique et des voyages.

« Vous deviez donc revenir pour voir l'arrivant, dont j'ai reçu aussi une lettre datée de Paris, et m'annonçant, vers le 25 au plus tard, son départ pour Vérone.

« Il est dans l'ordre des choses possibles que j'aille passer une quinzaine de jours avec lui dans cette ville, bien à mon corps défendant, je vous assure. Moi-même, je ne sais pas précisément à quel point cela lui plaira ; mais il est des considérations plus hautes que celles-là qui doivent me décider à faire ce sacrifice de mes goûts, s'il est nécessaire; et j'attends pour cela le retour d'un courrier envoyé à Paris, d'après le désir formel des souverains. Ils partent d'ici le 1ᵉʳ et le 2 octobre, et décidément sans avoir vu le duc de Wellington qui ne pouvait plus arriver que le 30, et au-devant duquel on a envoyé pour le diriger sur Vérone. C'est là ce qui a jeté de l'incertitude dans ma marche, parce que l'absence de ce plénipotentiaire anglais a tout réduit ici à de simples conversations, qui peuvent avoir leur utilité réelle, mais qui sont moins positives que des conférences.

« Vous voyez, aimable amie, qu'il y a des chances pour que je vous arrive quinze jours, un mois plus tard. »

M. DE CHATEAUBRIAND A Mme RÉCAMIER.

« Vérone, ce mardi 8 octobre 1822.

« Me voilà arrivé. On assure que le congrès sera fini dans les premiers jours de décembre. Je le crois, d'après ce que je sais déjà de la besogne faite et à faire. Maintenant quelle sera votre résolution? C'est un grand tourment de ne pouvoir s'expliquer. Si vous venez, je reste ; si vous restez, je ferai en sorte de partir à peu près avec Mathieu qui ne doit rester que quinze jours à Vérone. Au fond je n'ai rien à faire ici où tout va très-bien. Ecrivez-moi, soit par la poste qui part tous les jours (mais en ayant soin de faire affranchir vos lettres jusqu'à la frontière d'Italie), ou par les courriers des affaires étrangères. Mathieu n'est pas encore ici, il arrive ce matin. J'ai reçu plusieurs lettres très-amicales de lui. J'attends un mot de vous pour régler tout. »

MATHIEU DE MONTMORENCY A Mme RÉCAMIER.

« Vicence, 15 octobre 1822.

« Je veux vous écrire, aimable amie, le jour même où j'ai quitté Venise, cette fameuse, curieuse et triste Venise dont j'aurais beaucoup d'impressions à vous transmettre ; mais il vaut mieux vous renvoyer aux vôtres, si vous y avez passé, ou à *Corinne* que j'ai relue en cet endroit, admirant la vérité du tableau. J'ai besoin avant tout de vous entretenir du sentiment profond de tristesse qui est venu me saisir dans cette ville même, en le rapportant à vous, à vos récits, à l'amitié que vous aviez inspirée, que vous rendiez à ce grand et intéressant Canova. Il était arrivé malade deux jours avant dans cette Venise, voisine de sa modeste patrie qu'il s'occupait de doter d'une belle église, dernier don de son génie. Venise le réclamait bien comme un de ses anciens citoyens ; il est venu y mourir après deux jours de maladie. Le dimanche matin 13, la nouvelle s'en répandit dans la matinée, et m'arriva dans un lieu tout plein au moins des copies de ses chefs-d'œuvre. Ce qui vous peindra tout à la fois les regrets personnels qu'il inspire, et le vif sentiment des arts répandu dans toutes les classes de ce peuple, c'est qu'un domestique de place attaché à nos Français s'est mis à fondre en larmes en apprenant cette nouvelle ; elle faisait dire à d'autres avec un grand soupir : *Notre Canova est mort*. Pour moi, sans négliger de prendre une part réelle à l'immense perte des arts, que l'on apprend à mieux apprécier ici qu'ailleurs, j'ai pensé d'abord à vous, à la peine que vous éprouveriez, à celle que j'aurais de vous la causer. Vous ne doutez pas, aimable amie, que mes sentiments ne tendent toujours à s'associer aux vôtres. Votre pensée m'a été souvent présente dans le voyage très-intéressant qui m'a amené à Venise, à travers les montagnes du Tyrol. J'ai employé en conscience à ce voyage de curiosité le temps seulement que les souverains avaient fixé pour le leur, et qui devenait ma règle, puisque je vais à Vérone.

« Je vous écrirai en y arrivant. »

M. DE VILLÈLE A Mme LA VICOMTESSE DE MONTMORENCY.

Paris, le 14 octobre 1822.

« Madame la vicomtesse,

« Nous recevons à l'instant des nouvelles de M. de Montmorency, d'Inspruck, sous la date du 9 de ce mois : il venait de recevoir une lettre du 4 ; ainsi voilà une correspondance bien servie et dont il a été fort content.

« Il avait très-bien fait son voyage jusque-là. Il savait que lord Wellington avait ordre d'aller à Vérone, il allait continuer lui-même sa route pour y arriver avec les souverains; il ne compte y rester que le temps absolument nécessaire et nous revenir dans les premiers jours de novembre.

« Il est satisfait de sa mission. Nous le sommes beaucoup ici de la manière dont il l'a remplie, et nous sommes d'accord avec lui et avec vous pour désirer qu'elle lui permette bientôt de nous revenir.

« Recevez, madame la vicomtesse, l'hommage du sincère et profond respect avec lequel j'ai l'honneur d'être votre très-humble et très-obéissant serviteur,

« J. DE VILLÈLE. »

M. DE MONTMORENCY A Mme RÉCAMIER.

« Vérone, 17 octobre au matin.

« Je suis arrivé hier ici : j'y avais été précédé de deux jours par M. de Chateaubriand avec qui le premier abord a été fort gracieux. J'espère que nous nous maintiendrons sur le même pied; c'est tout à fait mon projet qui, j'imagine, entre dans les siens. Ce n'est pas que nos diplomates français de différentes classes ne le trouvent singulièrement renfrogné et renfermé dans un excès de réserve politique. Vous savez qu'il lui arrive souvent d'être peu aimable pour ceux à qui il ne désire pas immédiatement plaire. J'imagine qu'il réserve tous ses frais de coquetterie, en l'absence de certaine dame, pour les souverains qui sont déjà ici nombreux; surtout pour un empereur[1] qu'il doit voir incessamment. Je serais curieux de savoir ce qu'il mandera d'ici à l'Abbaye-au-Bois;

---

1. L'empereur Alexandre.

mais vous ne voudriez pas que je fisse usage des priviléges de la diplomatie au point de satisfaire complétement ma curiosité. J'ai toujours l'espérance de le laisser d'ici à une quinzaine de jours s'évertuer seul, ou du moins avec ses deux collègues, et d'aller moi-même vous porter de ses nouvelles. Il a bien fallu lui demander des vôtres, quoique nous goûtions peu tous les deux ce sujet de conversation. Il m'a dit que vous étiez assez bien portante, lorsqu'il est parti le 5. J'ai beaucoup approuvé en moi-même que vous n'eussiez pas quitté votre séjour champêtre de la belle Vallée[1], et que vous fussiez seulement venue lui faire quelques visites à Paris.

« Adieu, bien aimable amie ; j'imagine que c'est chez vous que Sosthènes, qui me parle de lui, l'aura rencontré. Confirmez-lui la nouvelle de nos bons rapports ensemble. »

M. DE CHATEAUBRIAND A Mme RÉCAMIER.

« Vérone, 18 octobre 1822.

« Je vous ai écrit en arrivant ici. J'attends votre réponse. Le congrès ne paraît pas devoir durer au delà du mois prochain. Ainsi je vous attends à cette époque, ou je vais vous rejoindre à Paris. Vous ne

1. Mme Récamier était avec sa nièce et M. Ballanche à la Vallée-aux-Loups.

vous intéressez guère à la politique. Tout ce qu'il vous importe de savoir c'est comment je suis avec votre ami : nous sommes fort poliment. Il parle de nous quitter dans huit ou dix jours, mais j'en doute ; et le congrès étant court, il prendra vraisemblablement le parti d'en attendre la fin. Votre première lettre fera époque dans ma vie. Au reste l'Italie ne m'a rien fait du tout. Je suis bien changé : les lieux sans les personnes ont perdu sur moi tout empire. »

LE MÊME.

« Vérone, ce 25 octobre 1822.

« Je n'ai pas reçu un seul mot de vous. Je vous ai écrit de tous les points de la route et deux fois depuis que je suis ici. Si vous n'avez pas envoyé vos lettres chez Mathieu, ou si vous les avez mises à la poste sans être affranchies, elles ne me parviendront pas. Vous devez juger cependant dans quelle impatience je dois être d'apprendre votre résolution. Elle décidera de la mienne.

« Il est très-certain que le congrès finira dans les derniers jours du mois prochain, ou au plus tard dans la première semaine de décembre. Si vous ne venez pas, je serai dans un mois à Paris; car il n'y a pas de raison pour que j'assiste à la clôture même du congrès. Vous verrez Mathieu avant moi. Il partira dans les premiers jours de novembre. Nous sommes très-bien ensemble. Il s'était élevé un petit nuage qui a promptement passé. J'ai rencontré, comme vous deviez bien le croire, quelques difficultés au début; mais quand on a vu que j'étais bonhomme, on m'a pardonné le reste. J'ai vu l'empereur de Russie, j'ai été charmé de lui. C'est un prince plein de qualités nobles et généreuses. Mais je suis fâché de vous le dire, il déteste vos amis les libéraux. En tout, je crois que nous ferons de bonne besogne. Le prince de Metternich est un homme de très-bonne compagnie, aimable et habile.

« Au milieu de tout cela, je suis triste et je sais pourquoi. Je vois que les lieux ne font plus rien sur moi. Cette belle Italie ne me dit plus rien. Je regarde ces grandes montagnes qui me séparent de ce que j'aime, et je pense, comme Caraccioli, qu'une petite chambre à un troisième étage à Paris vaut mieux qu'un palais à Naples. Je ne sais si je suis trop vieux ou trop jeune; mais enfin je ne suis plus ce que j'étais, et vivre dans un coin tranquille auprès de vous est maintenant le seul souhait de ma vie. »

LE MÊME.

« Vérone, 7 novembre 1822.

« Le départ subit d'un courrier me laisse à peine le temps de vous dire que j'ai enfin reçu un mot de vous daté du 28 octobre. Il est bon et me console de ce long silence ; c'est à vous de prononcer. Le congrès sera court, mais je reste si vous faites le voyage. Ainsi, décidez. »

LE VICOMTE MATHIEU DE MONTMORENCY
A Mme RÉCAMIER.

« Vérone, ce 12 novembre 1822.

« J'ai reçu votre petite lettre, aimable amie, et l'expression de votre juste douleur sur la mort de ce grand talent si simple et si honnête homme. J'ai encore pensé à lui à cause de vous, et il me revient de tous côtés, et spécialement par le duc de Laval, des détails intéressants sur les profonds regrets qu'il inspire.

« Je vous envoie un éloge italien qui a été prononcé à Venise, le jour même de ses funérailles.

« J'avais espéré le porter moi-même, et du moins je comptais le suivre de près ; mais rien n'est désolant comme ces lenteurs perpétuelles des affaires. Il me tarde de causer avec vous de bien des choses qui ne peuvent se traiter en correspondance. Mes rapports avec le dernier arrivant sont toujours bons et, dans tout ce qui tient à moi, je ne puis pas m'en plaindre : je lui ai montré constamment de la confiance, et il y a répondu par des manières et une conversation assez abandonnée, qui ne me permettent pas d'admettre le soupçon qu'il puisse écrire, à vous ni à personne, dans un autre sens; ce serait un acte de fausseté dont je le crois incapable. Mais je n'aime pas beaucoup la position générale où il s'est placé ici : de la roideur et de la sauvagerie qui mettent les autres mal à l'aise avec lui et compliquent des rapports qu'il faudrait au contraire simplifier. Je ne néglige rien pour qu'à mon départ surtout, il s'en établisse de plus faciles entre ses collègues et lui. Mais encore une fois, nous nous quitterons aussi amis que nous l'étions avant ceci. J'ai idée qu'il doit beaucoup s'ennuyer, d'après le genre de vie qu'il s'est arrangé, et je ne sais s'il trouve son grand désir de venir au congrès parfaitement justifié par le succès. Du reste, nous parlons peu de vous : c'est notre usage, comme vous savez; cependant je lui ai dit ce matin que je vous envoyais un éloge de Canova, et il m'a répondu qu'il vous avait aussi écrit.

« Je serai plus heureux que lui en vous revoyant plus tôt. Je voudrais bien en être là. Adieu, aimable amie; je suis très-touché, très-reconnaissant de ce que vous me dites de votre aimable amitié; la mienne y répond profondément. »

M. DE CHATEAUBRIAND A Mme RÉCAMIER.

« Vérone, le 12 novembre 1822.

« Je reçois votre lettre du 1ᵉʳ novembre ; l'irrégularité des postes est désolante. Très-certainement le congrès finira dans les premiers jours de décembre, et avant un mois je puis être avec vous dans la petite cellule ; mais si vous voulez venir en Italie, j'y reste à tout prix. C'est à vous à prononcer, à dire : *venez* ou *restez* ; j'attends votre réponse. Le temps presse, et il n'y a pas un moment à perdre. M. de Montmorency partira lundi 18, ou mardi prochain 19. »

LE MÊME.

« Vérone, ce 19 novembre 1822.

« M. de Montmorency nous quitte après-demain, et j'espère le suivre dans une quinzaine de jours, si vous ne me mandez pas que vous venez en Italie. M. de Bourgoing[1] ne m'a rien apporté de vous. Il m'a dit que vous étiez revenue de la campagne, mais que vous étiez allée à Angervilliers. Que j'ai de

---

1. Premier secrétaire de l'ambassade de France à Berlin.

choses à vous dire et que j'ai grand besoin de vous
revoir! C'est un supplice de ne pouvoir s'expliquer. Ce supplice heureusement va finir, et dans une
quinzaine de jours vous m'attendrez ou je vous at-
tendrai. Je ne vous parle point de Vérone. J'y suis
très-bien à présent, mais j'ai eu d'abord des difficultés à vaincre. Vous savez que je m'y attendais.
A jamais à vous. »

LE MÊME.

« Vérone, ce 20 novembre 1822.

« Quoique je vous aie écrit hier par un courrier
anglais, je ne puis me résoudre à laisser partir un
de mes attachés, sans vous dire que j'attends un
mot de vous avec la plus vive impatience pour régler
ma marche et ma destinée. Mathieu part demain.
Le congrès finira du 5 au 10 du mois prochain.
Cinq jours après sa clôture, je serai à vos pieds dans
la petite cellule, ou sur le chemin de Milan à vous
attendre. Je vous le répète, prononcez. Je suis à
vous pour la vie. J'ai été charmé de voir M. de Bourgoing à cause de vous. Il a prononcé votre nom et
m'a fait battre le cœur.

« Je ne donnerai point de lettre pour vous à Mathieu. »

LE VICOMTE MATHIEU DE MONTMORENCY
A Mme RÉCAMIER.

« Vérone, ce 21 novembre 1822.

« Je n'ai jamais eu plus de plaisir, aimable amie, que de vous dire que, d'ici à dix jours, j'espère être à l'Abbaye-au-Bois. Ce sera un vrai bonheur pour l'amitié ! Je laisse ici un autre de vos amis qui continuera les grandes aventures, que je crois avoir pour ma part conduites aussi bien que possible dans la circonstance, mais de manière cependant à demander un peu de confiance aux bien intentionnés. Je crois que vous êtes du nombre, au moins pour moi. Adieu, adieu, aimable amie. J'ai de bonnes nouvelles d'Adrien, et je me sépare des restants dans de fort bons rapports. »

M. DE CHATEAUBRIAND A Mme RÉCAMIER.

« Vérone, ce 3 décembre 1822.

« Le moment de quitter Vérone approche et je n'ai point de lettre de vous. Il faut donc aller à vous, puisque vous ne voulez pas venir à moi. M. de Bourgoing, dont j'ai été charmé, vous remettra cette lettre. Il vous dira que je compte partir du 10 au 12, et être vers le 20 à Paris. Au milieu des grands événements de l'Europe, je n'ai qu'une pensée ; il faudra pourtant que nous prenions une résolution à Paris. Il est impossible de vivre comme cela. Vous aurez vu M. de Montmorency. J'ai hérité de ses succès ici. On dit qu'il se prépare des orages pour le ministère, mais ce sera des orages royalistes, car les élections ont tué vos amis les libéraux.

« A bientôt. Ce mot me console de tout. »

LE MÊME.

« Vérone, jeudi soir 12 décembre 1822.

« Je vais enfin vous revoir. Je pars demain par le désir de M. de Metternich et de l'empereur Alexandre. Celui-ci est convenu d'établir une correspondance avec moi. Vous voyez que j'ai regagné le temps qu'on a voulu me faire perdre. J'ai bien des choses à vous dire, et je ne suis pas aussi content que vous de votre ami. Que vais-je trouver à Paris ? Mais surtout comment serez-vous pour moi ? On vient me demander mon billet. A bientôt. Je serai à Paris vers le 20 ; à bientôt ! le cœur me bat de joie. J'ai bien souffert ici, mais j'ai triomphé.

L'Italie sera libre et j'ai pour l'Espagne une idée qui peut tout arranger, si elle est suivie. »

M. de Montmorency, revenu à Paris le 1ᵉʳ décembre, reçut du roi Louis XVIII, le titre de duc en témoignage de sa satisfaction. Le roi avait voulu donner au ministre des affaires étrangères revenant du congrès le titre de *duc de Vérone*. Mais M. de Montmorency ne consentit pas à quitter son nom, même pour accepter une faveur royale, et on le fit *duc Mathieu de Montmorency*. Le chef de l'illustre maison à laquelle il appartenait, portait déjà le titre de *duc de Montmorency*.

LE DUC MATHIEU DE MONTMORENCY
A Mᵐᵉ RÉCAMIER.

« Lundi matin, 2 décembre 1822.

« J'ai voulu aller vous voir toute la journée d'hier, aimable amie, ce qui m'a empêché de vous écrire, et de vous apprendre moi-même ce que je n'aurais pas voulu que vous apprissiez par les journaux. Toute ma journée a été successivement absorbée. Celle-ci sera certainement plus heureuse. Ah ! mon Dieu, que je le serai de vous revoir ! Vous ne pouvez pas en douter, et que nous aurons de choses à nous dire ! Serez-vous seule ou à peu près, à sept heures et demie ou huit heures? J'irai chez vous après avoir dîné à l'hôtel de Luynes. Tendres, bien tendres hommages.

« Je ne vous parle de mon nouveau titre que parce que vous vous intéressez à tout ce qui me regarde.

« Duc Mathieu de Montmorency. »

FIN DU TOME PREMIER.

TABLE DES MATIÈRES

Pages.

Avant-Propos.. 1

LIVRE PREMIER.

Naissance de Mme Récamier, à Lyon. — Sa mère, Mme Bernard.. 1
Son enfance. — Le couvent de la Déserte, à Lyon........ 3
Son père s'établit à Paris.................................... 8
Son éducation. — Grand couvert à Versailles............. 9
M. Récamier.. 10
Mariage de Mme Récamier 12
Ses premiers succès... 14
Fête donnée par le Directoire au général Bonaparte. — Elle y assiste.. 19
Dîner chez Barras, au Luxembourg........................ 21
M. Récamier achète de M. Necker l'hôtel de la rue du Mont-Blanc. — Première rencontre de Mme Récamier avec Mme de Staël.. 23
Le château de Clichy. — Lucien Bonaparte............... 26
Ses lettres.. 30

	Pages
Dîner chez Lucien. — Le premier consul................	34
Adrien et Mathieu de Montmorency....................	40
Premières lettres de Mathieu de Montmorency..........	46
M. de Laharpe.......................................	53
Ses lettres..	58
Arrestation de M. Bernard ; récit de sa fille	67
Une lettre de Bernadotte.............................	77
Les bals masqués....................................	82
Un billet du roi de Wurtemberg.......................	84
Le grand-duc de Mecklembourg-Strélitz................	85
Ses lettres..	88
Le prince royal de Bavière...........................	92
Portrait de Mme Récamier, par David................	94
Une lettre du peintre David...........................	95
Portrait de Mme Récamier, par Gérard...............	97
Premier exil de Mme de Staël.....................	99
Paix d'Amiens. — Voyage de Mme Récamier en Angleterre.	100
Lettre du général Bernadotte.........................	102
Procès de Moreau. — Récit de Mme Récamier..........	103
Lettre de Moreau....................................	108
Proposition d'une place à la cour.....................	111
Mme Murat..	116
Existence brillante et vide............................	120
Une lettre de Mme de Gérando.....................	123
Un billet de l'amiral Decrès..........................	125
Revers de fortune...................................	126
Lettre de Mme de Staël...........................	129
Lettre du maréchal Bernadotte........................	131
Mme de Boigne......................................	133
M. de Barante.......................................	135
Mort de Mme Bernard.............................	136

LIVRE II.

Voyage à Coppet.....................................	139
Le prince Auguste de Prusse.........................	140

TABLE DES MATIÈRES.

	Pages.
Ses lettres	143
Lettre de David, au sujet du couronnement de Corinne au Capitole	149
Nouveau voyage à Coppet	152
Le château de Chaumont-sur-Loire	153
Un billet de M. de Nesselrode	155
Séjour à Fossé	156
Lettres de M. de Montmorency	159
Billet d'Esménard	161
Suppression du livre de l'Allemagne	162
Lettre du prince royal de Suède	165
Mme Récamier adopte une nièce de son mari	167
Lettre de Mme Récamier à Mme Lenormant	167
Voyage à Coppet	171
Exil de M. de Montmorency	172
Exil de Mme Récamier	173
Séjour à Châlons-sur-Marne	175
Effroi qu'inspirent les exilés	177
Lettre de Mathieu de Montmorency	180
Mme Récamier part pour Lyon	181
Mme Delphin	185
La duchesse de Chevreuse	186
Ses billets	188
La société lyonnaise	191
Mme de Sermésy	192
Camille Jordan	193
Lettre de M. de Montmorency	195
M. Ballanche	197
Lettre de M. Ballanche	201
Lettre de M. de Montmorency	204
Départ de Mme de Staël pour la Russie	207
Talma et l'évêque de Troyes	211
La petite Anglaise	213
Lettre de Mme Delphin	214
Départ de Mme Récamier pour l'Italie	215

TABLE DES MATIÈRES.

	Pages.
M. Marschall	217
Arrivée à Rome	218
Torlonia	219
Canova	222
Lettres de la duchesse de Luynes	225
M. Ballanche vient à Rome	229
M. d'Agincourt	232
Albano	234
Le pêcheur d'Albano	236
Le prince de Rohan-Chabot	240
Mme Récamier part pour Naples	242
Elle rencontre Fouché	244
Le roi Joachim, la reine Caroline	245
Le comte de Neipperg	250
Rentrée à Rome	253
Le buste de Béatrice	254
Retour de Pie VII à Rome	256
Visite au général Miollis	258
Mme Récamier revient en France	259

LIVRE III.

La société sous la première restauration	261
Le duc de Wellington	266
Un dîner à Saint-Leu, avec Mme de Staël et le prince Auguste	271
M. de Rocca	272
Correspondance avec la reine de Naples	272
Benjamin Constant	273
Le 20 mars	276
Billet de la reine Hortense	279
Lettre de la reine de Naples	279
Seconde restauration. — Mme de Krüdner	285
Ses lettres	287
Lettres de M. Ballanche, retenu à Lyon	293

TABLE DES MATIÈRES.

	Pages.
Mariage de Mlle de Staël	298
Retour de Mme de Staël à Paris. — Sa mort	299
Le prince héréditaire de Saxe-Weimar	301
Sa lettre	303
Note trouvée dans les papiers de M. de Montmorency	305
Mme Récamier entre en relations avec M. de Chateaubriand	307
Lettres de M. Ballanche	308
Lettres de M. de Montmorency	313
Derniers revers de fortune	319
Mme Récamier se retire à l'Abbaye-au-Bois	320
Tableau de Dejuinne	325
M. J.-J. Ampère	327
Delphine Gay	328
Miss Berry	330
Le docteur Récamier	333

LIVRE IV.

Assassinat du duc de Berry	339
Entrée de MM. de Villèle et Corbière aux affaires	340
Négociation pour l'ambassade de Berlin ; lettres de M. de Chateaubriand	341
Lettre de M. de Montmorency	344
Départ de M. de Chateaubriand pour Berlin	347
Ses lettres	347
Mort de M. de Fontanes	365
Retour de M. de Chateaubriand à Paris	371
Lettre de M. de Montmorency	371
Conspirations et procès militaires	272
Coudert et Sirejean	373
Lettres de Sirejean et de son avocat	375
Lettre de M. de Montmorency	379
Condamnation de Roger, sa lettre ; commutation de peine	380
Mariage du prince Charles-Napoléon Bonaparte	381

	Pages.
Lettre de la reine de Suède............................	383
Lettre de la comtesse de Survilliers (Mme Joseph Bonaparte).	385
M. de Montmorency est nommé ministre des affaires étrangères..	387
Départ de M. de Chateaubriand, ambassadeur à Londres, ses lettres..	387
Charlotte Ives..	392
Deux lettres de lady Charlotte Sutton.................	405
Suite de lettres de M. de Chateaubriand...............	411
Lettre du même à M. de Montmorency.................	416
Mort de lord Castlereagh.............................	430
M. de Chateaubriand obtient d'aller en congé..........	438
Lettre de M. de Montmorency........................	439
Correspondance de Vérone............................	441
Billet de M. de Villèle à la vicomtesse de Montmorency....	443
Suite de la correspondance de Vérone.................	444
Retour de M. de Montmorency à Paris.................	452
Retour de M. de Chateaubriand.......................	453
M. de Montmorency reçoit le titre de duc.............	454

FIN DE LA TABLE.

PARIS. — IMPRIMERIE DE J. CLAYE, RUE SAINT-BENOIT, 7

www.ingramcontent.com/pod-product-compliance
Lightning Source LLC
Chambersburg PA
CBHW070601230426
43670CB00010B/1371